KB145352

인베스트먼트
언리미티드

가상의 금융 기업을 통해 이해하는
DevSecOps와 IT 거버넌스

인베스트먼트 언리미티드

헬렌 비얼 · 빌 벤싱 · 제이슨 콕스 · 마이클 에덴존
타파브라타 팔 · 캘럽 퀴어른 · 존 레쇼타르스키
안드레스 베가 · 존 윌리스 지음   김모세 옮김

i!i
에이콘

에이콘출판의 기틀을 마련하신 故 정완재 선생님 (1935-2004)

기존 현상에 과감하게 도전하고
벽 대신 다리를 만들고
우리를 무한한 미래로 이끌고자 노력하는
모든 조직의 변화 에이전트들에게 바칩니다.

이 책에 쏟아지는 찬사

"좋은 데브옵스 프랙티스가 어떻게 소프트웨어를 안전하고 안정적이며 감사 기능을 할 수 있도록 만드는지 훌륭하게 설명한다. 지난 10년 동안 접한 데브옵스 관련 서적에서는 얻지 못한 많은 것을 배웠다. 조직의 보안과 컴플라이언스 프랙티스의 개선을 원하는 모든 CISO와 경영진이 반드시 읽어야 한다."

— **로스 클랜튼**Ross Clanton, 수석 아키텍트 & 매니징 디렉터,
American Airlines

"여러 해 동안의 DevSecOps 문헌을 바탕으로 금융 서비스와 같은 규제 당국에서 제안하는 원칙을 견고하게 포착한다. 이 기술 우화는 여러분이 속한 기업과 팀에서 실현할 수 있는 관련성 있는 이야기, 대화, 실용 지식을 제공할 것이다."

— **브랜든 윌리엄스 박사**Dr. Branden R. Williams,
IAM Strategy 부사장, Ping Identity

"마침내 우리는 조직의 모든 구성원이 보안, 감사, 컴플라이언스 요구 사항을 충족하는 데 활용할 수 있는 책을 얻었다! 이 실용 지침들은 즉시 적용할 수 있으며, 성공에 필요한 모든 기능과 역할을 담고 있음에 감사하다! 우리가 함께라는 것을 상기시키는 훌륭한 책이다!"

— **코트니 키슬러**Courtney Kissler, CTO, Zulily

"오늘날 소프트웨어 개발자들은 스스로 알든 모르든 상당한 보안 엔지니어들이다. 이 책은 독특하고 매력적인 방식으로 안전하게 보안 테스팅, 감사, 컴플라이언스를 자동화함으로써 조직이 더 빠르고 안전하게 움직이도록 돕는 방법을 보여준다. 이야기는 빠르고 재미있게 필요한 주제, 즉 보안, 감사, 컴플라이언스를 그늘 속에서 개발자의 일상으로 가져오는 것의 중요성을 알려준다. 보안, 감사 및 컴플라이언스는 매일 해야 할 일이다. 이런 필수 기능이 데브옵스를 통해 가능하다는 사실을 유쾌하게 전달한다."

― **짐 매니코**Jim Manico, 창업자 및 보안 코딩 교육자,
Manicode Security

"감사와 컴플라이언스에 대한 많은 기업의 두려움, 걱정을 극복하는 데 도움이 된다. 이 책은 기능과 역할에 대해 참여적 방식으로 공동의 이해를 구축하며, 조직에서 더 빠른 속도, 안정성, 컴플라이언스를 현실화할 수 있는 실용적 단계를 소개한다."

― **제프 갈리모어**Jeff Gallimore, CTIO, Excella

"데브옵스의 기술과 툴링에 관한 책은 셀 수 없이 많다. 기술적 요령이 아닌, 이야기를 통해 엔터프라이즈 조직의 사람들과 팀에 DevSecOps 트랜스포메이션이 어떻게 보이는지 알려주는 책이다."

― **마야 세넨**Maya Senen, Sr. SRE

"모든 프로덕트 매니저와 엔지니어는 꼭 읽어야 한다. 보안, 컴플라이언스, 감사, 자동화된 테스팅 역량을 여러분의 조직에 적용하는 방법을 배울 수 있을 것이다. 소설이지만 일상에서 맞닥뜨리는 여러 도전을 훌륭하게 그렸다."

― **토마스 언더힐**Thomas Underhill,
JD, 신뢰 엔지니어링 프로그램 디렉터, VMWare

지은이 소개

헬렌 비얼 Helen Beal

데브옵스 및 웨이즈 오브 워킹Ways of Working 코치다. 데브옵스 인스티튜트
DevOps Institute의 주요 대표이자 컨티뉴어스 딜리버리 파운데이션Continuous
Delivery Foundation의 대표다. 밸류 스트림 매니지먼트 컨소시엄Value Stream
Management Consortium의 의장으로 데브옵스 산업 리더들에게 전략적 자문 서
비스를 제공한다. 테크스트롱 리서치Techstrong Research의 분석가로도 활동하
고 있으며, 브라이트톡BrightTalk 데이투데이 데브옵스Day-to-Day DevOps 웨비나
시리즈와 테크스트롱 TVTechStrong TV의 밸류 스트림 에볼루션Value Stream
Evolution 시리즈를 진행한다. 현재 영국에 거주하고 있다.

빌 벤싱 Bill Bensing

무언가 창출해 내는 것을 만든다. 소프트웨어, 사람, 팀, 회사의 숙련된 리
더이자 아키텍트이며, 프로세스를 완전히 포함하는 혁신을 만드는 전문가
다. 물류 및 운영 관리를 하면서 데브옵스에 애정을 갖게 된 빌에게 자동화
된 거버넌스는 매우 흥미로운 주제다. 좋은 거버넌스의 부재가 폭발적인
가치 창출을 막는 가장 큰 문제라고 말하는 빌은 "좋은 전략과 좋은 거버넌
스는 성공을 위한 윤활제이자 안내선"이라고 강조한다. 현재 플로리다주
탬파 베이 지역에 거주하고 있다.

제이슨 콕스 Jason Cox

데브옵스 프랙티스를 옹호하고 새로운 기술과 더 나은 작업 방식을 홍보하는 열정적인 사람이다. 조직이 가치를 더 잘, 더 빠르게, 더 안전하게, 더 행복하게 제공하는 데 도움 주는 일을 즐긴다. 사람을 사랑하며 기술로 그들의 능력을 증폭시키는 데 기쁨을 느낀다. 학회에서 자주 연설하고, 오픈 소스에 기여하며, 기술 및 리더십 주제에 관한 글을 쓴다. 현재 여러 SRE 팀을 이끌고 있으며, 아내와 자녀와 함께 로스앤젤레스에 거주하고 있다.

마이클 에덴존 Michael Edenzon

규제가 엄격한 조직을 위해 기술적 환경을 현대화하고 혁신하는 고위 경영자이자 엔지니어다. 복잡한 분야에서 기술적 설계, 의사 결정 및 솔루션 제공을 수행하며 지속적인 학습을 통해 조직 변화를 주도한다. 개발자 경험의 열렬한 옹호자이며, 가능성에 중심을 둔 자동화가 규모에 적합한 규제를 준수하는 소프트웨어 구축의 핵심이라고 믿는다.

타파브라타 팔 Tapabrata Pal

DevSecOps, 지속적인 전달, 클라우드 컴퓨팅, 오픈 소스 도입 및 디지털 변형 분야의 선도적 인사, 키노트 스피커, 전도사다. 개발자인 동시에 오픈 소스 기여자이기도 하다. 데브옵스 프랙티스에서 자동화된 거버넌스에 대한 산업적 이니셔티브를 이끌고 있다. 현재 아내와 두 자녀와 함께 버지니아주 리치먼드에 거주하고 있다.

캘럽 퀴어른 Caleb Queern

CIO와 CISO가 소프트웨어 개발 수명 주기 전반에 걸친 위험을 줄이고 빠르게 혁신해 시장에서 성공할 수 있도록 돕는다. 현재 아내 마리안, 아들 요셉과 함께 텍사스 오스틴에 거주하고 있다.

존 레쇼타르스키 John Rzeszotarski

디지털, 결제, 보안, 개발을 중점으로 하는 조직을 이끌었다. 기술, 빠른 흐름, 학습 조직을 통해 복잡한 비즈니스 및 IT 문제를 해결하는 데 열정적이다. 새로운 것을 코딩하고 엄격한 규제 환경에서 변화를 주도하는 것을 좋아한다. 가족과 함께 펜실베이니아주 피츠버그에 거주하고 있다.

안드레스 베가 Andres Vega

엔지니어링 조직이 혁신적 접근법을 활용해 대규모 분산 소프트웨어를 안전하게 구축하고 이와 관련된 규정 준수의 번거로움을 줄이도록 돕는다. 오픈 소스 커뮤니티에서 유지보수자, 기여자 및 생태계 보안 개선에 집중한 기술 리더로 인정받고 있다. 전문적 업무 외에도 가족을 소중히 여기는 사람이며 야외 활동을 즐긴다. 샌프란시스코 베이 지역의 산길을 돌아다니며 가족들과 모험을 즐기는 모습을 자주 볼 수 있다. 안드레스는 배고픈 산사자에게 잡아 먹히지 않기 위해 최선을 다한다.

존 윌리스 John Willis

레드햇 Red Hat의 글로벌 트랜스포메이션 사무국의 시니어 디렉터다. 데브옵스 운동의 창시자 중 한 명으로 알려져 있다. 현재 조지아주 애크워스에 거주하고 있다.

옮긴이 소개

김모세(creatinov.kim@gmail.com)

소프트웨어 엔지니어, 소프트웨어 품질 엔지니어, 애자일 코치 등 다양한 부문에서 소프트웨어 개발에 참여했다. 재미있는 일, 나와 조직이 성장하고 성과를 내도록 돕는 일에 보람을 느껴 2019년부터 번역을 시작했다. 지은 책으로 『코드 품질 시각화의 정석』(지앤선, 2015)이 있고, 옮긴 책으로는 『추천 시스템 입문』(한빛미디어, 2023), 『그림과 작동 원리로 쉽게 이해하는 웹의 기초/서버의 기초』(위키북스, 2023), 『시스템을 잘 만들게 하는 기술』(위키북스, 2023), 『아트 오브 셸 원라이너 160제』(제이펍, 2023), 『애자일 소프트웨어 아키텍트의 길』(에이콘출판, 2022), 『애자일 개발의 기술 2/e』(에이콘출판, 2023) 등이 있다.

옮긴이의 말

거버넌스Governance란 무엇일까요? 존 피에르Jon Pierre와 가이 피터스B. Guy Peters는 '정책 결정에 있어 정부 주도의 통제와 관리에서 벗어나 다양한 이해 당사자가 주체적인 행위자로 협의와 합의 과정을 통해 정책을 결정하고 집행해 나가는 사회적 통치 시스템'이라고 정의했습니다. 이 정의에 빗대어 보면 IT 거버넌스는 'IT 운영 정책 결정에 있어 경영진 주도의 통제와 관리에서 벗어나 각 이해 부문이 주체적인 행위자로 협의와 합의 과정을 통해서 정책을 결정하고 집행해 나가는 통치 시스템'이라고 정의할 수 있을 것입니다.

이 책에서는 가상의 금융권 기업인 인베스트먼트 언리미티드 주식회사Investments Unlimited Inc, IUI의 IT 거버넌스를 둘러싼 여러 가지 이야기를 다룹니다. "역사가 되풀이되는 듯합니다"로 시작하는 한 통의 이메일에서 사건은 시작됩니다. IUI에 소속된 다양한 부문의 담당자들은 이 사건을 해결하고, 자신들이 추구하는 가치를 시장에 올바르고 안전하며 빠르게 제공하기 위해 갖고 있는 모든 자원을 동원합니다. 거버넌스는 어렵지만 IT 거버넌스는 특히 어렵습니다. 무엇보다 IT 거버넌스의 대상인 소프트웨어(사람, 데이터, 브랜드, 제품을 포함해)가 시시각각 변화하기 때문입니다.

이 책은 데브옵스를 활용해 IT 거버넌스 분야 중에서도 자동화하기 어렵게 느껴지는 테스팅Testing, 보안Security, 감사Audit, 컴플라이언스Compliance를 소프트웨어 개발 사이클에 유연하고 완벽하게 통합하는 방법에 관한 아이디어를 제공할 것입니다. 여러분의 조직이 빠르게 변화하는 환경에서 가치를 효과적이고도 안전하게 전달하도록 하는 데 도움이 되기를 바랍니다.

번역을 통해 유익한 지식을 공유할 수 있도록 해주신 하나님께 감사드립니다. 재미있는 책을 번역할 수 있는 기회를 주신 에이콘출판사 권성준 대표님 및 편집 과정에서 수고하신 많은 분께도 감사드립니다. 그리고 책을 번역하는 동안 한결 같은 믿음으로 저를 지지하고 응원해준 아내와 세 딸에게도 깊은 감사를 전합니다. 정말 고맙습니다.

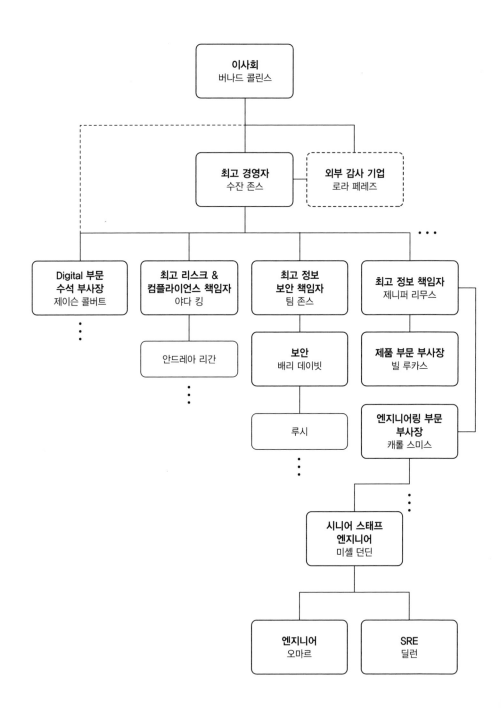

인베스트먼트 언리미티드 디렉터리

버나드 콜린스 Bernard Collins, 이사회 의장Chairman of the Board

수잔 존스 Susan Jones, 최고 경영자Chief Executive Officer

제이슨 콜버트 Jason Colbert, 디지털 트랜스포메이션 수석 부사장SVP Digital Transformation

야다 킹 Jada King, 최고 리스크 & 컴플라이언스 책임자Chief Risk and Compliance Officer, CRCO

팀 존스 Tim Jones, 최고 정보 보안 책임자Chief Information Security Officer, CISO

제니퍼 리무스 Jeniffer Limus, 엔지니어링 부문 수석 부사장SVP of Engineering, 최고 정보 책임자Chief Information Officer, CIO

빌 루카스 Bill Lucas, 제품 부문 부사장VP of Product

캐롤 스미스 Carol Smith, 엔지니어링 디지털 뱅킹 부문VP of Engineering, Digital Banking

미셸 던딘 Michelle Dundin, 시니어 스태프 엔지니어Senior Staff Engineer

배리 데이빗 Barry David, 보안Security

안드레아 리간 Andrea Regan, 감사 & 리스크Audit & Risk

오마르Omar, 스태프 엔지니어Staff Engineer

딜런Dillon, 스태프 사이트 신뢰성 엔지니어Staff Site Reliability Engineer

루시Lucy, 보안

로라 페레즈 Laura Perez, 외부 감사 기업External Audit Firm

차례

들어가며

거버넌스^{governance}. 사람들은 이 단어에 다양한 반응을 보인다. 불안이나 공포, 두려움, 분노를 떠올리는 사람이 있는가 하면, 통제나 평화 유지, 질서, 안전의 의미로 인식하는 사람도 있다. 거버넌스라는 단어에 어떻게 반응하든, 여러분은 모두 거버넌스를 유지하거나 준수하는 것에 어느 정도 책임이 있음을 발견할 것이다.

기업의 IT 거버넌스는 어렵다. 여러분이 그 개념 자체에 응당 반응해야 하는 것과 무관하게, 거버넌스를 잘 수행하는 것은 정말 쉽지 않은 일이다. 다른 여러 프로세스와 같이 거버넌스는 통제를 제공함으로써 기업이 가치를 두는 보물(여기에는 사람, 데이터, 브랜드, 제품이 포함된다)을 보호하려고 한다. 그러나 슬프게도 실질적인 거버넌스의 실행은 조직에 가치를 전달하고자 하는 팀에게 거대한 마찰과 두려움, 실패를 자주 안긴다.

이 책은 인베스트먼트 언리미티드 주식회사^{Investments Unlimited, Inc., IUI}라는 가상의 금융 부문 기업에 관한 이야기다. 그러나 거버넌스를 다루는 모든 산업과 기업에 관한 이야기이기도 하다.

많은 기업이 거버넌스와 기업 안에서 소프트웨어를 만드는 방법에 관해 다시 생각하게 할 목적으로 이 책을 썼다. 개념, 도구, 아이디어를 제시해 거버넌스에 관해 다시 생각하도록 함으로써, 또한 더욱 인간적인 방법을 활성화해 빠른 속도로 소프트웨어를 전달하게 함으로써 신뢰를 고취하고 안전함을 얻고자 한다.

이 여행을 통해 조직의 목적을 달성하는 데 도움을 주는 방법으로 거버넌스를 보고, 배포하고, 사용하고, 활용하는 모던한 방법을 선택할 수 있기를 바란다. 궁극적으로 이 책의 교훈을 통해 비즈니스 가치를 보다 빠르고, 안전하며, 행복하게 전달할 수 있게 될 것이다.

– 저자 일동

프롤로그

"아빠! 나쁜 뉴스예요."

잿빛 가득한 뉴 잉글랜드의 오후, 그레그 도어쇼는 정부 사무실 창문을 때리는 강한 빗소리에 그의 십 대 딸에게 다시 말해달라고 부탁해야 했다. 낡은 플립형 휴대폰이 전달하는 소리는 듣기가 점점 어려워졌다.

"아빠, 날씨 때문에 경기가 취소됐어요. 오지 않으셔도 돼요. 조심히 가세요."

도어쇼는 딸의 소프트볼 경기를 놓친 적이 없었다. 하지만 이번 주에는 습기를 가득 머금은 보스턴의 날씨 덕분에 사무실에 늦도록 머물면서 그날 일찍 그의 팀에게 받은 이상한 이메일에 파고들 수 있었다.

도어쇼는 조용히 집중하기 위해 자신의 연방 준비제도 이사회Federal Reserve Board 사무실의 형광등을 껐다. 포장해 온 팟타이를 포크로 찍으면서 이메일에 집중했다. 모니터 불빛이 그의 얼굴을 비출 뿐이었다. 메일의 내용은 다음과 같았다.

제목: IUI 예비 조사 결과

그레그, 역사가 되풀이되는 듯합니다. 다른 핀테크 기업이 공식적 행동을 요청할 것으로 보입니다.

팀은 촉각을 곤두세우고 있는 상태입니다. (후략)

1장

3월 28일 월요일

수잔 존스는 5년 동안 인베스트먼트 언리미티드 주식회사^{IU}의 CEO 자리에 있었다. 그녀는 발이 빨랐고 항상 날카로운 질문을 했으며 올바른 결정을 내렸다. 이사회는 수잔을 신뢰했다. 하지만 지금 (그녀의 행동을 보고 판단할 수는 없지만) 그녀는 당황하고 있었다.

"어떻게 찾았나요?" 수잔은 숨을 헐떡이며 전화에 대고 말했다. 가족들과 함께 피자를 먹는 저녁 시간이었지만, 그녀는 부엌을 잠시 벗어나 긴급한 전화를 받았다. 리치와 루카스가 리치의 18번 메뉴인 피자를 만들고 있었으나 그녀의 가족들이 내는 소란스러운 소리는 점점 사라지는 듯했다. 수잔에게 들리는 소리라곤 자신의 심장 소리와 디지털 트랜스포메이션 부문 부사장인 제이슨의 목소리뿐이었다.

"오늘 저녁에 스카치 세션에서 버나드를 만났어요. IUI에 대해 MRIA¹가 발행될 거라고 하더군요." 제이슨은 말을 잠시 멈췄다. "규제 당국이 우리를 잡으려는 것처럼 보이겠지만, 사실 그들은 우리를 돕고 고객을 보호하기 위해 존재해요."

"저를 속일 수도 있었어요." 수잔은 나지막이 대답했다. 제이슨은 제 할 말을 하느라 수잔의 말을 듣지 못한 것 같았다.

---

1 MRIA에 관한 더 자세한 내용은 부록 1을 참조하라.

"백 채널을 통해 MRIA 관련 사안이 알려지는 것은 흔한 일이라서 실제로 MRIA가 발행됐을 때는 놀랍지 않아요. 버나드는 MRIA를 승인하가 규제 에이전시의 디렉터와 좋은 관계를 유지하고 있어요. 그 디렉터가 신뢰를 보이려고 버나드에게 연락한 거죠." 제이슨이 말했다.

수잔은 깊이 숨을 들이마셨다. MRIA^{Matter Requiring Immediate Attention, 즉각적인 주의}를 요하는 일에 대해 개념적으로는 알고 있었지만 실제로 발생했다는 건 경고였다. 연방 규제 당국은 은행에서 무언가 심각하게 잘못됐을 때만 MRIA를 발행한다. 사탕 쥐여 주듯 간단히 전달되는 게 아니다. 수잔은 다른 기관으로부터 무서운 이야기를 전해 들었지만, 적어도 그녀가 일하던 은행에 MRIA가 발행된 적은 없었다(그리고 그런 일이 있었을 때 그녀는 은행 업무에서 손을 뗐다).

"MRIA가 뭔지는 알고 계시죠?" 수잔이 물었다.

"물론이죠, 솔직히 당황스러워요. 지난해 IUI에 발행된 MRA^{Matter Requiring Attention}는 15건이 넘습니다. 여러 차례 연기를 요청했지만, 이들을 완료할 명확한 계획은 없는 것 같아요. 그래서 이번에 MRIA가 발행된 것이지요. 우리 팀은 어떤 진척의 증거도 내지 못했고, 관계 당국은 우리에게 큰 문제가 있다고 생각하는 거예요."

"알겠어요." 수잔은 대답했다. 하지만 조금도 이해할 수 없었다. '이런 일이 일어날 때까지 팀은 뭘 한 거지?' 궁금했다. '이런 일이 일어날 때까지 나는 또 뭘 한 걸까?' CAO^{Chief Audio Officer, 최고 감사 책임자}는 MRA에 대해 아무런 문제가 없다고 수없이 이야기하지 않았던가? 모두 사실이 아니었음이 분명해졌다.

"수잔도 잘 알겠지만, 이건 정말 큰 문제예요." 제이슨이 대답했다. "수잔, 당신은 CEO예요. 버나드는 수잔이 매우 뛰어나다는 걸 알고 있고, 높이 평가하고 있어요. 저는 버나드에게 당신 없이 은퇴할 수 없다는 점을 다시 한번 일깨워줬어요. 그도 동의했고요."

"제이슨, 친절한 말 감사해요. 내일 아침에 팀 전체를 모아서 어떻게 상황이 이 지경이 됐는지 알아봐야겠어요. 오늘 저녁에 할 수 있는 일은 없네요."

"좋아요." 제이슨이 대답했다. "저녁 시간을 방해해서 미안해요. 하지만 수잔이 알고 싶어 할 것 같았어요. 나머지는 내일 이야기하죠. 좋은 밤 되세요."

"네. 제이슨, 전화해 줘서 고마워요. 좋은 밤 되세요." 수잔은 전화를 끊고 주방 테이블에 앉았다. 15명은 거뜬히 앉을 수 있는 긴 테이블이었고, 언제든 디너파티를 할 수 있도록 준비돼 있었다. 수잔의 눈앞에 질서 정연하게 놓인 접시들은 제이슨에게 걸려 온 전화의 의미를 찾는 그녀를 조롱하는 듯 보였다. 수잔의 머릿속은 대답과 해결책을 찾느라 혼란스러웠다.

잠시 자리에 앉은 수잔은 애써 긴장을 풀며 생각의 속도가 늦춰질 때까지 기다렸다.

"여보, 괜찮아요?" 리치Rich가 주방으로 들어오며 부드럽게 물었다.

"네, 괜찮아요. 잠깐 쉬고 나서 피자 만드는 걸 도울게요." 수잔이 대답했다. 그녀는 리치가 조리하는 오래된 시칠리안 토마토소스 냄새를 맡을 수 있었다. 리치는 그것을 정말 좋아했다. 증조할머니가 그의 어머니에게, 그리고 다시 그에게 전해진 레시피였다. 수잔은 크게 숨을 들이마셨다. 맛있는 냄새는 마치 치료제 같았다. 기분이 좋아지기 시작한 것인지, 그저 배가 고픈 것인지 알 수 없었다. 이유야 어찌 됐든 그녀는 주방으로 걸어 들어갔다.

주위를 둘러보니 난장판이 따로 없었다. 흰 밀가루가 싱크대 위와 바닥을 온통 덮고 있었다. 마치 설인雪人의 코트가 주방을 뒤덮은 것 같았다.

"와, 이것이야말로 '즉각적인 주의가 필요한 일'인 걸?" 수잔이 행복한 미소를 지으며 싱크대 위를 덮은 밀가루에 그림을 그리고 있는 여섯 살 아들 루카스를 향해 걸어가며 말했다.

"오늘 저녁에 제이슨을 만나지 않아도 돼요?" 리치가 수잔에게 앞치마를 건네며 물었다.

"아니, 전화 통화로 받은 충격이면 충분해요." 수잔이 앞치마를 두르며 대답했다.

"이런…. 엄마에게 문제가 있나요?" 루카스는 수잔의 깨끗한 앞치마에 밀가루로 범벅된 손을 문지르며 물었다.

"오, 루카스." 리치가 부드러운 말투로 대꾸했다. "엄마에게 문제가 있는 게 아니란다. 일터에 문제가 있을 뿐이지. 하지만 엄마가 일을 잘 처리하실 거야. 엄마는 보스잖아." 수지를 향해 미소를 보낸 리치는 앞에 있는 카운터에 커다란 피자 도우를 놓았다. 밀가루가 공중으로 날렸고 루카스는 웃음을 터뜨렸다.

"어떤 문제예요?" 도우에 소스를 바르고 있는 수잔에게 루카스가 물었다. "상사가 이야기할 때 말을 끊었나요? 아니면 규칙을 어겼나요? 시안은 오늘 쉬는 시간에 규칙을 어겨서 남은 시간 가만히 앉아 있어야 했거든요. 전혀 놀지 못했죠."

수잔이 대답했다. "아니, 엄마는 규칙을 어기지 않았단다. 직장에서 정리됐어야 하는 일이 있는데, 잘 마무리되지 않은 것뿐이야. 그래서 짧은 시간 안에 많은 정리를 다시 해야만 해."

"할머니가 집에 오실 때 엄마가 정신없어하는 그런 건가요?" 루카스가 팔짱을 끼며 물었다.

리치는 웃음을 지으며 토핑을 집어 들었다.

"아니, 엄마가 너에게 방을 치우라고 하는 것과 더 비슷하겠구나. 우리는 그것을 MRA, 즉 주의가 필요한 일이라고 부르지." 수잔은 매우 심각한 영화 광고의 성우 목소리로 말했다.

"내 방을 치우라고 하는 건 참 싫어요."

"그래, 사실 방을 치우라는 말을 여러 번 들었는데도 청소하는 사람이 하나도 없었어. 치우긴 했지만 잘 치우건 아니었지. 그래서 **즉각적인** 주의가 필요한 일을 해결해야 한단다."

루카스가 눈을 크게 떴다.

"이번이 마지막 경고야. 시간이 없다고 생각하면 될 것 같구나."

리치가 덧붙였다. "그렇지 않으면 교장 선생님 방에 가게 되겠지."

"와, 엄마는 정말 곤란한 상황에 있군요." 루카스가 말했다. 그러더니 모차렐라 치즈를 한 움큼 집어 피자 가운데 떨어뜨렸다. 수잔은 문득 이 사실을 리더십 팀에 알리고 상황을 판단하기 위해 내일 시간을 마련해야 한다는 것을 깨달았다.

"리치, 5분만 시간을 줄래요? 토핑은 그 이후에 올리도록 해요. 해야 할 일이 하나 더 있어요."

수잔은 서둘러 거실로 가서 사내 채팅 시스템으로 시니어 스태프들에게 메시지를 보냈다.

> 저녁 시간을 방해해서 미안합니다. 하지만 바로 말씀드려야 하는 건이에요. 방금 제이슨과 통화하면서 MRIA 발행이 코앞이라는 이야기를 들었습니다. 내일 10시부터 2시까지 일정을 모두 비워주세요. 해야 할 일이 많습니다.

그녀는 전송 버튼을 누른 뒤 다시 주방으로 갔다.

수잔은 침대에 편안히 앉아 있고, 리치는 둘이 즐겨보는 TV 쇼의 최신 편을 틀었다.

"당신, 일터에서 큰 폭풍에 휩싸인 거지?" 리치가 물었다.

"맞아요. MRIA는 가벼운 일이 아니니까요." 수잔이 설명했다.

"내가 제대로 기억하고 있다면 다음 단계는 규제 당국에 의한 공식 행동

같은 건가?" 리치가 물었다.

"맞아요. IUI와 모든 직원에게 심각한 영향을 미칠 거예요. 이사회 의장으로서의 버나드의 인생도, 내 커리어도 끝날 것이고 경력에 커다란 오점으로 남겠죠. 그 상황까지 가면 수많은 기업이 IUI의 자산을 사려고 혈안이 될 거고요." 수잔은 설명하는 내내 얼굴을 찌푸렸다.

"방법을 찾아낼 거예요. 괜히 당신을 CEO로 만들었겠어요?" 리치가 리모컨의 버튼을 눌렀다. 쇼가 시작됐다.

수잔은 마음이 복잡했다. 15년 전 복잡한 상황에서 IUI가 작은 기업으로 시작했던 것을 떠올렸다. 주변의 다른 리서치 센터와 다름없이 IUI도 투자와 뱅킹의 가치를 세상에 전달하는 새로운 방법을 찾으려 고군분투했다. 그녀는 치열했던 그 세월을 생생히 기억하고 있었다.

규모는 작아도 열정으로 가득했던 이 기업은 지난 12년을 버텨냈을 뿐만 아니라 사회적 책임이 있는 투자에 집중하는 전략으로 승리하며 승승장구했다. 차별화한 전략은 시장에 공명을 일으키며 곧 보상을 얻게 했다. 3년 후 100여 명이던 직원은 1,000여 명으로 늘어났으며, 4억 달러의 수익을 올리고 200억 달러의 자산을 갖게 됐다. 모든 것이 좋아 보였다.

이들은 최근 애자일과 데브옵스의 비즈니스 가속 원칙을 활용한 디지털 트랜스포메이션을 시작했고, 이를 위해 제이슨이 합류했다. 그는 직관적인 디지털 제품을 다음 단계로 올려놓는 차터를 제시했다. 제이슨의 비전은 대담했다. 사용자 경험을 완전히 새롭게 디자인해서 복잡한 회계 트랜잭션과 제품을 접근할 수 있고, 쉽고, 안전하며, 믿을 수 있게 만들고 싶어 했다. 그들의 팀이 보다 현대적인 애자일의 일하는 방식을 도입하도록 도우면서 이 모든 일을 진행했다. 이 직관적인 도구 혹은 디지털 제품의 첫 번째 릴리스는 기대 이상이었다. 고객들의 피드백은 놀라웠고 새로운 계정의 전환율은 과거 어느 때보다 빠르게 늘어났다. IUI의 한 단계 진보된 항해가 막 닻을 올린 듯했다!

하지만 지금은 이 모든 것이 오히려 침몰하는 배처럼 보인다.

수잔은 이런 불편한 위치에서 자신을 발견한 이유를 확신할 수 없었다. 그녀는 IUI를 미래로 이끌기 위해 훌륭한 팀을 모았다. CIO인 제니퍼 리무스는 총명했다. 개발자에서 리더의 자리에 오른 그녀는 언제나 기술적 혁신의 흐름에 촉각을 곤두세우고 있는 듯했다.

'어쩌다가 이처럼 손 쓸 수 없는 상황이 됐을까?' 수잔은 생각했다.

수잔은 잠을 잘 수 있을지 걱정됐다. 이리저리 몸을 뒤척이며 답을 찾으려 애쓰던 그녀는 결국 잠에 빠져들었고, 주방 수도꼭지 아래로 가라앉는 배, 물속 달그락거리는 식기, 계수대에서 소리치는 규제 당국이 나오는 꿈을 꿨다.

3월 29일 화요일

수잔은 가장 먼저 이사회실에 도착했다. 동행한 관리자가 가상 화상 회의를 설정하고, 출력된 MRIA 문서를 테이블 좌석마다 놓은 다음 조명을 조정했다. 수잔은 자리에 앉아 창밖을 내다봤다. 하늘에 구름이 잔뜩 낀 게 눈에 들어왔다. '이 상황에 딱 맞네….' 수잔은 생각했다.

몇 분 뒤 제니퍼(CIO), 팀(CISO), 빌(제품 부문 부사장), 야다(CRCO[2])가 이사회실에 들어와 자리에 앉았다. 다들 잔뜩 예민한 상태여서 긴장감마저 감돌았다.

"자, 오늘 여기 모인 이유는 모두 알고 계실 겁니다." 수잔이 입을 열었다. "전 빠른 대답이 필요합니다. 우선 이 사실을 먼저 공표하고 싶습니다.

---

2 지속적으로 발전하는 주제 중 하나는 최고 감사 임원(CAE)과 최고 리스크 책임자(CRO) 사이의 인터랙션과 관계다. 각 직책의 역할은 깊이 연관돼 있으며 의존적이다. 사실, 많은 기업에서 이 두 직책은 CRCO와 같은 하나의 역할로 합쳐져 있다.

이제부터 야다가 최고 리스크 및 컴플라이언스 책임자로 일하며 감사와 리스크에 관한 모든 것을 다룰 예정입니다."

수군거림이 이사회실을 채우기 시작했다. 수잔은 재빠르게 손을 들어 어수선한 분위기를 정리했다. "이 점은 분명히 해 두고 싶어요. 아무도 해고되지 않을 겁니다. 프레드릭은 계속해서 은퇴할 시점을 보고 있었고, 이번 일을 기회 삼아 별장에서 지내면서 손자와 손녀들에게 낚시하는 방법을 가르치는 데 시간을 쓸 수 있을 거예요. 그에게 좋은 시간이길 빕니다. 프레드릭의 빈자리를 채우기는 하겠지만 시간이 좀 걸릴 것 같습니다. 그때까지는 야다의 능력을 전적으로 신뢰합니다."

수잔이 이사회실 안의 두려움을 해소해보려 했음에도 여전히 긴장감이 감돌았다. 충분히 이해할 수 있었다. 아침 일찍 수잔은 프레드릭과 힘겨운 논의를 나눴다. 프레드릭을 비난하고 싶은 마음은 추호도 없다는 점을 최선을 다해 전달했음에도, 그는 자신이 더 이상 태스크를 감당할 수 없다고 느낀다는 점을 분명히 하고는 전권을 야다에게 넘겼다.

"좋습니다. 프레드릭의 일은 제쳐 두고, 이제 비즈니스에 집중하지요. 프레드릭의 말을 들었지만, 지금은 여러분 모두의 의견을 듣고 싶어요. 어떻게 OCC가 우리에게 MRIA를 발행하는 상황까지 오게 된 것입니까?"

곧바로 야다가 입을 열었다. 야다는 수잔만큼 IUI에서 오래 일했으며, 언제나 자신의 의견을 빠르게 제안했다. 그녀의 열정은 그녀를 훌륭한 CRO로 만들었으며, 바라건대 훌륭한 CRCO가 될 것이다. 하지만 때때로 그 열정은 그녀를 완고하고 신경질적으로 보이게 만들기도 했다.

"지난 한 해 동안 모두에게 경고했습니다." 야다는 이사회실을 둘러보며 말했다. 그리고 이렇게 덧붙였다. "여전히 제품 릴리스 데드라인의 우선순위가 높다는 말을 듣고 있습니다."

"야다, 당신도 잘 알잖아요. 선택의 여지가 없었어요." 빌이 말했다. 제품 부문 부사장으로서 빌은 고객을 기쁘게 하고 수익을 견인하는 피처와 제품을 전달하는 데 집착했다. 항상 일이 되도록 밀어붙였고, 팀을 보호하기 위해 수단과 방법을 가리지 않았다. 이사회실 안에 있는 누구보다 IUI에서 오랫동안 일한 만큼 고객에 관해 잘 알고 있었다. 때때로 새로운 마인드셋과 일하는 방식을 느리게 받아들였지만 그의 의도는 언제나 옳았다. "새로운 피처와 업데이트가 없으면 앱은 무용지물이 될 것이고, 고객은 우리에게 등을 돌릴 것입니다. 리스크 팀은 우리가 경쟁이 심한 비즈니스를 운영하고 있다는 걸 모르는 것 같습니다."

"빌, 물론 알고 있죠. 우리는 IUI와 그 경쟁력을 보호하는 것을 도우려는 것입니다." 야다가 대답했다. "애플리케이션과 고객 데이터가 안전하지 않다면 경쟁력을 갖출 수 없습니다. 우리는 그동안 개발 팀이 데브옵스와 디지털 트랜스포메이션이라는 이름으로 그들이 하고자 하는 모든 일을 하도록 내버려 뒀다고 수없이 경고했습니다. 우리에게 통제는 없습니다. 우리는 은행이란 말입니다!"

수잔은 의자에 등을 기대고 앉아 있었다. 이사회실을 가득 채운 비난의 말이 그녀에게 달갑게 다가오지 않았다.

"야다의 말이 옳습니다." 팀이 예의 확고하지만 편안한 톤으로 말했다. 잘못된 방향으로 흐르는 논의를 빠르게 정상으로 돌리려는 심산이다. "우리는 모두 IUI를 찾고 있습니다."

팀에게는 CISO의 역할에 맞는 권위와 지위가 있었다. 그가 이사회실에 들어왔을 때 사람들은 주의를 기울였다. 팀은 오랫동안 파이낸셜 사이버 그룹과 대규모 IT 감사 기업을 여럿 이끌었다. 그가 말을 계속했다. "사실 모든 MRA는 프로덕트 백로그에 있었습니다. 어째서 개발 팀은 이들을 전달하지 못한 것입니까?"

빌이 눈을 굴리며 말했다. "솔직히 피처 출시만으로도 버겁습니다. 우리 개발 팀이 무엇을 하는지 전혀 모른다고요. 그들은 명확하게 따라가지 못합니다."

"따라가지 못한다고요?" 제니퍼가 당황한 모습을 보였다. 제니퍼는 IUI 규모의 크기의 기업에서 가장 어린 경영진 리더 중 하나였지만, 지식과 스킬은 여타 기업의 동료들에 비해 훨씬 뛰어났다. "여기 있는 모든 분은 우리가 활용할 수 있는 엔지니어를 총동원해서 여러 백로그에 있는 무엇이든 처리하고 있다고 이해할 거라 생각됩니다. 하지만 각 제품 백로그는 새로운 기능과 요구 사항으로 매일매일 커지고 있습니다." 제니퍼가 빌을 보며 말을 이었다. "문제는 우리가 기술 부채를 해결할 만큼의 충분한 시간을 확보하지 못하고, 제품 팀이 우리에게 전달하는 '긴급한 새로운 피처'를 처리할 시간은 그보다 훨씬 적다는 것입니다."

"그렇다면 사람을 더 많이 고용하면 될 일 아닙니까!" 빌이 받아쳤다.

"채용이 쉬운 줄 아십니까? 그렇지 않습니다. 뛰어난 엔지니어에 대한 요청은 매우 경쟁적이고, 고용한 사람들을 교육시켜야 합니다. 많은 자리가 여전히 비어 있고, 막 채용한 새로운 엔지니어들이 속도를 따라잡느라 노력하고 있습니다. 우리 중 누구도 우리를 덮치고 있는 새로운 피처의 쓰나미를 보지 못했다고 생각합니다." 제니퍼가 흥분을 가라앉히려 노력하며 지원을 요청하는 듯 수잔을 바라봤다.

테이블 상석에 앉은 수잔은 제니퍼의 팀이 십 대 아이들처럼 다투는 것을 조용히 지켜봤다. 약간의 비난은 예상했지만, 돌아가는 상황이 예상했던 것보다 훨씬 심각했다. 무엇보다 그녀는 혼란스러웠다. 지난 수년 동안 부사장들은 모두 데브옵스와 관련해 훌륭한 진척이 있다고 보고했다. 1년 전 IUI가 제이슨을 디지털 트랜스포메이션 부문의 시니어 부사장으로 채용한 이후, 그 진척은 성장 일로였다. 하지만 지금은 오른손이 하는 일을 왼손이 모르는 격이었다.

"여러분, 이것은 전혀 생산적이지 않습니다." 수잔이 자리에서 일어나며 말했다. "전 진짜 대답을 원합니다. MRA의 현재 상태는 어떻습니까, 그리고 우리는 그에 대해 무엇을 하고 있습니까? 저는 우리에게 분명한 실행 계획이 있음을 이사회에 보여줘야 합니다. 규제 당국은 우리가 그들이 제시한 모든 사항을 3개월 안에 해결하고, 그를 수행하기 위한 계획이 있음을 보여달라고 요청했습니다. 3개월 후 IUI는 규제 당국의 공식적인 집행 조치를 받을 겁니다. 3개월 후 여러분 모두와 여러분을 위해서 일하는 사람은 모두 일자리를 잃거나 IUI는 정부에 점령당할 것입니다.[3] 3개월 후 우리가 일군 모든 것은 산산조각으로 날아갈 것입니다."

"지금 이 자리에 있는 누구도 그들의 팀 전체에 리더가 실패하게 했다고 말해야만 하는 것을 원치 않는다고 생각합니다." 수잔은 말을 잠시 멈추고 테이블에 앉은 사람들을 쳐다봤다. 몇몇 사람이 그녀의 시선 아래서 몸을 살짝 비틀고 있는 모습이 보이자 비로소 안도했다. 전달한 메시지가 핵심을 찌르고 있다는 의미였다.

"알겠습니다." 야다가 침묵을 깨고 입을 열었다. 그녀는 숨을 깊이 들이쉬었다. "이번 MRIA를 초래한 MRA는 우리 IT 거버넌스, 즉 우리가 소프트웨어를 개발하고 운영하고 관리하는 방법과 관련된 이슈들을 다루고 있습니다. 요약 리스트를 공유하겠습니다."

"고맙습니다." 수잔은 의자에 기대어 앉으면서 말했다. 그리고 야다 옆에 앉은 팀을 바라봤다.

팀은 제니퍼를 바라본 뒤, 다시 수잔을 바라봤다. "제니퍼와 함께 이 이슈들을 처리할 액션 플랜을 만들겠습니다. 하지만 쉽지 않을 것입니다. 지금 하는 일이 정말 많거든요…."

"일이 많은 건 당연한 겁니다." 수잔이 말을 잘랐다. "이것이 어려울 것이라는 말도 듣고 싶지 않습니다. 저는 솔루션이 필요합니다. IUI의 생존은 위협받고 있으며, 이는 수천 명의 직원과 그 가족에게 심각한 영향을 미칠 것입니다. 이것은 최우선 순위 문제입니다."

---

3   MUFG 은행에 대해 발행된 실제 정지 명령을 다음 링크(https://www.occ.gov/news-issuances/news-releases/2021/nr-occ-2021-100.html)에서 확인할 수 있다.

수잔이 방을 둘러보며 씁쓸한 미소를 지었다. "우리가 이것을 해결할 수 있을 거라 믿습니다. 이 방에 계신 분들과 여러분의 팀은 뛰어난 능력이 있습니다. 3개월 안에 이 일을 해결하지 못하면 게임은 끝입니다. 그게 다예요."

수잔은 자리에서 다시 일어섰다. "저는 이제 이사회를 만나러 가야 합니다. 이사회는 외부 감사를 데려와서 규제 당국의 폐쇄 패키지를 리뷰하고 승인하기를 원할 겁니다. 하지만 저는 여러분의 진척에 대한 정기적인 업데이트를 원합니다. 제 비서가 주 단위 일정을 잡을 것입니다. 여러분 모두 훌륭한 성과를 거두리라 믿습니다. 생각해 봅시다. 해결해 보자고요."

모두가 고개를 끄덕였다. 수잔은 태블릿을 집어 들고 회의실을 빠져나왔다.

2장

3월 29일 화요일(계속)

"좋습니다. 모두 같이 해봅시다!" 부사장 및 시니어 부사장들이 웅성대는 회의실 앞쪽에 서 있던 팀이 힘차게 외쳤다. 팀은 과거에 이런 종류의 회의를 여러 차례 경험했다. 모두가 자신의 영역을 방어하러 온 것이었고, 그저 그 일에 참여했다고 말하거나, 가만히 앉아 듣고 있다가 불평을 쏟아내려 자리를 지키고 있었다.

팀은 방 안을 둘러봤다. 엔지니어링 디지털 뱅킹Engineering Digital Banking 부문 부사장인 캐롤은 그의 맞은편에, 빌은 야다의 맞은편에 있었다. 정치적인 적들은 이제 수장의 심판 없이 대면하고 있었다.

'혼란을 시작하자.' 팀은 가식적인 열정을 억누르고 있다고 생각했다.

"캐롤, 우리 속도를 내보죠." 팀이 다시 입을 열었다. "야다, 빌, 제니퍼 그리고 저는 오늘 일찍 수장과 만나 우리가 받은 MRIA에 관해 이야기를 나눴습니다. 제니퍼가 그 내용을 공유했나요?"

"네, 그렇습니다. 제니퍼에게서 내용을 전달받았습니다. 제가 올바르게 이해했다면, 우리는 지난 12개월 동안 MRA에 대해 적절하게 대응하지 않았고, 그 결과 스스로 발등을 찍게 됐습니다. 15개의 MRA에 대해 완전히 응답하지 않거나 평균 이하로 응답한 것으로 알고 있습니다. 맞습니까?" 캐롤이 공유했다.

"맞습니다." 팀이 응답했다. "오늘의 아젠다는 단순합니다. 우리는 조사 결과 목록을 작성해야 합니다. 그 뒤 수장과 함께 목록을 리뷰하고 해당 액션들에 대한 진척을 주 단위로 수장, 그리고 아마도 외부 감사 팀과 공유해야 할 것입니다. 이것은 3개월 후 규제 기관에 응답을 제출할 때까지 계속될 것입니다."

빌이 재빨리 끼어들었다. "대규모 릴리스와 관련해서는 어떻게 해야 합니까? 우리 팀들은 지난 몇 분기 동안 프리스마PRISMA 프로젝트를 진행하고 있습니다. 이 프로젝트는 취소할 수 없습니다."

"정말입니까? 회사가 문을 닫으면 무엇을 할 수 있습니까?" 야다가 말을 받았다.

"우리는 비즈니스를 분명히 유지하는 동시에 MRIA를 처리해야 합니다." 팀이 끼어들었다. 제품 부문과 리스크 부문의 또 다른 다툼을 말리고자 했다.

"한발 물러서서 보자고요. 이 이슈들을 처리하는 데 있어 방해 요소는 무엇입니까? 왜 MRA에 충분히 대응을 못 한 거죠? 병목이 무엇입니까?"

빌이 눈썹을 찌푸렸다. "지금 MRIA에 관해 이야기하는 겁니까, 아니면 MRA에 관해 이야기하는 겁니까? 매우 혼란스럽네요."

"우리가 MRA 각각에 시의적절하게 대응했다면 MRIA는 발행되지 않았겠죠." 팀은 다소 화가 난 듯 말했다.

"사실 우리는 이 MRA 항목들에 관한 질문을 했습니다." 캐롤이 말했다. "이해가 되지 않거나 적용할 수 없는 항목에 관해 질문했지만 아무런 대답도 얻지 못했습니다. 무응답이었단 말입니다!" 캐롤이 야다를 바라보며 말을 이었다. "리스크 팀이나 감사 팀은 어떤 도움도 주지 않았습니다."

야다는 당황한 듯 보였다.

캐롤은 다시 팀을 봤다. "봤습니까? 그게 문제라고요. 우리는 엔지니어링 프로젝트를 관리할 뿐만 아니라 여기에 필요한 모든 문서 작업까지 해야 합니다. 그만한 일을 할 만큼 인력이 충분하지 않습니다. 게다가 백로그에도 존재하지 않습니다.”

“네, 네, 알겠습니다!” 팀이 소리쳤다. “불평불만은 이해됩니다. 하지만 지금은 아무런 도움이 되지 않아요. 우리가 해야 할 일은 MRIA를 발행하게 된 MRA에서의 이슈를 식별해서 수잔에게 보고하는 겁니다.” 팀은 자신이 망가진 녹음기라도 된 듯 말을 반복하는 느낌이었다.

캐롤이 한숨을 내쉬었다. “항상 모든 것을 고치는 것은 엔지니어링입니다. 개발자들에게 모든 책임을 전가하지는 않을 것입니다. 엔지니어링은 무언가를 만드는 것, 겉으로 보기에 불가능한 문제들을 연결하는 다리를 만드는 것 그리고 새로운 목적지에 도착하는 것입니다. 여기 계신 몇몇 분은 그 역할에 관해 딱히 고마워하지 않는다는 걸 알고 있습니다. 하지만 좋은 결과를 보는 훌륭한 보상이 있을 겁니다.”

“시니어 스태프 엔지니어 중 한 명인 미셸을 이 회의에 초대하고자 합니다.” 캐롤이 선언했다. “미셸은 이전부터 컴플라이언스 문제와 관련된 고려 사항들을 제기했습니다. 이 대화에 상당한 도움이 될 것입니다.” 캐롤은 자신의 휴대폰을 켜고 사내 채팅 시스템에 메시지를 입력했다.

“엔지니어링 부문과 제품 부문이 리스크 관리 방법에 관한 어떤 단서도 없다는 점이 무섭습니다.” 야다가 포문을 열었다.

“그건 당신이 해야 할 일 아닌가요?” 빌이 거만한 표정으로 반격했다.

“어휴!” 팀이 자리에 앉아버렸다. 그는 회의 진행을 포기한 것처럼 보였다. 회의의 궁극적 목적을 위한 의견을 제시하려는 노력은 누구에게서도 볼 수 없었다. 의미 없는 언쟁만 이어질 뿐이었다.

“자, 좋아요, 좋아. 우리는 어디에도 도달하지 못했다는 점만 알아주셨으면 합니다.” 지난 몇 분간 언성만 높아진 상황을 잠재우듯 팀이 손을 들고 큰 소리로 말했다. “다들 불평만 가득하군요.” 마치 유리집의 전형을 보는 듯 말했다. “여러분의 신경전을 보고 있자니, 제 아이들에게 방 청소를 시켰을 때 서로 싸우던 모습이 떠오르네요. 저는 조그만 것을 치우기 위해 큰 소란을 피우는 아이들을 보면 항상 놀랍니다. 이유는 단순합니다. 아이들은 협력하기보다는 비난하기 때문입니다."

이내 회의실은 조용해졌고, 미셸이 회오리바람처럼 등장했다. 손에는 랩톱, 태블릿, 종이 노트와 펜이 들려 있었다. 그녀는 캐롤 옆에 앉아서 손에 든 물건을 빠르게 테이블에 내려놓았다. 검은 머리를 포니테일로 묶고 있었으며 눈은 반짝였다. 행동할 준비가 돼 있고, 무언가 분명히 할 말이 있는 듯 보였다.

캐롤은 회의실에 있는 사람들에게 미셸을 소개했다. 회의실에 있던 사람 가운데 그녀를 만나봤거나 함께 일해본 사람은 없었다. "미셸은 우리 팀 최고의 엔지니어입니다. IUI에서의 경력은 이 회의실에 있는 모든 분보다 짧지만, 미셸이 지금 이 자리에 있어야 한다는 점에 털끝만큼의 의심도 하지 않습니다. 그녀는 소규모 기업에서 IUI로 합류한 이후, 활기찬 에너지와 최신 작업 방법에 관한 지식을 공유했습니다. 미셸은 시니어 리더십에게도 자신의 의견을 당당히 표현할 줄 압니다." 캐롤은 회의실에 있는 사람들을 하나하나 둘러봤다. "미셸은 변화 에이전트입니다. 그렇기에 제이슨이 그녀를 이 포지션에 추천했고, 이 난장판을 해결하려면 그녀의 도움이 필요합니다."

"하지만 그녀는 아직 충분한 경험이…" 야다가 입을 열었다.

"미셸은 IUI에 주니어 엔지니어로 합류했습니다. 이후 얼마 지나지 않아 전체 엔지니어링 팀 전체의 보안 연락 담당을 맡았죠." 캐롤이 말을 끊었다. "미셸은 팀의 그룹과 함께 IUI 전체 애플리케이션에 대한 코드 리뷰를 수행했습니다. 또한 PCI DSS[1] 컴플라이언스 리뷰를 진행하는 동안 발생한 질문에 답변했습니다. 그리고 연간 보안 보고서를 공동 저술하기도 했습니다."

---

1 지불 카드(산업 데이터) 보안 표준(Payment Card Industry Data Security Standard, https://www.pcisecuritystandards.org/)

"좋습니다, 좋아요." 야다가 말했다. "미셸은 우리를 돕기에 적합한 사람으로 보입니다. 그녀가 무슨 말을 하는지 들어봅시다."

"이런 상황이 발생할 것은 미리 알고 있었습니다." 미셸은 확고하고도 간결하게 운을 뗐다. "몇 개월 전 모두에게 지금과 완전히 동일한 시나리오에 관해 경고하는 메모를 보냈습니다. 하지만 다들 너무 바빠서 주의를 기울이지 않았지요. 그렇지 않습니까? 그래서 지금 상황이 이렇게 된 겁니다. IUI의 대규모 애플리케이션 포트폴리오에 대한 수동적이고 획일적인 보안 리뷰는 재앙이 될 거라고 분명히 말했습니다. 소프트웨어 개발 라이프 사이클 리스크 제거 프랙티스는 전혀 성숙하지 않습니다. 무엇보다 사내 감사 팀이 찾아낸 사항을 완전히 무시하고 있습니다."

빌이 이어서 대답했다. "보안과 감사가 통합된 요구 사항 셋을 내고, 우리의 작업 속도를 너무 늦추지 않으면서 해당 요구 사항을 준수하도록 협업했다면 상황이 지금보다는 조금 나았을 겁니다." 빌의 목소리와 얼굴에 두려움이 서렸다. "우리는 IUI 포트폴리오에 대한 경쟁적인 요구 사항의 균형을 끊임없이 맞추고 있습니다. 우리가 해야 하는 것은 고객에게 가치를 전달하는 것입니다. 그렇게 하면서도 비즈니스로부터의 경쟁적인 우선순위를 조정하고 있습니다."

"빌, 악역을 자처하지 마세요, 제가 하겠습니다! 모든 것이 내리막길로 굴러가고 있습니다. 누가 두 엄지를 세우고 바닥에 있는지 아시겠습니까? 바로 이 사람입니다." 미셸은 엄지를 들어 자신의 얼굴을 가리키며 자리에서 일어섰다. 캐롤이 미소를 머금었다.

짧고 긴장된 정적이 회의실 안에서 느껴졌다. "감사 부문에서는 요구 사항이 없습니다." 야다가 끼어들었다. "감사 부문의 역할은 단순합니다. 우리는 통제, 다시 말해 IUI가 리스크를 관리하는 데 필요한 것을 보고 그것을 실제로 우리가 하는 것과 비교합니다. 감사 부분은 규칙을 만들지 않습니다. 심지어 특정한 통제를 추천하지도 않습니다. 감사 부문은 'IUI가 그들이 해야만 한다고 말하는 것을 실제로 하고 있는가?'에 대해 답합니다."

"그건 사실이 아닙니다. 지난해 이맘때 즈음 감사 부문이 보낸 '여러분은 이렇게 해야 합니다'로 시작하는 긴 목록을 받았습니다. 감사 부분은 의도 적으로 세부 사항을 본인들만 알고 있다가, 우리가 감사 부문이 무슨 생각을 하는지 읽지 못할 때 우리 손을 찰싹 때리며 깨달으라고 하는 것과 같습니다!" 빌이 받아쳤다. "이게 감사 부문의 요구 사항이 아니라면 대체 뭐란 말이죠?"

팀이 빠르게 말을 끊었다. "야다와 빌, 둘 다 잠깐 멈추세요. 우리는 MRIA에 관한 내용을 수잔에게 보고해야 합니다. 두 분이 언급한 내용이 한 번쯤 짚고 넘어가야 할 문제임을 인정하나 지금은 적절하지 않습니다."

미셸이 빠르게 말을 이었다. "감사 부문에서 발견한 것을 단계별로 나눠, 어떤 기술과 프로세스 개선 사항을 적용할 수 있을지 찾아보면 좋겠습니다." 미셸은 랩톱을 열고 감사 부문에서 발견한 사항의 요약을 읽기 시작했다.

"미셸, 당신의 열정에 감사합니다. 하지만 단계를 하나만 높여 봅시다." 팀이 대답했다. "MRIA에는 이전의 발견 사항이 모두 요약돼 있습니다. 경영진의 요약 내용을 간단히 전달하자면 '일관성 없는 프로세스는 보안과 컴플라이언스를 준수하는 데 역부족이며, 결과적으로 심각한 결함이 있는 인가되지 않고 취약한 소프트웨어가 프로덕션에 릴리스됐다'라는 것입니다."

"그런 설명은 아무런 의미가 없습니다!" 미셸이 열정적으로 말했다. "일관성 없는 프로세스라고요? 그건 우리가 이미 알고 있는 것에 지나지 않습니다." 그녀는 화면의 보고서를 미친듯이 스크롤했다. "그래서 이 보고서는 정확히 우리가 무엇을 고쳐야 한다고 말하는 거죠?"

"보고서에는 개선할 점에 대한 언급이 없습니다. 당연하지만 언급하지도 않을 것입니다." 야다가 대답했다. "그 보고서는 단지 우리가 이미 알고 있는 것을 말할 뿐입니다. 우리는 우리가 만든 프로세스를 따르지 않았고, 우리의 프로세스에는 뭔가 빠져 있습니다. 이러한 우려를 해결하기 위해 무엇을 할 것인지 대응하는 게 우리가 할 일입니다. 최근 팀들은 어디에 프로세스를 저장하고 있나요? 리스크 조직은 모든 정보와 추적 세부 사항을 GRC 시스템에 저장하고 있습니다."

거버넌스, 리스크, 컴플라이언스^{Governance-Risk-Compliance, GRC} 시스템을 언급한 것만으로도 회의실 여기저기에서 신음이 새어 나왔다. 야다는 충격받은 척도 하지 않았다. 심지어 그녀의 팀조차 GRC 시스템과 형편없는 사용자 인터페이스에 관해 불평하고 있었다.

"엔지니어링 팀은 프로세스를 마크다운 문서로 작성해서 Git 저장소의 소스 관리 시스템에 저장합니다. 코드를 저장하는 바로 그 공간입니다." 미셸이 대답했다.

"보안 부문은 취득한 정보를 내부 서비스 시스템의 지식 관리 모듈에 저장합니다." 팀이 덧붙였다.

"제품 부문은 모든 요구 사항을 티케팅 시스템에서 추적합니다." 빌이 말했다.

"4개의 조직이 4개의 다른 위치에 정보를 저장하고 있습니다. 이것은 적신호처럼 보입니다." 캐롤이 말했다. "미셸, 엔지니어들은 이 시스템들을 어떻게 사용합니까?"

"엔지니어링 부문에서는 제품 팀이 사용하는 티케팅 시스템에서 밀려오는 요청을 가져옵니다. 티케팅 시스템 안에서 살고 있지요. 사실 엔지니어링 부문의 누구도 GRC 시스템을 알지 못하고, 신경도 쓰지 않습니다. 저역시 6개월 전 릴리스에서 발견된 컴플라이언스 이슈를 조사하다가 GRC 시스템에 관해 알게 됐습니다. 지식 관리 시스템에 관해서라면, 음…" 회의실 안에 잠시 정적이 흘렀다. 마이클이 말을 이었다. "그 존재를 알고 있고, 엔지니어링 부문 인원의 대부분이 해당 시스템에 접속합니다. 하지만 시스템을 사용하지는 않습니다. 정보는 대부분 불완전하거나 오래됐거나 정확하지 않습니다. 보안 이슈나 질문이 있으면 역^逆채널링합니다. 역채널링에 성공하지 못하면 좋은 시도였다고 생각하고 다음 작업을 계속합니다. 보안과 관련된 최고의 조언은 대부분 인터넷 검색을 통해 얻습니다."

마이클의 마지막 코멘트를 들었을 때 팀은 고개를 거의 들지 못했다. 캐롤이 말했다. "만약 팀이 가장 잘 아는 사람이고, 이런 방식으로 지식 관리 시스템을 운영하고 있다면, 이 부분을 고려해봐야 할 것 같습니다. 우리가 해야 할 일을 하러 어디로 가야 할지 모른다면 어떻게 우리가 해야 할 일을 하고 있다고 말할 수 있습니까?"

"정확히 같은 말을 닥터 수스 Dr. Suess의 책에서 읽었습니다." 빌이 빈정댔다.

"수잔에게 전달해야 할 응답이 조금 명확해졌습니다." 팀이 말을 가로챘다. 모든 사람이 그에게 얼굴을 돌리고 혼란스러운 표정을 지었다. "문제를 구체적으로 파악하지 못한 채로 수잔에게 무엇이 잘못됐는지 말할 수 없습니다. 우리가 지금 알고 있는 것은, 어떤 식으로든 전체 프로세스가 부서졌다는 사실입니다. 사일로silo에서는 뭔가 동작할지 모르지만, 전체 시스템으로는 동작하지 않습니다. 여기에서 '시스템'의 의미는 광범위합니다."

"그럼 어떻게 응답해야 합니까?" 야다가 테이블에 앉은 모두에게 물었다.

"한 가지 아이디어가 있습니다." 팀이 대화의 주도권을 가져가며 말했다. "미셸은 상황이 어떻게 돌아가는지를 가장 잘 파악하고 있습니다. 그녀는 IUI의 모든 영역에서 일할 수 있다는 것을 증명했습니다." 팀이 미셸을 바라봤다. "미셸, 당신이 조금 더 깊게 파고들어서 각 MRA을 읽고, 현재와 미래 상태에 대한 제안의 기초를 만드는 데 시간이 얼마나 걸리겠습니까?"

"MRIA에 대응할 방법을 저한테 생각하라고 요청하시는 건가요?" 미셸이 되물었다.

"아니, 그렇지 않습니다." 팀이 대답했다. "그저 구체적인 이슈를 나열하는 것에만 초점을 둔 개요 정도라고 생각해 주세요. 우리는 함께 응답을 만들 것입니다. 우선 미셸이 앞서 말한 것과 같이 구체적인 사항이 필요합니다."

"잘 알겠습니다. 타임라인은 어떻게 됩니까?" 미셸이 물었다.

"오늘이 화요일이고, 매주 목요일 주간 보고가 있습니다." 팀이 말했다.

"음, 이번 목요일에는 세부 사항을 가질 수 없습니다. 오늘 남은 시간과 내일을 쓴다고 해도 적절한 품질의 리서치는 완료할 수 없을 듯합니다."

"동의합니다." 팀이 끼어들었다. "다음 주 수요일, 같은 시간에 같은 장소에서 만납시다. 일주일의 시간이 있습니다. 우리는 지금 솔루션을 찾는 것이 아니에요. 단지 개요를 보고자 하는 거죠. 야다가 앞서 말했지만 가장 **좋은 개요는 우리가 해야 한다고 말한 것, 우리가 하고 있거나 하고 있지 않은 것**에 기반해야 합니다."

모두가 미셸을 바라봤다. 미셸은 생각에 잠겨 있었다. 압박을 받는 것처럼 보이지는 않았다. 오히려 주어진 시간이 조사하기에 충분한지 숙고하는 듯했다. 몇 초가 10분처럼 더디게 지나갔다.

"캐롤, 빌, 오늘 팀에게 제 업무 일부를 넘겨야 할 것 같습니다. 이 작업을 하려면 여기에 완전히 집중해야 해요. 지금까지 충분히 조사했고, 다른 작업이 없다면 다음 주 화요일까지 개요를 만들 수 있습니다."

"알겠습니다, 좋아요. 다만 이 일을 하면서 실제 작업을 혼자서만 할 필요는 없습니다. 빌, 미셸을 도와주겠습니까?" 팀이 물었다.

빌은 당황한 듯 보였다. 그의 조직의 백로그는 너무 많이 백업돼 있어서, 각 백로그는 해당 백로그를 리뷰하는 백로그 아이템을 포함하고 있었다! 빌은 마케팅 부문, 영업 부문, 재무 부문과 함께 해결해야 할 프로세스 문제가 있었다. 하지만 빌은 팀의 말이 질문이 아니라 정치적인 '반半강제의 자발적인' 상황임을 알았다. 동의할 필요도 없었다. 결국, 자신은 팀에게 보고하지 않는다. 하지만 빌도 이것이 얼마나 중요한지 알고 있었다. 빌은 이 일이 향후 자신은 물론 자신의 조직에 버팀목이 될 것을 알아채는 예리한 감각의 소유자였다. 그건 중요한 일이었다.

빌은 간단명료하게 답했다. "네. 도울 수 있습니다."

"그래요, 좋습니다. 이제 계획을 세웠습니다." 팀이 말했다. "다음 주 수요일에 다시 모입시다. 미셸과 빌은 우리가 한다고 말했던 것과 실제로 우리가 했거나 하지 않은 것에 기반한 개요의 초안을 마련할 것입니다. 가능한 한 명확함을 보장하기 위해 경영진 요약의 MRIA 문구에서 다뤄진, 답변이 미흡했던 MRA 로그 범위를 유지해야 합니다."

팀은 회의실을 둘러봤다. 모두가 고개를 끄덕여 동의를 표했다. 낙관적인 공기가 회의실을 채웠다. 마침내 모든 것이 움직이기 시작하는 듯 느껴졌다.

"팀, 야다와 함께 수잔의 사무실에 들러 기대치를 설정해 보는 게 어떨까요?" 캐롤이 말했다. 회의가 막바지에 다다르고 있었다.

"좋습니다." 팀이 대답했다. "이 MRIA는 시한폭탄입니다."

3월 30일 수요일

다음 날, 미셸과 빌은 평소와 다름없이 사무실에 모습을 나타냈다. 9시 30분쯤 되자 빌이 미셸의 책상으로 다가갔다.

"안녕하세요." 빌을 본 미셸이 아침 인사를 건넸다.

"좋은 아침입니다. 어디부터 시작하면 좋을지 알고 있습니까?"

"네, 물론이죠. 어젯밤 제 이메일과 이전 리서치 결과를 샅샅이 뒤져서 'MRIA 광기MRIA Madness'라는 공유 드라이브의 새 폴더에 옮겨졌습니다. 우리의 광기보다는 3월의 광기에 대한 송가에 가깝습니다."

빌이 키득거렸다. MRIA 광기라니…. 재치 있는 이름이었다.

"오늘 제가 처음 할 일은 이 리서치를 작성하기 위해 이야기했던 사람 모두와 다시 이야기하는 것입니다. '1 – MRIA Outline'이라는 문서를 만들었습니다. 빌이 공유 드라이브를 열었을 때 가장 처음 보이는 문서가 될 것입니다."

"좋습니다." 빌이 대답했다.

"제가 발견한 것을 이 문서에 요약하고 다른 관련된 정보에 연결하겠습니다. 리스크와 감사 부문부터 시작할 거예요. 가장 먼저 '이것이 우리가 하는 일이다'라고 말한 것에서 시작하는 과정을 추적하고자 합니다. 이 '우리가 하는 일'을 약속promise이라고 부르기로 했습니다. '이것이 우리가 하는 일이다'라는 것은 규제 당국, 고객, 그리고 서로에게 하는 약속입니다."

"미셸, 정말 훌륭합니다." 빌이 대답했다. "프로덕트 관점에서 봤을 때, 관련된 변경 관리 뒤에 필요한 어떤 것이든 마케팅하는 훌륭한 방법입니다. 통제는 냉혹하지만, 약속은…. 사실 누구도 약속을 깨고 싶어 하지 않으니까요."

미셸은 칭찬을 받고 미소를 지었다. "맞습니다. 고맙습니다, 빌." 미셸이 말했다. "이 모든 약속을 찾은 뒤, 각 약속을 특정한 형태의 구현으로 추적할 것입니다. 우리가 약속을 지키기 위해 어떻게 노력했는지 확인하는 것입니다. 이것이 기본이자 시작입니다. 발견 프로세스를 이것보다 더 복잡하게 만들고 싶지 않습니다. 어떻게 생각하십니까?"

"그대로 진행하죠." 빌이 대답했다. "매일 오후 3시에 만나는 건 어떻습니까? 미셸이 수집한 정보 분석과 개요 작성을 돕는 데 두 시간 정도 낼 수 있습니다. 도움이 될까요?

"물론이죠. 큰 도움이 될 것입니다!"

첫 번째 날은 아주 짧으면서도 길게 느껴졌다. 미셸은 업무 시간 내내 사무실을 이리저리 뛰어다녔다. 모든 사람이 일정에 초대됐고 사무실에서 이야기를

나눴다. 그녀는 많은 사람이 기꺼이 도우려는 것을 발견해 정말 기뻤다.

이 모든 과정에서 미셸은 인간성의 중요한 측면을 깨달았다. 사람들은 누군가 어떤 문제에 관해 불평하며 그들의 말을 들을 때 자신에 관해 이야기하기를 좋아한다. 미셸은 경력상으로는 여전히 주니어였지만, 체계적이지 않은 대화를 촉진하는 재능이 있었다.

한 미팅에는 빌이 합류했다. 빌은 미셸이 공감을 통해 대화를 이끄는 것을 보고 감명받았다. 미셸은 "어떤 의미인지 알겠어요. 나도 같은 느낌이에요" 혹은 "정말 어려웠겠어요"라는 말을 자주 했다. 반면에 빌은 그들의 비판이나 태도, 불평에 짜증이 났다. 입을 꾹 다물고는 있었지만, 속으로는 피가 거꾸로 솟구치는 듯했다.

미셸은 이를 알아차렸다. 그녀는 미소를 지으며 생각했다. '주로 듣는 사람으로서, 빌은 분명 사람들이 선택할 수 있는 몇 가지 단어를 공유하고 싶을 거야.' 하지만 미셸은 접근 방식을 달리했다. 그녀는 많은 사람의 불평과 자기중심적인 태도를 끊어낼 수 있는 사랑스러운 방법을 찾았다. 결과적으로 그녀는 사실을 끌어내는 데 성공했다.

눈 깜짝할 사이에 오후 3시가 됐다. 공포 영화의 악당이 미셸에게 몰려오는 것처럼 빠르게 다가왔다. 그녀는 빌의 사무실에 도착했다. 사실 별것 아니었다. IUI의 여느 사무실과 다르지 않았다. 두 벽면에 창문이 있고, 나머지 벽면은 일반적인 살균 석고 보드로 처리했다. 사무실은 깔끔한 책상과 작은 회의 테이블로 채워져 있었다. 일하기에 매우 좋은 장소처럼 보였다. 창문으로 내리쬐는 오후 햇살에 사무실이 얼마나 더운지 알기 전까지는 말이다.

미셸과 빌은 그날 진행한 인터뷰 전체를 리뷰했다. 인터뷰 결과는 크게 두 가지 정보로 정리됐다. 첫 번째, 그들은 '우리가 할 것이라고 말한 것'을 담아내기 위해 24개 이상의 시스템, 스프레드시트, 문서를 사용했다. 두 번째, 인터뷰 대상자의 리스트가 기하급수적으로 늘어났다.

"우리가 성장했다는 건 알았지만, 정말 작은 기업이 얼마나 커질 수 있는지는 거의 모든 직원과 이야기하려고 시도하기 전까지 깨닫기가 어렵죠." 빌은 말했다.

"과거에 여기에서 일하던 분들이 눈길을 오르내리며 출퇴근하셨던 시절에 관해서는 전혀 모르겠습니다." 미셸이 농담하며 말했다. "하지만 옳은 말씀입니다. 우리는 규모가 크죠. 저보다 오랫동안 일하신 분들을 이제야 만나봤습니다. 전에는 얼굴도 본 적이 없었던 것 같아요."

"그러게 말입니다. 일단 그건 접어두고요." 빌이 말을 이었다. "이제 문서를 시작할 수 있을 것 같습니다." 미셸은 회의실 테이블에서 빌의 옆에 앉아 MRIA 개요 문서를 열고 다음과 같이 입력했다.

MRIA

발견 사항 / 우려
- 일관성 없는 프로세스는 보안과 컴플라이언스를 준수하는 데 역부족이며, 결과적으로 심각한 결함이 있는 인가되지 않고 취약한 소프트웨어가 프로덕션에 릴리스됐다.

현재 상태
- 약속(또는 '통제')
  - 문서화된 소프트웨어 릴리스 프로세스
  - 문서화된 소프트웨어 테스팅 프로세스
  - [내일 계속]

"음, 모든 것이 잘 요약된 것 같습니다. 하지만 오늘 하루 나눴던 수다, 불평 그리고 발견한 사실을 담기에는 분량이 너무 적어 보입니다." 빌이 말했다.

"오늘은 늦기도 했고 너무 지쳐서 다른 것을 포함할 방법을 생각할 수가 없습니다. 상세한 메모가 있으니, 필요할 때 언제든 확인할 수 있습니다."

미셸이 대답했다.

"그래요, 좋습니다." 빌이 말했다.

미셸은 문서를 저장하고 랩톱을 닫았다. 오후 5시가 조금 넘은 시각이었다. 그녀는 퇴근을 서둘러야 했다. 6시가 넘으면 미셸의 쌍둥이를 돌봐주는 보모가 불같이 화를 낼지도 모른다.

"저는 이만 퇴근하겠습니다. 오늘은 할 만큼 한 것 같아요. 나머지는 내일 보완하는 게 어떨까 합니다." 미셸이 제안했다.

"그럽시다." 빌이 대답했다.

미셸은 자신의 책상으로 돌아가 소지품을 챙기고 주차장으로 발걸음을 옮겼다. 오늘 이야기를 나눈 사람들을 지나치면서 모두에게 가벼운 미소를 보냈다. 문득 그녀는 궁금해졌다. 'IUI에는 현명하고 열정적인 사람들이 있다. 어떻게 이렇게 많은 것이 잘못될 수 있었을까?'

3장

4월 5일 화요일

며칠이 순식간에 지나갔다. 미셸은 최고의 셜록 홈즈가 됐고, 빌은 왓슨 박사의 역할을 맡았다. 그녀와 이야기를 나누지 않은 사람은 없는 것 같았다. 만약 청소 스태프가 외부 감사인과 고객에 대한 약속을 지키는 데 유용한 통찰을 지녔다면, 미셸은 그들과도 회의를 가졌을 것이다.

미셸과 빌이 참석하는 잇따른 회의들은 때때로 90년대 로맨틱 코미디 영화에서 볼 법한, 이제 막 시작하는 연인의 모습을 연상시켰다. 모든 사람이 서로 잘 어우러지는 듯한 분위기였다. 다들 에너지가 넘쳤으며 협조적이고 개방적이었다. 그러나 때로는 야근도 마다하지 않고 컴퓨터 앞에 앉아 시간을 보내며 끊임없이 토론하는 진지한 모습을 보였다.

화요일 오후가 되자, MRIA 개요 문서는 상당히 커져 있었다.

MRIA

발견 사항 / 우려

- 일관성 없는 프로세스는 보안과 컴플라이언스를 준수하는 데 역부족이며, 결과적으로 심각한 결함이 있는 인가되지 않고 취약한 소프트웨어가 프로덕션에 릴리스됐다.

현재 상태

- 약속(또는 '통제')

- 문서화된 소프트웨어 릴리스 프로세스 – 문서화되지 않음
  - 문서화된 소프트웨어 테스팅 프로세스 – 일부 문서화됨, 팀별로 다르게 수행함
- MRA
  - 충분하지 않은 대응 – 4
  - 미대응 – 11
- 프로세스와 문서화를 위한 메인 시스템
  - 리스크 부문 – GRC 시스템
  - 보안 부문 – 지식 관리 모듈
  - 서버 관리 시스템 – CMDB
  - 제품 부문 – 티케팅 시스템
  - 엔지니어링 부문 – Git 저장소
- 기타 시스템
  - 주요 4개 시스템 이외에 커뮤니티 문서와 위키 페이지 및 대부분 스프레드시트를 포함한 38개의 다른 '시스템'이 회사 전체 또는 개인 컴퓨터 안에 흩어져 있음
  - 상세한 정보 및 시스템 소유자에 관한 정보는 '부록 – 스프레드시트 & 비공식 시스템' 참조

실행 가능한 사항

- 발행된 MRA에 기반해 다음 아이템들을 공식적이고 표준화된 접근 방식에 따라 해결해야 함
  - 목표
    - 최소한으로 허용 가능한 릴리스 접근 방식을 정의한다
  - 목적
    - 프로덕션 환경으로 푸시되는 코드에 대한 동료 리뷰를 강화한다
    - 최소한의 품질 게이트를 식별하고 강화한다
    - 모든 사용자의 모든 프로덕션 환경에 대한 상위 접근 권한을 제거한다

"한 가지 태스크에 집중해서 끝낸 결과물이 놀랍습니다. 촉박한 데드라인에도 불구하고 말입니다." 빌이 말했다.

"모든 사람과 이야기를 나눴다고 생각합니다." 미셸이 대답했다

"맞습니다. 모두와 이야기를 나눴습니다. 그들의 어머니와 조부모까지 포함해서 말입니다." 빌은 미셸의 랩톱에 표시된 문서를 살펴봤다. "잘 요약된 문서입니다. 팀과 캐롤이 요청한 것을 정확하게 담고 있네요. 다음 액션과 솔루션을 찾는 것에 대한 단계를 만들 수 있을 것 같습니다. 어떻게 생각합니까?"

"물론, 좋습니다! 이 모든 정보를 압축해서 담아내는 작업은 고통이었습니다. 말하고 싶은 것이 훨씬 많았던 것 같습니다." 미셸이 대답했다.

"이것은 제품의 피처를 식별하는 것과 유사합니다. 대화를 나눈 동료들은 고객이고, 우리가 한 것은 요구 사항 분석이 되는 거죠." 빌이 말했다.

"오! 말이 되네요." 미셸이 대답했다.

4월 6일 수요일

"말도 안 됩니다!" 야다가 앞에 놓인 **MRIA 개요** 문서를 읽으면서 소리를 질렀다.

미셸은 회의실 안을 둘러봤다. 팀원들은 문서를 읽으면서 놀라움, 충격, 실망에 이르는 표정을 보였다. 미셸은 그것을 역겨움이라고 표현할 수밖에 없었다.

"42개 시스템이라니…" 팀은 믿을 수 없다는 표정으로 말했다. "수잔이 필요하다고 말한 정보가 이것입니다. 세부 사항 전부는 아니지만요." 팀이 부록 섹션을 훑으며 말했다. "마음 아프겠지만 첫 페이지는 진실을 말하고 있습니다."

"팀, 이 회의를 가장 잘 활용하기 위해 문서에 나열된 실행 가능한 사항들에 대해 논의해봅시다. 이런 정보는 MRIA에 대해 IUI가 해야 할 대응에 있어서 핵심입니다." 야다가 말했다.

"좋습니다. 훌륭해요." 팀이 말했다. "목표인 '**최소한으로 허용 가능한 릴리스 접근 방식을 정의한다**'부터 시작해보죠."

"데브옵스 여정을 통해 이에 관한 많은 발전을 이뤘습니다. 하지만 여전히 몇몇 곳은 비어 있습니다. 특히 디지털 뱅킹 분야가 그렇습니다." 미셸은 캐롤을 보면서 말했다. "개발자들은 기존 백엔드 프로세스에서 우회 방법을 사용하는 경향이 있습니다. 문서는 없거나 불명확합니다. 프로세스를 알고 있는 개발자들은 그에 따라 진행하지만, 그렇지 않은 개발자들은 문제가 발생하면 기존 시스템과 과거 데브옵스 여정 이전에 있던 애플리케이션 개발자를 탓합니다."

"게다가 증거를 만드는 방법에 관한 주관적 특성으로 인해 더 복잡해지고 있습니다. 예를 들어 모든 증거는 암묵적으로 CMDB[1] 시스템에 정의돼 있으며, 그 어디에도 명확하고 객관적인 증거가 저장돼 있지 않습니다. 팀의 팀은 해당 CMDB 시스템에 대해 보고서를 실행합니다."

"맞습니다." 팀이 말했다. "대부분은 컴플라이언스를 준수하고 있다고 믿고 있습니다. 그러나 실제로 데이터를 검증하지는 않습니다."

"왜 검증하지 않는 거죠?" 야다가 물었다. 아무도 대답하지 않았다.

"좋습니다. 미셸, 다음은 무엇입니까?" 팀이 물었다.

"배포 전에 코드 리뷰가 부족합니다. 모두가 이를 올바르게 수행하고 있다고 생각하지만, 그렇지 않은 사람도 있습니다." 미셸이 모순된 상황을 설명하며 웃음을 터뜨렸다. 그녀는 말을 이었다. "이 프로세스를 우회할 방법이 몇 가지 있습니다."

---

1 구성 관리 데이터베이스(Configuration Management Database)

"어떤 방법이죠?" 야다가 물었다.

"아, 이건 기억하고 있습니다." 빌이 끼어들었다. "미셸, 당신이 있었던 팀의 누군가 서비스 계정을 사용해 자동으로 자신의 작업을 리뷰하는 자동화 스크립트를 만들었던 것 아닌가요?"

"뭐라고요?" 야다가 놀란 목소리로 말했다. "그 후에는 어떻게 됐습니까?"

미셸이 대답했다. "그의 서비스 계정을 회수했습니다. 그리고 그는 작년에 IUI를 떠났습니다. 스타트업에서 온 사람이었는데 우리 작업 방식을 좋아하지 않았습니다. 잊어버리세요. 자, 계속 진행하시죠."

"실제로 우리 사이에 틈이 넓다는 것을 본다는 게 정말 무섭습니다." 팀이 말했다.

"한 가지 문제는 우리에게 동료 리뷰를 요청할 수 있는 공식적 방법이 없다는 것입니다. 기본적으로 코드를 커밋하는 사람은 누군가를 찾아가서, 말 그대로 그들이 하는 일을 멈추고 리뷰를 도와 달라고 요청해야 합니다. 이는 누군가를 방해해야 한다는 의미이기도 하죠. 이런 방식은 일관성이 없는 데다가 업무 진행 속도를 늦추고 신뢰할 수도 없습니다. 우리는 코드 리뷰를 위한 공식적인 프로세스를 지원할 적절한 구조나 대역폭을 마련하지 않고 있습니다." 미셸이 말했다

"하지만 제가 불안한 게 뭐냐면…. 우리가 너무 많은 구식의 오픈 소스 및 상용 라이브러리와 패키지를 사용하고 있다는 점입니다. 이런 라이브러리들은 너무 오랫동안 사용돼 왔기 때문에 누구도 신경을 쓰지 않습니다. 이들은 많은 취약점이 있으며 패치를 해야 합니다. 심지어 올바른 라이선스를 부여한 서드파티 소프트웨어를 사용하고 있는지조차 파악하지 못하고 있습니다."

"그건 안 좋네요." 팀이 미간을 찌푸리며 말했다.

"더 나쁜 것은…." 미셸이 말을 이었다. "감사 부문이 쉽게 검토할 수 없는 보안 통제의 일관된 증거가 없다는 점입니다. 일부 팀은 수동으로 개발

백로그에 완화를 위한 발견 사항을 입력하고, 일부 팀은 PDF 파일이나 스프레드시트 문서를 리더들에게 전달합니다. 완전히 무작위이고 마구잡이식입니다."

"그럼 뭔가 더 있는 겁니까?" 야다가 허탈한 웃음과 함께 물었다.

"오, 맞다!" 팀이 눈을 크게 뜨고 야다와 다른 사람들을 보며 말했다. "릴리스 파이프라인에 통제 혹은 톨게이트가 부족하다는 얘기를 들었어요. 엔지니어링 팀이 자동화된 파이프라인을 구현하기 시작할 때 기본적인 통제 게이트를 추가할 거라고 했는데, 그게 안 된 것 같습니다."[2]

"안타깝게도 팀의 말이 맞습니다." 미셸이 머리를 저으며 말했다. "시간이 흐르면서, 팀들은 우회 방법을 만들고 예외적으로 톨게이트를 우회했습니다. 기업이 성장함에 따라 파이프라인의 수도 늘어났습니다. 각 파이프라인에서 어떤 일이 일어나는지 관리하는 것이 정말 어려워졌습니다. 사실, 많은 전달 팀은 CI/CD 도구에 접근할 수 있지만 이러한 통제를 꺼 두고 있습니다."

"뭐라고요?" 마치 누군가 앞에서 신호를 무시하며 통과하는 것을 목격한 듯한 표정으로 야다가 말했다. "어떻게 그런 일이 생긴 거죠?"

"음, 압박으로 인해 특정 시점에 릴리스를 지연할 여력이 없었을 때 사용했던 몇 가지 예외에서 시작됐습니다. 그런데 시간이 흐르면서 우리 시스템은 '비정상 행동의 정상화'로 변했습니다." 미셸이 손가락으로 따옴표를 만들며 말했다.

"예? 뭐라고요?" 방 뒤쪽에서 누군가가 물었다.

"다이앤 본Diane Vaughan은 『챌린저호 발사 결정The Challenger Launch Decision』(University of Chicago Press, 1997)이라는 책을 썼습니다. 챌린저호 사고는 정확하고 적절한 행동에서 벗어나는 것이 미국의 우주 프로그램에서 정상

---

2 파이프라인에 관한 더 자세한 내용은 부록 2를 참조하라.

화되면서 일어난 일입니다. 실제로 기업 문화에서 매우 흔히 볼 수 있는 현상이기도 하고…." 미셸이 머뭇거리며 말을 이었다. "IUI에서도 일어나고 있습니다."

"훌륭하네요." 야다가 한숨을 지었다.

"그리고 마지막으로…." 미셸이 안경을 고쳐 쓰며 말했다.

"감사합니다!" 야다가 눈을 굴리며 말했다.

"우리는 상당히 심각한 '상위 접근'과 관련된 문제를 발견했습니다."

"다른 문제들은 그다지 심각하지 않게 느껴지는군요." 팀이 비웃으며 말했다. 방 안에 웃음소리가 퍼졌다.

미셸은 차분하게 말을 이었다. "개발 및 운영 팀들은 프로세스를 우회할 방법을 갖고 있습니다. 기본적으로 시스템에 대한 '비상시 파괴'[3]가 너무 많이 발생하고 있습니다. 아무도 가이드라인을 따르지 않습니다. 팀 리더와 매니저들이 여기저기 승인 권한을 부여합니다. 심지어 긴급 접근 시스템조차 작동하지 않는 것 같습니다."

"하지만 이에 대한 명확하고 공개된 지침이 있잖아요." 팀이 말했다.

"알고 있습니다." 미셸이 말했다. "하지만 사람들은 그저 무시하고 있습니다. 상위 접근 요청을 추적할 방법이 없습니다. 시스템은 남용할 수 있는 상태로 열려 있었습니다. 그리고…." 미셸은 물을 한 모금 마신 후 덧붙였다. "실제로 남용돼 온 것으로 보입니다."

"내가 생각했던 것보다 더 심각하군요." 야다가 말했다. "직무 분리를 유지해야 합니다. 그렇지 않으면 규제 당국의 유리한 검토를 받을 수 없습니다. 이 방에서 엔론Enron에 관해 다시 이야기할 필요가 있겠습니까?" 야다가

---

3 '비상시 파괴(break glass)'라는 개념은 필요한 경우 액세스 권한이 없는 사람이 특정 기능을 수행하거나 정보를 얻기 위해 접근 권한을 얻는 간편하고 빠른 방법을 의미한다. 좋은 '비상시 파괴' 프로세스는 잘 문서화되고 이해돼야 한다. 안전하고 감사 가능한 로그를 제공하며, 행동을 감독하고 리더십 팀에게 알림을 보내고 경보를 울려야 한다. '비상시 파괴' 이벤트는 예외적인 프로세스여야 하며 필요하거나 따라야 하는 일이 드물다.

손을 들며 주변을 둘러봤다. 미셸은 많은 사람이 갑자기 무릎 위로 시선을 두는 것을 알아챘다. 은행권에서 엔론이라는 이름을 언급하는 것은 사람들을 삽시간에 불편하게 만드는 확실한 방법이었다.

"음⋯." 미셸이 나섰다. "실제로는 동료 리뷰 시스템을 통해 그것을 간단하게 달성할 수 있어야 합니다."

"안 됩니다. 개발자가 자신의 코드를 프로덕션 환경으로 직접 푸시하도록 내버려 두면 직무 분리를 달성할 수 없습니다." 야다가 설명했다. "누구도 '개발자'와 '운영' 역할을 동시에 하지 않는다는 것을 보여줘야 합니다. 개발자 역할은 프로덕션 환경으로 배포할 수 없어야 합니다. 또한 '개발자' 목록과 '운영' 목록을 비교해서 중복이 없는지 확인하기 위한 보고서를 만들고 비교할 방법이 필요합니다. 최소한 분기마다 한 번씩 이를 수행해야 합니다."

미셸이 빠르게 끼어들었다. "하지만 야다, 이제 그 두 가지 역할은 구분돼 있지 않아요. '데브옵스화'된 팀에서는 그런 역할이 없습니다. 모두가 개발자입니다. 그저 기능을 위한 코드를 작성하거나 인프라를 위한 코드를 작성할 뿐입니다. 모든 것이 소프트웨어입니다."

"뭐라고요?" 야다가 분노한 표정으로 일어났다. "언제 그런 일이 발생했습니까? 누가 그 결정을 내린 거죠? 왜 저와 상담하지 않은 겁니까?"

팀은 몸을 앞으로 숙이며 비아냥거리듯 말했다. "그게 바로 우리가 지난 몇 년간 함께한 데브옵스 트랜스포메이션입니다. 모두가 Dev와 Ops를 합쳐 놓으라고 했고, 그게 우리가 한 일입니다. 모두를 풀 스택 개발자로 만들고, 모두를 개발자 역할로 묶었습니다."

미셸은 토론이 좋지 않은 방향으로 흘러가고 있음을 느꼈다. 그녀는 자리에서 일어나 단호하게 말했다. "들어보세요. 저는 작년에 열린 데브옵스 콘퍼런스에서 린 커피[4] 세션에 참석했습니다. 그 테이블의 주제가 바로 이

---

4 린 커피(Lean Coffee)는 구조화되지 않은 형식의 회의다. 참가자들이 논의할 주제와 다음 주제로 넘어가는 시기를 투표로 결정한다. 도미니카 드그란디스(Dominica DeGrandis)의 『업무 시각화(Making Work Visible)』(에이콘출판, 2020)에서 자세한 내용을 확인할 수 있다.

직무 분리였죠. 다른 은행, 소매업체, 소프트웨어 회사, 핀테크 스타트업에서 최소 15명이 테이블에 참석했고, 그 유명한 자동차 부품 제조 업체인 파츠 언리미티드Parts Unlimited에서 온 참석자도 있었습니다. 모두의 의견이 일치했습니다. 직무 분리는 농담에 가깝습니다. 제대로 작동하지 않습니다."

미셸은 잠시 말을 멈추고 야다와 팀의 반응을 살핀 뒤 말을 이어갔다. "코드 배포자가 다른 역할에 속해 있으므로 위험이 없거나 더 적다고 가정합니다. 영화 〈오피스 스페이스Office Space〉(1999)를 다들 봤을 거예요. 그렇죠?"

회의실 여기저기에서 인정하는 소리가 흘러나왔다.

"제가 앉아 있던 테이블의 참석자들은 모두, 직무 분리는 변경 사항에 관해 알지 못하는 사람이 변경 사항을 프로덕션 환경으로 배포하는 것이 더 큰 위험을 초래한다고 느꼈습니다!" 미셸은 야다를 향해 말했다. "그리고 당신이 '나쁜 행위자' 시나리오에 관해 이야기한다면, 운영 엔지니어는 개발자와 동등하거나 그보다 더 큰 피해를 줄 수 있습니다."

야다가 빠르게 끼어들었다. "그렇다면 어떻게 한 명의 개발자가 다른 사람의 동의 없이 코드 변경 및 운영 환경으로 배포할 수 있는 권한을 갖지 않도록 보장할 수 있습니까? 결국엔 그것이 우리가 완화해야 할 실제 위험입니다. 그리고 감독 기관에 우리가 그 위험을 완화했다고 설득해야 합니다."

"정확합니다!" 미셸은 기분이 훨씬 좋아졌다. 다시 같은 생각으로 돌아왔다면 좋겠다고 생각했다. "우리에겐 그 위험을 완화할 수 있는 훨씬 좋은 방법이 있습니다. 모든 애플리케이션 코드는 Git 저장소에 있습니다. CI/CD 파이프라인을 사용해 코드를 빌드하고 운영 환경까지 배포합니다. 파이프라인은 그저 코드화된 빌드 및 배포 작업 흐름을 모은 것으로, 이를 인프라스트럭처 코드와 함께 동일한 Git 저장소에 저장합니다. 다음으로 모든 개발자로부터 프로덕션 환경에 대한 상위 접근을 제거하고, 프로덕션 환경으로 배포하기 전에 모든 코드 변경에 동류 리뷰를 받도록 한다면⋯.

야다가 언급한 그 위험을 완화할 수 있는 최고의 방법이 될 것입니다. 핵심은 동료 리뷰 프로세스를 강제하는 것입니다."

"그래서….." 야다가 대답하기 전에 팀이 입을 열었다. "우리가 지금 그중에서 실행하는 게 있습니까?"

"아니요." 미셸이 돌아보며 말했다. 그러고는 목소리를 낮춰 활기 잃은 말투로 계속 말했다. "제 말의 의미는 팀 대부분이 파이프라인과 인프라스트럭처 코드를 저장소에 갖고 있다는 것을 알고 있다는 점이에요. 하지만 그게 전부입니다. 앞서 말한 대로 우리의 동료 리뷰 프로세스도 망가진 상태입니다."

팀은 빌을 쳐다보며 말했다. "문제의 범위와 성격에 관해 다들 이해한 것 같군요. 이제 역할에 관해 이야기해 봅시다. 빌, 디지털 뱅킹에 대한 궁극적인 책임은 제품 관리자인 당신에게 있습니다."

빌은 토론을 지켜보며 조용히 방을 살폈다. 미셸이 결과를 설명하며 팀과 야다의 반응을 주시했다. IUI가 처한 상황이 점점 현실로 와 닿기 시작했다. 그는 공포를 느꼈다.

"그렇긴 하지만 제가 적임자일까요? 이것은 피처가 아니라 보안과 컴플라이언스 이슈입니다. 엔지니어링 문제죠." 회의실 안에서 많은 사람이 고개를 끄덕이며 동의했다. 빌은 보안과 컴플라이언스 동료들이 하는 일이 무엇인지 곰곰이 생각해봤다. 그의 잘못을 지적하는 일 외에는 그들이 하는 일이 딱히 떠오르지 않았다. 빌은 미셸의 얼굴을 살폈다. 그녀는 이 문제에 관한 책임을 맡고자 하는 의도가 없는 것은 분명했다.

"하지만….." 팀이 입을 열었다. "컴플라이언스와 보안 기능을 제품의 비기능 요구 사항으로 볼 수 있지 않습니까? 보안 취약점이 착취되거나 컴플라이언스 제어가 충족되지 않으면 소프트웨어에 버그나 문서화되지 않은 기능이 있다는 의미가 됩니다. 그리고 그런 것은 빌이 좋아하지 않잖아요, 그렇지 않나요?"

"그렇죠." 빌이 말했다. "정말로 좋아하지 않습니다. 미셸과 나는 이것과 똑같은 대화를 한 적이 있습니다. 그때 한 남자의 말을 인용했었죠. 이름이 제임스…."

"제임스 위킷이요." 미셸이 미소지으며 말했다.

"아, 맞아요. 제임스 위킷은 데브옵스 엔터프라이즈 서밋 세션에서 보안 버그에 관해 이야기했습니다. '버그는 버그다'라고요.[5] 그렇죠, 미셸?"

"네." 미셸이 고개를 끄덕였다.

"다들 알다시피 프로덕트 매니저로서의 제 역할은 제품 기능이 시장의 필요를 충족하는 것을 보장하는 것입니다. 그리고 그렇게 해내고 있죠. 많은 것을 제공하고 있으며, 분기마다 우리는 기대치를 만족시키고 초과했습니다. 하지만 우리가 만들어낸 것이 실제로 어떤 결과를 끌어냈는지 궁금합니다. 우리가 빌드 트랩build trap[6]을 만든 것은 아닐까요?"

"빌드 트랩이 뭡니까?" 팀이 물었다.

"최근에 읽은 책의 내용 중에 그런 개념이 있었습니다." 빌이 말했다. "기능을 전달하는 데만 급급해 실험과 학습을 간과한다면, 아마도 올바른 것을 만들고 있지 않을 것입니다. 또한 빌드하는 방법에 관한 학습이나 개선도 이뤄지지 않습니다. 이게 바로 우리의 상황입니다. 우리는 완전한 추적성과 컴플라이언스를 위해 빌드 프로세스를 개선하고 재구성할 수 있는 스토리를 전혀 넣지 않았습니다. 이 모든 것은 보안, 품질, 내구성을 왼쪽으로 이동시키는 것과 관련이 있습니다."

회의실 안에서 빌의 발언은 잘 받아들여졌다. 모두가 빌, 그리고 서로를 바라봤다. 그들은 이런 MRA가 어떻게 이렇게 오랫동안 무시될 수 있었는

---

5 2017 데브옵스 엔터프라이즈 서밋(2017 DevOps Enterprise Summit)에서 제임스 위킷(James Wickett) 이 발표한 'Lighting Talk: Security is in Crisis, A New Journey Begins'의 내용은 다음 링크(https://videolibrary.doesvirtual.com/?video=524054897)에서 확인할 수 있다.

6 빌드 트랩은 지속적인 개발 및 배포를 강조하는 데브옵스 환경에서 기능을 무작위로 출시하는 데 초점을 맞추느라 사용자의 필요를 충족시키지 못하는, 효과적이지 못한 제품 개발 접근 방식을 의미한다.

지 깨달았다. 모두가 일상 업무를 처리하는 데 급급한 나머지 이를 **개선할** 시간이 없던 것이다. 여기에는 보안과 품질, 탄력성이 모두 포함됐다.

빌이 말을 이었다. "이를 올바르게 수행하려면 비즈니스에서 여러 팀을 동원해야 합니다. 그 팀들은 아마도 일하는 방식의 변경을 거부할 겁니다. 그들의 프로세스가 아니기 때문이죠. 그런 격리된 부서에 이런 새로운 아이디어를 통과시키기가 쉽지 않을 거예요. 그러나 이해관계자들과 이에 대해 논의하는 방법을 알 것 같아요. 제품을 좀 더 기다려야 할 수도 있습니다. 우리가 '빠르게 움직이고 문제를 발견하라'라는 문화를 계속 유지한다면, 오늘처럼 꼬인 상황에 빠질 수 있습니다. 하지만 여전히 의문이 있어요. 이게 보안 및 컴플라이언스 문제라면 리스크 부문이 소유해야 하는 것 아닙니까?" 빌은 야다에게 눈길을 돌렸다.

"우리도 여러분과 함께할 것입니다." 야다가 입을 열었다. "하지만 이것은 여러분의 제품입니다. 기능은 여러분이 소유해야 합니다. 팀의 말에 여러분이 동의했듯이 이것들은 기능입니다. 우리는 더 잘 협력하고 조직 전체가 배울 수 있는 작업 패턴을 만들어야 할 것입니다. 이전에 모두가 이렇게 함께한 적이 없는 것 같습니다."

팀도 동의했다. "야다, 이 프로젝트에는 저희 보안 팀과 당신의 리스크 팀 구성원들이 참여해야 할 것입니다. 배리와 안드레아가 여기에 참여해야 할 핵심 인물이지 않을까 합니다. 왜냐하면…."

야다가 고개를 끄덕였다. "그럼 회의 일정을 잡도록 하지요."

"그렇게 하죠. 이 이슈는 마켓 문제처럼 다뤄야 할 것 같습니다." 빌이 말했다. 다만 여전히 불안함이 가시지 않은 게 문제였다. "제품을 기획할 때 놓친 것을 이해하려면 그들의 전문 지식이 필요할 거예요. 그리고 미셸에게는 엔지니어링 솔루션을 주도하도록 도움을 요청하고 싶습니다."

"물론입니다." 미셸이 대답했다. 그녀는 자신과 빌이 지난 한 주 동안 얼마나 잘 협력했는지에 놀랐다. 모두의 고충과 문제를 듣고 난 뒤, 그녀는 솔루션 만들기를 간절히 기다렸다.

"좋습니다. 우리 모두 다음에 무엇을 해야 할지 알고 있는 것 같습니다!" 팀이 외쳤다. "오늘 우리가 결정한 내용을 내일 허들에서 수잔에게 전달하겠습니다. 일주일 후에 다시 모여서 어떤 진전을 이뤘는지 공유할 것입니다. 수잔과 함께할 주간 허들 이전에 모든 자료를 오늘처럼 준비하도록 합시다. 미셸, 당신과 프로젝트 시작 시점을 잡겠습니다."

"알겠습니다." 미셸이 대답했다.

4장

4월 6일 수요일(계속)

사람들이 회의실을 빠르게 빠져나간 뒤에도 빌은 남아 있었다. 그는 의자에 앉아 자신이 놓인 위치에 관해 곰곰이 생각했다. 정면으로 총알을 맞는 위치였다. 쉽지 않을 것이다. 위, 옆, 아래를 관리해야 할 생각에 혼란스럽고 불안해졌다. 다음 단계를 궁리하기 시작했다.

생각해야 했다. 빌은 소지품을 들고 의자를 정리하면서 회의실을 빠져나왔다. 로컬 펍에서 점심에 맥주를 마시기로 했다. 오후에 스타우트 맥주와 사이프레스 포인트 Cypress Point의 생굴을 먹을 생각에 기분이 들떴다.

복도를 통과하며 수잔의 사무실 옆을 빠른 속도로 지나치는 순간, 누군가 그녀에게 프레젠테이션을 하는 모습이 보였다.

규제가 엄격한 회사라는 점을 감안하면 수잔은 꽤 개방적인 CEO였다. 꼭 필요할 때가 아니면 방문을 열어 둠으로써 회사의 가치를 실천했다. 많은 사람은 다른 사람이 사무실에 있을 때 그녀를 방해하지 않을 만큼 예의를 갖췄지만, 꼭 필요한 때엔 그렇게 할 수 있다는 것이 대체로 용인됐다.

빌의 시선은 벽에 투영된 슬라이드에 머물렀다. 수잔이 안경을 쓴 제이슨 콜버트와 함께 슬라이드를 검토하고 있었다. 제이슨은 디지털 트랜스포메이션의 수석 부사장이었다. 회사는 1년 전 IUI의 지속적인 데브옵스 트랜스포메이션을 주도하기 위해 그를 영입했다. 수잔과 제이슨은 새로운 디지털 제품 전략상 함께 일하기로 손을 맞잡았다.

제이슨은 자신의 발표에 공을 들이고 있었다. 슬라이드는 공식적인 스타일로 작성된 것이 아니라, 차콜 색상의 배경에 굵게 흰색 글만 띄운 단순한 것이었다. 거기에 적힌 '데브옵스가 실패했다'라는 문구가 빌의 시선을 사로잡았다.

빌은 제이슨이 무슨 말을 하는지 잘 들리지 않았다. 그는 문 쪽으로 다가가 문제가 뭔지 확인하려 기다렸다.

몇 초간 제이슨의 목소리를 들어보려 귀를 쫑긋 세웠다.

그 슬라이드는 정말로 그의 눈길을 끌었다. IT 팀의 다른 구성원들은 방에 없었다. 대체 왜 데브옵스가 비난받는 것일까? 그들은 오래된 '계획, 구축, 운영'이 분리된 일하는 방식에서 협업적이고 제품을 중심에 둔 접근 방식으로 성공적인 전환을 한 몇 안 되는 기업 중 하나였다. IUI는 DORA 지표에 참여한 최초 몇 개 기업 중 하나이기도 했다.[1] 대체 왜 IUI의 디지털 트랜스포메이션 책임자가 이제 데브옵스는 실패했다고 주장하는 것일까?

마침내 그는 대화의 일부를 들을 수 있었다.

"데브옵스는 실패했습니다. 데브옵스의 잘못은 아닙니다. 사람들은 대부분 데브옵스 트랜스포메이션에 시스템 사고를 적용하는 것을 잊어버립니다. 사실, 제이브 블룸Jabe Bloom이 이와 관련한 내용을 블로그에서 잘 소개하고 있습니다. 확인해 보십시오. 그는 이것을 '세 가지 경제'라고 부릅니다."[2]

"요즘 'DevSecOps'[3]라는 용어를 들어 본 적이 있을 겁니다." 제이슨이 말을 이어갔다. "이것은 그저 또 다른 유행어가 아니라, 데브옵스가 개발자

---

1 DevOps Research & Assessment(DORA)는 연례 데브옵스 상태 보고서(State of DevOps Report)를 발행한다. 이 리서치는 니콜 포스그렌(Nicole Forsgren), 제즈 험블(Jez Humble), 진 킴(Gene Kim)이 쓴 책의 기반이기도 하다(https://www.devopsresearch.com/research.html).

2 제이브 블룸의 블로그에서 세 가지 경제의 개념에 관해 자세히 확인할 수 있다(http://blog.jabebloom.com/2020/03/04/the-three-economies-an-introduction/).

3 DevSecOps 및 그 선언문에 관한 자세한 내용은 부록 3을 참조하라.

와 운영자만을 가리키는 것보다 많은 의미를 내포하고 있음을 인정하는 것입니다. 조직은 개발자와 운영자를 넘어서야 합니다. 가치 흐름에 참여하는 모든 사람을 고려해야 합니다."

수잔은 심각한 눈빛으로 제이슨을 바라보고 있었다. 빌은 수잔이 얼마나 스트레스를 받고 있으며, MRIA로 인해 이사회로부터 받는 압박을 상상할 수밖에 없었다.

자신이 수잔을 바라보고 있음을 깨닫기 전에 수잔이 먼저 그를 발견하고는 미소를 보냈다.

"빌, 들어오세요."

빌은 수잔의 목소리에 깜짝 놀라며 일어났다.

혼란스러운 느낌이 다시 그를 덮쳤다. 손바닥에 땀이 나기 시작했다. 잠자리에 들 시간이 지나 계단에 숨어 부모님의 대화를 엿듣는 아이가 된 것처럼 자신이 발견된 사실이 매우 불편했다. 그는 짐짓 괜찮은 척 상황을 모면해보기로 했다.

"사무실을 엿봐서 죄송합니다." 빌이 입을 열었다. "'데브옵스가 실패했습니다'라는 문구를 보고 정신을 차릴 수가 없었습니다."

수잔이 크게 미소를 지었다. 제이슨도 뒤돌아서서 빌에게 쾌활한 미소를 지었다. 빌의 예상과는 전혀 다른 분위기였다. 그가 엿듣던 대화로는 위기 상황을 논하고 있는 듯했지만, 지금은 수잔과 제이슨 모두 웃고 있다.

"맞아요. 제이슨이 제게 더 나은 소프트웨어를 만드는 방법에 대해 가르쳐줬어요." 수잔이 말했다. "상상해보세요. CEO가 소프트웨어 개발에 대해 배우고 있다니."

"안녕하세요, 빌!" 제이슨이 열정적으로 말했다. "뭐라고 설명해야 할까요? 나는 과거 학계 종사자였고, 종종 예전 직업을 연습할 기회를 얻기도 합니다. 수잔은 때때로 친절하게도 내게 귀를 빌려주죠. 우리는 방금 감사 결과에 대해 논의하고 몇 가지 관찰과 통찰을 공유했습니다."

제이슨은 항상 흥분된 듯하지만 여유로운 톤을 갖고 있었다. 오늘은 주름진 카키색 바지에 청색 버튼다운 셔츠를 풀어 입고 있었다. 마치 꿀단지에 손을 넣었다가 핥는 듯 명랑하게 말했다. 전형적인 보스턴 학자의 모습과는 사뭇 다른 느낌이었다.

"그런데 말이죠." 제이슨이 빌에게 말했다. "보바의 베이커리에서 남은 시칠리아 카놀리가 몇 개 있습니다. 대서양 서쪽 최고의 카놀리말이에요. 알죠?" 그는 과자가 있는 쪽으로 고개를 끄덕였고, 빌은 과자 하나를 집어 들었다. 오후의 생굴 만찬은 잠시 미뤄도 될 것 같았다.

"방금 수잔에게 데브옵스의 이상이 좋은 아이디어라고 말했습니다. 하지만 이는 개발과 운영 사이의 핵심적인 만남의 문제에서 비롯된 것입니다." 제이슨은 수잔을 돌아보며 말을 이었다. "'핵심적인 만남의 문제'는 사람들이 조직 전체의 협력을 방해하는 방식으로 인센티브를 받고, 결과적으로 조직 전체의 목표 달성을 방해하는 것을 고급스럽게 표현한 것입니다. 바로 오늘 IUI가 MRIA로 인해 자신을 발견하게 된 혼란으로 직접 이어졌습니다."

"우리의 인센티브가 이런 문제를 일으켰다고요? 어떻게 그렇게 되죠?" 수잔이 미소를 거두고 다시 심각한 표정으로 제이슨의 말에 귀 기울였다. 그녀의 어깨를 무겁게 누르는 압박감이 빌에게도 전해졌다. 빌은 카놀리를 한 입 베어 물며 수잔의 책상 가장자리에 앉아 제이슨의 설명에 귀를 기울였다.

"개발자들은 더 빠르게 가는 것에 인센티브를 받고, 빠르게 더 많은 기능을 제공하는 것에 초점을 두고 있습니다."

빌은 카놀리 한 입을 더 베어 물면서 고개를 끄덕였다.

"운영 팀은…." 제이슨이 말을 이었다. "변경의 위험을 줄이는 것에 인센티브를 받습니다. 기능을 빠르게 제공한다면 변경이 빠른 속도로 일어납니다. 따라서 개발과 운영 사이에 핵심적인 만남의 충돌이 있습니다. 빠르게 움직이는 것과 변경 위험의 대립입니다."

"네, 우리도 방금 MRIA 관련 회의에서 비슷한 결론에 도달했던 것 같습니다." 빌이 말했다.

수잔은 그를 돌아봤다. 빌은 갑자기 자신이 스스로 어려운 상황으로 걸어 들어간 느낌을 받았다. "우리는 개발이 우연히도 빌드 트랩이 돼 버린 것에 관해 살펴보고 있었습니다." 빌은 말을 이어갔다. "우리가 지금 처한 문제로 가는 길 중 일부를 조금 마련한 것 같습니다."

"그것은 확실히 문제의 일부입니다." 제이슨이 말을 더하며 수잔의 기색을 살폈다. "감사 결과에 관련해서 보안, 리스크 및 컴플라이언스 담당자들은 나쁜 주체가 시스템을 어떻게 침해할 수 있는지에 대해 가능한 한 모든 방법을 고려하도록 훈련받고 인센티브를 받게 돼 있습니다. 수잔, 빌이 언급한 책을 보내 드리겠습니다."

수잔이 고개를 끄덕여 감사를 표했다.

제이슨은 말을 이었다. "유명한 보안 전문가 조시 코만Josh Corman은 소프트웨어가 세상을 '삼키지' 않고 '감염'시키고 있다고 말합니다.[4] 새로운 소프트웨어를 많이 만드는 것이 나쁜 것은 아닙니다! 우리는 새로운 기능을 추가할 때마다 계속해서 보안 침해 가능성을 만들어내고 있습니다." 그는 빌을 응시하며 말했다. "이들은 변경이 침해 가능성을 만들었는지 평가합니다."

"이것은 또 다른 핵심적인 장기 갈등입니다. 개발자들은 정기적으로 기능을 도입하도록 동기 부여를 받습니다. 앞서 빌이 말한 빌드 트랩이죠. 보안, 리스크, 컴플라이언스 부문은 알려진 모든 가능성의 발생이나 영향을 최소화하도록 동기 부여를 받습니다. 이는 시간이 걸릴 뿐 아니라, 잘 처리되지 않으면 개발자들이 빠르게 움직이고자 하는 필요에 문제를 일으키게 됩니다. 그리고 이 상황은 계속 반복됩니다."

---

4 조시 코만의 LISA15에서의 프레젠테이션은 다음 링크(https://www.youtube.com/watch?v=jkoFL7h GiUk&t=1s)에서 확인할 수 있다.

그는 생생한 추억에 잠깐 빠져들었다가 다시 현실로 돌아왔다. "때때로 보안 담당자들이 사용하는 언어는 직설적일 수 있습니다." 제이슨이 농담 처럼 말했다. "그건 벤더 탓이죠. 너무 과장된 경고를 하거든요!" 그는 웃음을 터뜨렸다.

빌은 제이슨이 공유한 내용을 깊이 되새겨봤다. 표면적으로는 명백하게 보였다. 그는 이것인 큰 이슈임을 알았지만, 적어도 그의 관점에서는 늘 이런 식으로 진행되는 것이며 변화할 가능성은 없다고 생각했다. 과연 그렇게 될 수 있을까? 제이슨이 말한 것처럼 데브옵스로 이미 이러한 변화를 이룩한 것은 아닐까?

수잔은 제이슨을 바라봤다. "그렇다면 우리는 보안, 리스크, 컴플라이언스를 어떻게 데브옵스화할 것인지 고민해야겠군요?"

"정확히 그렇습니다!" 제이슨이 말했다. "IUI가 데브옵스를 통해 달성한 것은 훌륭하지만 충분하지 않습니다. 이 MRIA는 우리가 다음번에 왼쪽으로 전환해야 한다는 것을 명확하게 보여줍니다. 다른 조직들이 이러한 유형의 문제를 처리하고자 하는 것을 지켜봤습니다. 어떤 기업은 보안과 컴플라이언스를 제품의 기능으로 다루고 있습니다."

"잠깐, '보안과 컴플라이언스를 제품의 기능으로 다룬다'라고 했나요?"

"네. 맞습니다." 제이슨이 고개를 끄덕였다.

빌은 놀랐지만 자신이 한 말이 그대로 되돌아오는 것을 들으며 불안감을 떨쳐냈다. 파랑새들이 노래하고 토끼들이 뛰어다니며 꽃이 피는 만화의 한 장면이 떠올랐다. 그의 얼굴에 서서히 미소가 번지기 시작했다.

"저는 팀과 야다와의 회의에서 정확히 같은 말을 했습니다." 빌이 대답했다. "사실…." 그는 수잔 쪽으로 돌아서며 말했다. "내일 허들에서 그들이 수잔에게 정확하게 그것을 알려줄 것입니다."

"위대한 사람들은 같은 생각을 하네요." 수잔이 킥킥댔다.

"위대한 사람인지, 최근 소프트웨어에서 공통된 생각인지 모르겠네요."

제이슨이 말했다. "『데브옵스 핸드북The DevOps Handbook』(에이콘출판, 2018) 일독을 추천합니다. 데브옵스의 세 가지 측면인 흐름, 피드백, 지속적인 학습에 관해 잘 설명하고 있습니다."

"맞습니다, 세 가지 길이죠." 빌이 말했다.

"아시는군요. 이 개념을 보안, 컴플라이언스, 리스크는 물론 가치 스트림을 둘러싼 모든 이해관계자에게도 적용할 수 있습니다. 최근 개발 대 운영이라는 논의는 거의 해결됐다고 생각합니다. 이제는 소프트웨어의 품질을 보증하는 다른 부문을 체계적으로 보고 이들을 시프트 레프트 정신에 포함해야 합니다."

"'시프트 레프트 정신'이요?[5] 제이슨, 그 단어를 여러 차례 말했는데, 어떤 의미인지 설명해 주겠어요?" 수잔이 물었다.

"시프트 레프트는 소프트웨어 테스트를 가능한 한 소프트웨어 요구 사항 및 설계 과정의 앞쪽으로 가져오는 기법입니다. 프로세스 단계를 나타내는 다이어그램을 생각해보세요. 일반적으로 테스트는 여러 다른 단계 이후에 이뤄지므로 다이어그램에서 오른쪽에 위치합니다. 이것을 프로세스의 이른 시점으로 이동, 즉 왼쪽으로 전환하는 것입니다. 개발자들이 테스트 주도 개발Test-Driven Development, TDD에 관해 이야기하는 것을 들어보셨습니까?" 제이슨이 빌에게 확인하며 말했다.

"그렇습니다. TDD는 미셸이 가장 좋아하는 주제입니다." 빌이 기억해 냈다.

"좋습니다. 이건 중요한 이야기입니다. 왼쪽으로 전환함으로써, 소프트웨어 설계 및 개발 과정에서 사전에 고려하는 요소로 바뀌는 것입니다. 보안, 컴플라이언스 및 리스크를 테스트의 한 형태로 생각하세요." 제이슨이 수잔과 빌을 번갈아 바라보며 말했다. "테스트가 왼쪽으로 전환됐으므로,

5 '시프트 레프트' 개념에 관한 자세한 내용은 부록 4를 참조하라.

사람들은 소프트웨어가 어떻게 작동해야 하는지에 대해 생각한 뒤 테스트를 코딩합니다. 그리고 테스트가 만들어지면 엔지니어들은 제품을 구현하고 자동으로 테스트를 실행해서 제품이 테스트를 통과하는지 확인합니다. 이런 방식으로 테스트를 수행하는 것은 마치 청사진을 작성하는 것과 같습니다."

"자동차를 생산하기 전에 차량의 모든 구성 요소에 관한 청사진을 설계하는 것을 본 적이 있습니까? 그 청사진은 자동차의 작동 사양이 됩니다. 테스트도 마찬가지로 동작하며 보안, 컴플라이언스 및 리스크도 그렇게 해야 합니다."

"보안, 컴플라이언스, 리스크를 처음부터 소프트웨어 설계에 반영해야 한다는 건가요?" 빌이 물었다.

"바로 그거예요! 테스팅과 마찬가지로 보안을 좌측으로 전환하면 소프트웨어를 구축함에 따라 보안이 코드로 구현되고 자동으로 검증할 수 있습니다. 이를 올바르게 수행한다면 최종 사용자를 제외하고는 테스트를 정의하는 뛰어난 인재들과 보안 및 컴플라이언스 정책을 코딩화하는 뛰어난 인재들, 소프트웨어를 작성하는 뛰어난 인재들만 소프트웨어를 만지게 될 것입니다. 더 이상 수동으로 스크린샷을 확인하면서 모든 것이 잘 동작하는지 검증하는 현명한 인재들이 감사를 수행할 필요가 없어지게 됩니다."

"이름을 말할 수 없지만 다른 회사의 동료가 들려준 이야기가 생각납니다." 그가 입술 위에 손가락을 올렸다. "그녀는 자신의 팀원 중 한 명에게 동일한 스크린샷을 16개월 동안 테스팅의 증거로 업로드했다는 사실을 발견했다는 것입니다!"

"오, 제발 여기에서 일어난 일이 아니라고 말해주세요." 제이슨이 웃는 가운데 수잔이 말했다.

빌은 이 통찰력에 크게 감동했다. 빌에게는 모든 것이 이해됐지만, 문제는 구현할 방법이었다. 이런 변화를 실제로 어떻게 만들어냈을까? 왜 이제

껏 이런 것에 관해 이야기하는 사람이 없었을까?

"프로덕트 오너의 입장에서 제품 기능으로서의 보안과 컴플라이언스의 우선순위를 정할 수 있습니다." 빌이 말했다. "만약 제가 이러한 작업을 소프트웨어 검증 수단으로써 왼쪽으로 이동시키도록 팀에 요구한다면, 감사 결과를 줄이는 데 도움이 될 것입니다. 하지만 감사 결과는 소프트웨어 릴리스 프로세스에 관한 것이었습니다. 감사 부문이 소프트웨어를 개발하는 방법을 바꿀 수는 없지 않습니까?"

"빌이 포인트를 잘 짚었네요. 제이슨, 어떻게 생각하세요?" 수잔이 말했다.

"프로세스는 인센티브를 부여하는 방식을 반영합니다. 단순히 기능뿐 아니라 기능이 시장에 출시되는 방식에도 우선순위를 두면 조직은 소프트웨어 개발 방식을 변경할 동기와 권한을 얻게 됩니다. 디지털 네이티브 기업의 리더와 매니저 대부분은 이를 잘 이해하고 있습니다. 하지만 그것을 데브옵스 또는 우리가 이야기하는 용어로 표현하지 않을 겁니다. 그저 자신들이 항상 일해왔던 방식이라고 말할 거예요."

제이슨은 자리에서 일어나 잠깐 스트레칭을 했다.

"빌, 보안 및 컴플라이언스의 필요가 무엇인지 알아보고, 엔지니어들과 함께 그 필요를 기능과 마찬가지로 코드로 만들어보는 것은 어떻겠습니까?"

"이론적으로는 훌륭한 계획으로 보이는데 야다의 팀은 왜 이렇게 하지 않는 거죠?" 빌이 물었다.

수잔이 진지한 표정으로 대답했다. "빌, 제가 소프트웨어 개발에 관한 전부를 알지는 못하지만, 적어도 IUI는 디지털 네이티브가 아니며 변화가 필요하다는 것은 알고 있습니다. 변화를 위해 수익과 손해를 고려해야 하는 사람은 바로 당신입니다. 당신이 변화를 끌어내고 그 변화 과정에서 야다의 조직을 도울 기회를 가진 사람입니다."

"음, 그렇다면 어디에서 시작해야 한다고 생각하십니까?" 제이슨이 빌을 보며 말했다. 마치 대학교수가 학생들에게 어려운 프로젝트를 제시하는 듯했다.

"음, 생각해보면…." 빌은 절벽 끝에 서 있는 것 같은 느낌을 받았다.

"우리는 이것을 제품처럼 취급하는 방법에 관해 이야기했습니다." 제이슨이 제안했다. "시장이 그것을 원하는지에 대한 명확한 증거는 없지만, 어느 정도의 정성적인 증거가 있다고 한다면 제품을 시장에 어떻게 출시하겠습니까?"

빌은 조금 편안해진 마음으로 말했다. "작고 빠른 실험, 최소한의 실현 가능한 제품을 만들어 잘 되는 것과 그렇지 않은 것을 확인할 겁니다." 빌이 제안했다. 빌은 방법을 알고 있었다. 그와 그의 팀이 항상 해오던 방식이다.

제이슨이 미소를 지었다. "그렇게 하면 됩니다. 그런데 여기…." 제이슨이 수잔의 책상으로 다가가며 말했다. 빌은 제이슨이 수잔의 서랍을 자연스럽게 열어 펜과 메모지를 꺼내는 모습을 보고 조금 놀랐다. "제가 최근에 읽은 몇 가지 문서가 빌과 엔지니어링 팀의 여정에 도움이 될 것 같습니다." 그가 메모를 적었다.

제이슨은 다시 빌에게 다가와 종이쪽지를 건넸다.

"자, 카놀리는 참 좋긴 했는데, 허기를 채우기엔 부족하네요." 제이슨이 수잔을 돌아보며 말했다. "음식을 먹을 만한 곳은 어디에 있나요?"

5장

4월 19일 화요일

빌은 책상에 앉아 창밖을 바라봤다. 제이슨과 함께 수장의 사무실에서 '데 브옵스가 실패했습니다'라는 슬라이드를 보고 나온 후 몇 주가 흘렀다. 그 뒤 제이슨이 메모에 적어 준 자료를 찾아봤다. 몇 가지 가이드 자료였다. 첫 번째 자료의 내용은 간결하고도 강력했다.

'친애하는 감사관에게'[1]는 가상의 엔지니어링 팀이 감사 업무를 수행하는 동료들에게 쓴 간단한 편지였다. 이 편지를 읽으면서 빌은 자신과 IUI의 많은 사람이 항상 감사 팀을 비난하는 데만 급급했음을 깨달았다. 감사 팀은 마치 모든 고충을 던져도 되는 쉬운 희생양 같았다. 하지만 IUI가 감사 부문을 새로운 시각에서 바라보지 않고는 이 난국을 벗어날 수 없음이 분명했다.

빌은 그 편지를 즉시 미셸에게 전달해서 엔지니어링 팀과 공유하도록 했다. 그들은 상황에 대한 해결책을 찾고자 분주했다. 팀은 스스로 '크라켄 Kraken'이라는 별명으로 불렸는데, 이것은 2010년에 개봉된 영화 〈전대미문 Clash of the Titans〉에서 리암 니슨이 했던 유명한 대사인 "크라켄을 해방하라! Release the kraken!"에서 착안한 것이었다.

편지를 보면서 미셸과 그녀의 팀은 자신들의 인식과 마인드셋에 대처해

---

1 원본 편지는 다음 링크(http://dearauditor.org/)에서 확인할 수 있다.

야 함을 깨달았다. 그들은 '친애하는 감사관에게' 편지를 작성하고 회사 전체와 공유했다. 그들은 이 편지가 IUI의 엔지니어링 부문과 감사 팀이 적대적 관계가 아닌 팀으로 함께 일할 수 있도록 근본적인 변화를 시작하는 좋은 방법이라고 생각했다. 하루아침에 바뀌지는 않겠지만 이 편지가 변화의 시작이 되기를 희망했다.

친애하는 감사관에게

우리는 우리의 프랙티스를 애자일과 데브옵스에서 클라우드와 컨테이너로 신속하게 변화시키고 있음을 깨달았습니다. 우리는 바쁘게 움직이고 있으며 시장의 압박에 대응해 좋은 품질의 결과물을 신속하게 제공하는 성과를 거뒀습니다. 하지만 이 접근 방식 자체가 완벽한 것은 아닙니다. 우리가 속한 산업에서의 지속 가능한 우위는 경쟁 업체보다 더 빠르고 신뢰할 수 있도록 고객 요구에 대응하는 능력에 달렸습니다.

이런 성장 과정에서 우리는 비극적인 실수를 했습니다. 여러분과 동행하지 않은 것입니다. 이것은 전적으로 우리의 잘못이며, 이제 이것을 바로 잡고자 합니다. 우리는 다음과 같은 새로운 약속을 지킬 것입니다.

- 여러분과 함께할 것입니다.
- 우리의 개발 프로세스에 관한 정보를 완전히 투명하게 공유할 것입니다.
- 우리는 비즈니스의 위험을 우리가 소유한다는 것을 인식하고 그에 맞는 행동을 할 것입니다.
- 현대적 개발 프랙티스를 사용해서 위험을 관리하는 방법을 설명하기 위해 개방적인 논의 창구를 유지할 것입니다.

여러분은 애자일과 데브옵스 프랙티스에서의 직무 분리에 관한 우려를 표명했고, 우리는 그 의견을 들었습니다! 이 문제를 더 잘 다룰 방법이 우리에게 있습니다. 현재 모든 작업에 대해 버전 관리를 유지하고, 모든 변경에 대해 동료 리뷰를 강제하고, 안전한 파이프라인을 통해 배포하고, 프로덕션 환경에 대한 접근을 통제하며, 무단 변경 사항을 모니터링해서 여러분의 우려에 대응하고자 합니다.

데브옵스 커뮤니티는 지난 수년간 많은 실험을 진행했습니다. 그리고 현재의 일반적인 프랙티스는 여러 회사, 산업 및 국가에서 모인 집단적 지혜를 반영하고 있습니다.

우리는 감사 부문의 우려 사항을 종합해서 리스트 통제 매트릭스로 문서화했으며, 각 통제 조치에 대한 세부정보와 프랙티스, 수집된 증거를 담았습니다. 이 매트릭스가 앞으로 우리가 리스크 완화 프랙티스에 관해 함께 작업할 방법을 제공하기를 희망합니다.

우리는 빠른 속도로 가치를 제공한다는 약속을 지키겠습니다. 우리는 여러분과 함께 모여 다시 프로세스를 개선하고자 합니다. 함께 나아가는 것을 진심으로 기대하고 있습니다.

- 크라켄 팀

의자에 앉아 편지를 들여다보던 빌은 자세를 고쳐잡고 편지를 인쇄한 후 MRIA에 응답해야 할 날짜가 표시된 달력과 함께 벽에 붙여 놓았다. 그 옆에는 전사적으로 개최했던 마지막 포럼에서 찍은 사진도 붙어 있었다. 사진은 수많은 얼굴로 가득 차 있을 뿐이었지만, 감사관에게 보내는 편지와 달력과 함께 그에게 동기를 부여하는 것을 느낄 수 있었다. MRIA에 대한 응답해야 하는 마감일 전에 그들은 거버넌스 문제를 해결해야 했다. 그렇지 않으면 사진 속에 있는 많은 사람이 실직 위기에 놓인다. 이해관계자들이 받을 실망감은 말할 필요도 없었다. 그런 실패를 어떻게 마주하고 대처해야 할지 빌은 확신하지 못했다.

"많은 사람이 관심을 보이는 것 같습니다." 미셸이 문턱에서 말을 걸었다.

빌은 약간 놀라면서 의자를 돌려 미셸을 바라봤다. 그녀는 빌이 보고 있던 편지를 가리키고 있었다.

"음, 하지만 우리가 그냥 가져다 쓸 수 있는 해결책은 아닙니다. 아직 멀었습니다."

미셸은 미소 짓고 있었지만, 오랜 기간 미셸과 함께한 빌은 그녀의 웃는 얼굴 뒤에 가려진 근심을 읽을 수 있었다. 그들이 처한 상황의 심각성을 알게 된 힘든 몇 주간이었다. 그는 요구 사항과 시스템의 복잡한 덩어리를 자신이 해결할 수 있을지 확신하지는 못했지만, 제이슨이 그에게 준 두 번째 자료가 뭔가 힌트를 제공하지는 않을지 기대했다.

"다들 모여 있습니다. 준비되셨습니까?" 미셸이 물었다.

"준비됐습니다." 빌은 태블릿을 집어 들고 미셸 뒤를 따라 큰 회의실 중 하나로 향했다. 엔지니어링 팀은 미셸을 도울 업무에 투입된 멤버로 가득했다. MRIA의 심각성으로 인해 이 문제에만 집중할 특별 작전 팀을 구성할 수 있었다. 적어도 그것은 의도한 바였다. 어떤 위기 상황이 발생했을 때 누군가를 뽑지 않고도 끝까지 돕도록 진행할 수 있다는 점에 그는 놀랐다.

미셸의 팀은 다양한 배경을 가진 엔지니어들로 이뤄져 있었다. 일부는 지역의 다른 회사를 돌아다니며 경험을 쌓았고, 다른 일부는 미셸과 같이 IUI에서 자신의 경력을 시작했다.

주목할 만한 팀원은 오마르였다. 팀에서 가장 노련한 엔지니어는 아니었지만, 미셸처럼 자연스럽게 리더 역할을 맡았다. 어려운 기술적 문제를 해결해야 할 때 오마르의 주변으로 사람들이 모이곤 했다.

오마르는 3년 전 IUI에 합류했으며 자신의 의견을 개진하는 데 적극적이었다. 때로는 문제를 쉽게 해결 가능한 것처럼 다가가다가 나중에는 그것이 상상 이상으로 복잡하다는 것을 깨닫기도 했다. 그러나 복잡함을 보면 더 깊이 파고들었으며 문제가 해결될 때까지 멈추지 않았다. 미셸은 이번 문제를 해결하는 데 그의 대담한 태도가 적격이라고 여겼다.

엔지니어링 팀 외에도 야다와 팀은 자신들의 조직에서 디자인 과정에 참여할 사람들을 추렸다. 감사 팀의 안드레아, 보안 팀의 배리가 포함됐다.

안드레아는 약 6년 전부터 IUI에서 근무했다. 그녀는 내부 감사관으로서의 경력을 생각해본 적 없지만 결과적으로는 그렇게 됐다. 안드레아는 은행 직원에서 경력을 시작해 현재 직책까지 승진했다. IUI가 제공하는 교차 교육 기회를 활용한 몇 안 되는 사람 중 하나였다. 안드레아는 감사 과정을 즐겼다. 집을 깔끔하고 정리된 상태로 유지하는 것을 좋아했고, 감사 업무를 통해 비즈니스도 깔끔하고 정리된 상태로 유지할 수 있다는 느낌을 받았다.

한편, 배리는 성미가 터무니없이 까다로웠고 고집이 셌다. 팀이 최고 책임자로 있는 정보 보안 부문의 디렉터로 선택된 이유는 두 가지였다. 첫 번째, 배리는 그 거친 태도에도 불구하고 IUI에서 가장 미래지향적인 보안 전문가였다. 두 번째, 배리에게 도전을 부여할 필요가 있었다. 최근 그의 상사들은 그가 그저 시간만 때우며 지낸다는 것을 알아챘다. 배리의 상사는 그에게 더 도전적인 과제를 주고 싶어 했다. 그들은 배리가 게으른 것인지, 주어지는 요구 사항이 시시한 것인지 알고 싶었다.

"미셸과 제가 공유한 「데브옵스 자동화 거버넌스 참조 아키텍처」[2] 문서를 모두 읽어 보신 분이 있습니까?"

"네, 흥미로는 내용은 아니었습니다. 버터나이프보다 따분했다고요." 배리가 딱 잘라 말했다.

"그렇습니까? 나는 저자들이 우리의 릴리스 관리 접근 방식을 상세히 알고 있던 것 같았습니다." 오마르가 지적했다. "그들은 내가 이전에 생각해 본 적 없는 더 나은 많은 방식에 관해 썼습니다."

안드레아가 끼어들었다. "빌드나 의존성 관리 같은 부분은 잘 이해되지 않았지만, 입력과 출력, 위험, 통제, 참여자, 동작을 식별하기 위해 사용한

---

2 논문 원본은 마이클 나이가드(Michael Nygard), 타파브라타 팔(Tapabrata Pal), 스테펜 맥길(Stephen Magill), 샘 구켄하이머(Sam Guckenheimer), 존 윌리스(John Willis), 존 제즈초타르스키(John Rzeszotarski), 드웨인 홈스(Dwayne Holmes), 코트니 키슬러(Courtney Kissler), 댄 뷰어가드(Dan Beauregard), 콜렛 타우스처(Colette Tauscher)가 2019년에 작성했다. 다음 링크(ITRevolution.com/resources)에서 확인할 수 있다.

프레임워크는 매우 명확했습니다. 그 논문은 프로세스 상자에서 어떤 일이 일어나든지 명확하게 결과를 감사할 수 있도록 하는 좋은 접근 방식을 제시했습니다."

"동의합니다." 빌이 말했다. "가장 흥미로웠던 점은 이 자동화된 프로세스가 우리의 전달 속도 문제를 해결하는 데 어떻게 도움이 될 수 있는지 설명한 부분이었습니다. 우리가 성장함에 따라 IUI의 전달 속도가 상당히 증가했다는 것은 모두가 인정할 겁니다. 속도를 늦추지 않으면서 자체 보안 및 컴플라이언스 요구 사항을 유지하기는 매우 어려워졌습니다."

"맞습니다." 미셸이 덧붙였다. "개발자들이 잘못된 일을 하려는 것이 아닙니다. 고의로 시스템을 망가뜨리려는 것은 더더욱 아닙니다."

"나를 속일 수도 있었을 텐데…." 배리가 대답했다.

"하지만 컴플라이언스 안에 머물기가 너무 힘들면…." 안드레아가 말을 이었다. "도로에는 구멍과 장애물이 가득했고, 아무튼 우리는 그런 것들을 피해 가면서 여전히 전달 요구 사항을 충족할 수 있도록 방법을 찾아왔습니다."

"얼마 전에도 제이슨과 비슷한 대화를 나눴습니다. 제이슨은 우리의 인센티브가 이러한 문제를 초래한다고 설명하더군요. 개발자들은 더 빠르게 가는 것, 더 빠르게 기능을 제공하는 것에 인센티브를 받고 그걸 지원해왔습니다." 빌이 배리와 안드레아를 향해 고개를 끄덕이며 말했다. "운영, 보안, 감사 부문은 당연히 위험을 줄이는 데 인센티브를 받아왔습니다. 예전 시스템의 그것들이 속도를 늦췄고, 개발은 기능을 빠르게 출시하지 못하게 됐습니다. 이것은 갈등입니다. 제이슨이 이것을 '핵심적인 장기적 갈등'이라고 불렀던 것 같습니다."

"파멸의 회전목마에 관한 이야기네요." 미셸이 킥킥거리며 말했다. 안드레아는 그녀에게 미소를 지었지만, 배리는 시큰둥한 표정이었다. "음, 이 논문으로 돌아갑시다. 우리가 겪어온 데브옵스 여정을 통해 개발이 점점 더 많은 프랙티스를 자동화하고 더 빠르게 움직일 수 있게 했습니다. 또한

'친애하는 감사관에게'라는 편지가 보여준 것처럼, 우리는 여러분을 뒤에 두고 발전해왔습니다. 하지만 앞으로 계속 이렇게 할 필요는 없습니다. 이 논문은 우리가 거버넌스를 **자동화**할 수 있다는 점을 보여줍니다. 이 얼마나 흥미롭습니까!"

"정말로 그렇습니다!" 오마르가 동의했다. "이 논문은 우리가 전달 파이프라인 전반에 걸친 거버넌스 요구 사항을 추적하기 위해 자동화된 프로세스를 구현할 방법을 보여줍니다. 정말 놀랍습니다!"

"이게 우리 문제에 대한 진짜 답이 될 수 있을 것 같군요." 미셸이 말했다. "제 말은, 아무래도 우리는 소프트웨어 전달 거버넌스를 자동화해야 할 선택밖에 없는 상황이라는 겁니다. 과거로 돌아갈 수는 없으니 말입니다."

"정말 대단한 열정입니다." 빌이 말했다. "하지만 우리가 해결해야 할 문제에 대해 기준을 정하는 것이 중요합니다. 우리가 여러분과 공유한 MRIA 개요 문서는 실행 가능한 항목을 위한 접근 방식 설계에 초점을 맞추고 있습니다. 선택한 접근 방식은 개발이 따라갈 수 있을 만큼 쉬운, 또는 적어도 더 쉬운 길을 제공해야 한다는 점을 꼭 기억해주십시오."

"네, 그렇지 않으면 개발자들은 빠른 전달이라는 인센티브를 충족시키기 훨씬 더 어려워지는 새로운 정책이 더해진다고 느낄 것 같습니다. 그러면 그들은 계속해서 회피 방법을 찾게 되고, 규정을 어기게 될 것입니다. 여전히 현재 처한 문제와 같은 꼴일 테죠." 미셸이 깊게 숨을 들이마셨다. 그러고는 인쇄된 MRIA 개요 문서를 내려다봤다. "그래서 실행 가능한 사항은 다음과 같습니다."

실행 가능한 사항

- 발행된 MRA에 기반해 다음 아이템들을 공식적이고 표준화된 접근 방식에 따라 해결해야 함

- 목표
  - 최소한으로 허용 가능한 릴리스 접근 방식을 정의한다
- 목적
  - 프로덕션 환경으로 푸시되는 코드에 대한 동료 리뷰를 강화한다
  - 최소한의 품질 게이트를 식별하고 강화한다
  - 모든 사용자의 모든 프로덕션 환경에 대한 상위 접근 권한을 제거한다

"우리가 이 난국에 처한 이유를 알겠습니다. 여러분은 집을 정리하는 방법에 대한 감이 전혀 없습니다." 배리가 말했다.

"오늘 아침, 시리얼에 놀라움을 남겨둔 사람이 누구죠?" 오마르가 대답했다. 그는 배리의 태도를 받아들이지 않았다.

"미셸, 우리가 파이프라인을 대체해야 한다는 말입니까?" 빌은 오마르의 말을 무시하면서 물었다.

"아닙니다. 전달 파이프라인은 대체하지 않을 것입니다. MRIA를 충족시키기 위해서는 문서화된 접근 방식이 필요합니다. 그것이 첫 번째입니다. 두 번째, 기존 파이프라인과 도구 체인을 보완하는 자동화된 거버넌스 접근 방식을 도입하려고 합니다." 미셸이 설명했다. "원래의 데브옵스 이상은 개발과 운영 사이의 거리를 해결했습니다. 하지만 보안, 컴플라이언스, 리스크, 감사의 역할은 고려하지 않았습니다. 그래서 우리는 속도를 늦추지 않고 여러분 모두와 함께 가려고 하는 것입니다."

그녀는 태블릿을 집어 들고 말을 이었다. "「데브옵스 자동화 거버넌스 참조 아키텍처」 8페이지를 봐주십시오. 우리가 만들 문서화된 최소한의 허용 가능한 릴리스 접근 방식의 기준이 될 수 있을 것 같습니다."

미셸은 자신의 태블릿을 회의실 전면 스크린에 투영했다.

"이건 보안과는 아무런 상관이 없습니다." 배리가 말했다.

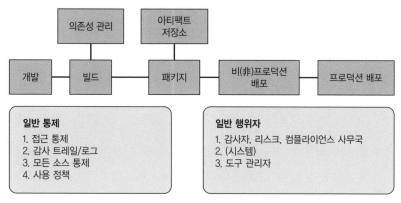

출처: DevOps Automated Governance Reference Architecture

"배리, 이건 기준선입니다." 미셸이 대답했다. "이를 기반으로 발전시켜 나가야 합니다. 여기에 보안 고려 사항을 추가하는 것에 대한 권장 사항이 있을까요?"

배리가 잠시 멈췄다. "저는 이런 일을 하러 여기에 온 것이 아닙니다."

"아니죠. 이런 일 때문에 여기에 있는 거죠." 빌이 끼어들었다. "새로운 접근 방식의 설계에는 보안과 감사에 대한 고려 사항이 포함돼 있습니다. 우리는 소프트웨어 전달 프로세스에서 이러한 측면을 좌측으로 이동시키는 것을 목표로 하고 있습니다. 배리, 당신이 보안 관련 전문가입니다. 이 과정에서 보안은 선택 사항이 아닙니다. 하지만 당신의 참여는 선택 사항일 수 있습니다. 제가 팀과 얘기해서 도움을 줄 수 있는 다른 사람을 찾아보는 것이 좋겠습니까?"

방 안에 정적이 흘렀다. 배리는 자리에 앉아 감정이 없는 돌 같은 표정을 지었다. 심지어 빌이 말한 내용에 대해 생각하는 것 같지도 않았다.

"좋습니다. 사과합니다. 그렇게까지 할 필요는 없습니다." 배리가 말했다. 그는 다시 화면을 바라보면서 생각에 잠겼다. 몇 분 동안 침묵을 지키다가 입을 열었다. "몇 가지 아이디어가 있을지도 모르겠습니다. 우선 계속 진행하고, 추후에 아이디어를 말씀드리겠습니다."

빌은 전투에서 승리했다고 느끼며 미소를 지었다. "좋습니다. 아이디어를 기대하겠습니다."

미셸은 긴장감이 완화된 것을 보고 기뻐하며 화면을 가리켰다. "이것이 우리가 사용하는 일반적인 파이프라인입니다. 팀들은 코드를 개발하고, 대상 실행 파일을 자동으로 빌드하며, 의존성 관리 시스템에서 여러 종속 항목을 가져와 필요한 파일을 함께 패키징하고, 해당 패키지를 아티팩트 저장소에 게시합니다. 파이프라인의 다음 단계는 비프로덕션 환경으로 패키지를 배포하는 것입니다."

배리가 끼어들었다. "작성한 내용에 대한 테스트는 있나요?"

미셸이 대답했다. "앞서 말씀드렸듯 이건 기준입니다. 물론 테스트는 진행하며, 그렇기에 비프로덕션 환경으로 우선 배포합니다. 거기에서 테스트를 진행하고 모든 것이 정상이라면, 최종적으로 프로덕션 환경으로 배포합니다. 파이프라인의 단계와 사용하는 도구들 사이에 공통적인 제어 요소가 있습니다. 또한 각 도구의 기능에 접근하는 사람들에 대한 제어 요소도 있습니다. 감사 로그도 있고요. 여기까지 모두 이해하고 계십니까?" 미셸이 주변을 둘러보며 말했다.

모두가 그녀를 바라보며 기다리고 있었다.

"좋습니다." 미셸은 미소를 지으며 말을 이었다. "디지털 팀은 모든 파이프라인 코드를 소스 관리 도구에 보관하고 있습니다. 다음으로 어떻게 우리의 실행 가능한 항목을 입증할지 이야기해야 합니다."

미셸은 새로운 이미지를 스크린에 투영했다. "여기 간단한 표가 있습니다. 이것은 기본적인 증명서의 리스트입니다. '증명서'란 우리가 이러한 통제 요소를 어떻게 충족시키고 있는지에 관한 주장을 의미합니다."

"빌과 저는 모든 것을 고려하다가 몇 차례 구덩이에 빠진 적이 있습니다. 쳇바퀴를 돌리고 있을 뿐임을 깨달았죠. 이 정도가 시작하기 좋은 위치인 것 같습니다."

액션 아이템	통제 단계	증명서	입증 출처	예시
동료 리뷰	빌드	승인자 수	소스 관리 도구	Pass
통제/톨게이트	배포	Pass/Fail	정책 엔진	Pass
상위 접근	배포	Pass/Fail	정책 엔진	Pass

"증거를 얻는 곳과 수집 방법에 관해 생각해 본 적이 있습니까? 정책은 어떻게 적용해야 합니까?" 안드레아가 물었다.

"네, 지난 몇 주 동안의 탐색 과정을 통해 진행했던 원더랜드 여행에 그 것이 포함돼 있었습니다. 그래서 이 팀이 지금 함께 있는 것입니다. 방금 안드레아가 물어본 질문에 대한 접근 방식을 설계해 볼 것입니다." 미셸이 대답했다.

"이를 자동화하기 위한 도구나 시스템은 어떻게 됩니까?" 오마르가 다음 으로 물었다.

"도구나 시스템에 관한 이야기도 나눴지만 많지는 않았습니다. 도구를 우선으로 접근한다면 나무와 숲을 보지 못할 수도 있습니다. 자동화된 거 버넌스 비즈니스 프로세스부터 설계한 다음에 도구와 기술을 선택하는 것 이 좋다고 생각합니다."

"네? 도구를 선택하고 그냥 진행하면 훨씬 많은 일을 할 수 있잖아요." 오마르가 반론했다.

"오마르, 당신을 공격하려는 것은 아니지만, 방금 그 말이 우리가 지금 의 어려움에 처한 이유입니다. 구현에 몸이 묶이면, 다시 말해 도구가 할 수 있는 일을 그냥 따르게 되면 언제나 도구의 능력에 따른 제한을 받게 됩 니다. 도구가 제공하지 않는 기능이 필요할 때는 어떻게 해야 할까요?" 미 셸이 대답했다.

"도구를 만들고 통합합니다." 오마르가 빠르게, 마치 그것이 유일한 진

리인 듯 대답했다.

"오마르, 당신이 핵심을 놓치고 있는 것 같습니다. 아키텍처와 구현에 관해서는 나중에 얘기해봅시다. 구현을 우선하는 것은 마치 개가 꼬리를 흔드는 것과 같습니다." 미셸이 혼란을 피하기 위해 말했다.

"미셸, 비즈니스 아키텍처부터 시작해야 한다는 이야기인가요?" 안드레아가 물었다.

"맞습니다! 공격하려는 의도는 아니지만, 당신이 알고 있다는 게 놀랍습니다." 미셸이 대답했다.

"내가 알고 있는 것이 그 두 단어보다 많은 것처럼 오해하지 마세요." 안드레아가 농담으로 말을 받았다. "IT 기업 아키텍트 중 한 명이 어떤 오픈 그룹 프레임워크에 대한 교육을 한 적이 있습니다. 기억에 남는 건 그들의 끊임없는 '비즈니스 아키텍처를 우선하라'라는 말뿐입니다. 참고 문헌을 보면 이것이 비즈니스 아키텍처와 비즈니스 프로세스로 보입니다."

미셸은 깜짝 놀라며 기뻐했다. 소크라테스식 선문답을 활용한 실습의 기회라고 보고 질문을 던졌다. "이것을 우리의 비즈니스 아키텍처에 어떻게 적용할 수 있을까요?"

"이 데브옵스 자동화 거버넌스는 우리의 비즈니스 프로세스가 될 것입니다. 아무것도 만들 필요가 없습니다. 그저 기준선보다 한 걸음만 더 나가보자고요. 그러면 우리의 목표는 왼쪽에서 오른쪽으로 움직이는 것일 수 있습니다. 여러분이 반복적으로 얘기하는 그 '애자일' 이야기를 차용해보죠. 14페이지를 봐주십시오." 안드레아가 잠시 멈추며 말했다.

미셸은 태블릿을 8페이지에서 14페이지로 넘겼다.

안드레아는 다시 시작했다. "단계 1, 소스 코드 저장소. 리스크는 **승인되지 않은 변경**이고, 통제는 **동료 리뷰**입니다. 이것은 첫 번째 실행 가능한 항목인 **'프로덕션 환경으로 푸시되는 코드에 대한 동료 리뷰를 강화한다'**와 동일하지 않습니까?"

"맞습니다." 오마르가 대답했다. "17페이지를 보면 단위 테스트, 정적 보안 분석, 린팅linting 같은 것이 있습니다. 저에게는 익숙하지 않은 '불변 빌드immutable build' 같은 것도 있고요. 이것들은 실행 가능한 항목으로서의 좋은 시작처럼 보입니다." 오마르는 자신 앞에 놓인 문서를 뒤적거리며 MRIA 개요의 인쇄물을 찾았다.

"두 번째 아이템은 '**최소 품질 게이트를 식별하고 강화한다**'입니다." 오마르가 소리 내어 읽었다.

빌이 말했다. "미셸, 아마 어제의 무의미한 논의 덕분에 오늘 대화에 더 잘 준비됐거나, 안드레아, 오마르, 배리가 우리보다 더 빨리 핵심에 다가갈 수 있을지 모르겠습니다."

빌의 아첨이 배리의 기분을 더 좋게 만들지는 못했다. 빌은 말을 이었다. "첫 번째 아이템에 대한 진행 방향이 있고, 두 번째 아이템에 대한 아이디어도 있으니, 이제 세 번째 아이템인 '개발자 접근 권한'에 관해 다루겠습니다." 그는 인쇄물에 적힌 '**모든 사용자의 모든 프로덕션 환경에 대한 상위 접근 권한을 제거한다**'라는 문구를 곱씹었다.

빌은 굳이 배리가 말을 하도록 신호하기 위해 그를 쳐다볼 필요가 없었다. "새로운 애플리케이션마다 어떤 종류의 긴급 액세스 요청이 내게 옵니다." 배리가 말했다. "우리는 항상 그들을 프로덕션 머신에 들여보내고 있으며, 이것들은 긴급 상황이 아닐 때가 많습니다. 추적되지 않으며, 폐기되지도 않는 경우도 많죠. 저는 개발자들이 컨테이너에 푸시할 수 있다는 것을 알게 되기 전까지 컨테이너를 좋아했습니다. 오마르, '불변'이라는 단어가 무슨 뜻인지 알아봐야 할 겁니다."

오마르의 표정에 당황스러움과 흥미로움이 함께 번졌다. 그는 침묵했다. 배리의 말투는 사포처럼 거칠었지만 오마르는 그 사실을 너무 잘 알고 있었다.

배리가 말을 이었다. 분명히 빌에게 핀잔을 다시 듣지 않기 위해 도움이

되고자 하는 모습이었다. "이 늙은이가 할 수 있는 일이 한 가지 있다면, 어떤 일이 일어나고 있는지에 관한 최신 정보를 따라가는 것입니다. 데브옵스 데이 행사에 참석했을 때 누군가 이에 관해 이야기하는 것을 들었습니다. 그들은 이를 추적하는 방법이 있었고, 이를 '**프로덕션 접근 부채**Production Access Debt'라고 불렀습니다. 지속적인 프로덕션 계정에 접근할 때마다 10점을 더합니다. 각각의 긴급 읽기 접근은 1점, 긴급 쓰기 접근은 5점입니다. 그리고 이 점수를 0점으로 유지하는 것을 목표로 합니다. 자동화 및 사람에 의한 서버 접근이 없음이라는 올바른 결과를 도출하기 위한 것입니다. 이 지표는 자동화가 더 많아지고 서버에 대한 (사람의) 접근이 적을수록 올바른 결과를 도출합니다."

"정말 흥미로운 이야기입니다." 빌이 격려하며 말했다. "더 자세히 알려 주실 수 있겠습니까?"

배리는 자리에서 일어나 건식 칠판으로 가서 마커를 잡으며 말했다. "이 실행 항목에 관한 제 생각을 말씀드리겠습니다. 다시 말씀드리지만, 최근 콘퍼런스에서 본 일부 내용을 기반으로 합니다." 그는 목록을 쓰기 시작했다.

- 모든 것은 코드여야 한다.
- 모든 로그는 스트리밍돼야 한다.
- 관측 가능성을 내장한 시스템만 프로덕션에 존재해야 한다.

오마르가 보드를 바라보며 물었다. "이게 무슨 의미입니까? 왜 그렇게 해야 하는 거죠?"

배리가 미소를 지으며 말했다. "여러분 모두가 하는 말을 그동안 들어왔습니다. 그리고 이곳에서 개발자들이 하는 일을 봤습니다. 모두가 자동화, 엔드 투 엔드 CI/CD 파이프라인, 불변 인프라, SRE, 관측 가능성 등과 같은 반짝거리는 새로운 것을 강조합니다. 하지만 저는 우리 개발자들에게 한 가지 간단한 질문을 하고 싶습니다. 만약 우리가 진정으로 데브옵스, 자동화, 코드로서의 인프라스트럭처를 다루는 데 능숙하다면 왜 누구나가 프로덕션 환경에 대한 접근이 필요하겠습니까?"

배리는 반응을 기다리며 잠시 멈췄다. 오마르는 바닥을 바라보고 있었다.

미셸이 말했다. "배리, 그 말이 맞습니다! 완전히 동의합니다. '모든 것은 코드여야 한다'라는 개념은 이미 팀 그리고 야다와 논의했고, 그들은 우리가 어떤 방향으로 나아가는지 이해하고 있습니다."

배리가 미소를 지었다. "정말입니까? 그런데 저는 그 회의에 초대받지 못했습니다. 제가 그렇게 중요하지 않았나 봅니다."

"그렇지 않아요, 배리! 그게 아니란 걸 알고 있잖아요." 미셸이 말했다. "목록의 다른 항목에 대해서도 더 설명해 주십시오."

"음, 프로덕션에 대한 **모든 상위** 접근을 제거하려는 겁니까?" 배리가 설명했다. "한 단계 더 나아가서 프로덕션에 대한 **모든** 접근을 제거해야 한다고 생각합니다."

"가능할까요?" 미셸이 물었다. "만약 가능하다면 감사관들은 우리를 사랑하게 될 것입니다! 아마도 우리 말을 믿지 않겠지만, 그건 다른 얘기입니다. 그렇지 않습니까, 안드레아?"

"만약에 말이죠…." 안드레아가 웃으면서 말했다. "프로덕션 접근 권한이 있는 사람들의 목록을 보여주고, 그 목록이 비어 있다면 믿겠습니다!"

"이를 위해서는 여러분 모두가 알다시피, 인프라스트럭처 코드는 물론 파이프라인 코드를 포함한 모든 코드가 코드 관리 시스템에 있어야 합니다." 배리가 말을 이었다.

"파이프라인 코드가 무엇입니까?" 빌이 물었다.

"코드로서의 인프라스트럭처와 같은 아이디어입니다. 코드로서의 인프라스트럭처에 관해서는 알고 있습니까?"

"네. 그게 제가 인프라스트럭처에 관해 유일하게 아는 것입니다." 빌이 대답했다.

"캐피탈 원Capital One에서 작성한 '데브옵스 환경에서의 거버넌스Governance in a DevOps Environment'라는 블로그 포스트 링크를 보내 드리겠습니다.[3] 그 포스트에서는 인프라스트럭처를 코드로서 다루는 개념을 가져와 CI/CD 파이프라인에 적용하는 방법을 다루고 있습니다. 파이프라인도 애플리케이션 코드와 마찬가지로 소스 관리 시스템에 저장돼 있습니다. 이렇게 하면 파이프라인에 대한 변경 사항을 볼 수 있고, 파이프라인의 동작 방법을 무단으로 변경할 수 없게 됩니다. 파이프라인 자체를 감시하지 않으면 솔라윈즈SolarWinds와 비슷한 상황에 놓일 수 있습니다."[4]

"왜 모든 프로덕션 접근을 제거하려는 겁니까?" 오마르가 물었다.

배리가 대답했다. "첫 번째, 누구도 수동으로 코드를 프로덕션에 배포하거나 변경을 하지 않도록 하기 위함입니다. 두 번째는…."

열의에 찬 미셸이 끼어들었다. "두 번째, 우리는 모두가 로깅과 모니터링에 대한 현대적인 프랙티스를 장려할 수 있습니다. 사실, 특화된 로그 분석 및 관측성 도구를 통해 시스템의 건강 상태를 직접 확인할 수 있습니다. 문제가 발생하기 전에 심지어 문제를 감지할 수도 있습니다." 미셸은 잠시 말을 멈추고 사람들에게 생각할 시간을 줬다. "우리가 운영하는 복잡한 시스템에는 노이즈가 많습니다. 신호가 명확하다면 팀의 인지적 부담이 줄어들 것입니다. 그 스트레스를 줄이면 가치가 높은 작업을 수행할 여유가 생깁니다."

배리가 덧붙였다. "제 리스트에 다른 두 가지 항목을 넣은 이유입니다."

회의실에 적막이 흘렀다. 이 아이디어가 훌륭하다는 데는 모두가 동의했지만, 너무 많은 작업이 필요해 보여 선뜻 호응하기가 어려운 눈치였다.

---

3 제니퍼 브래디(Jennifer Brady), '데브옵스 환경에서의 거버넌스(Governance in a DevOps Environment)' 캐피탈 원 블로그(2018년 8월 7일), https://www.capitalone.com/tech/software-engineering/governance-in-a-devops-environment/

4 솔라윈즈는 주요한 사이버 공격의 대상이 됐고, 회사의 클라이언트에까지 그 공격이 퍼져 전 세계 수천 개 기관에 영향을 미쳤다.

"제가 말했듯이, 이렇게 하면 저는 개발자들의 접근을 기꺼이 취소할 수 있습니다. 이것은 달콤한 승리가 될 것입니다. 스카치 한 병을 마시고도 할 수 있죠." 배리가 마침내 미소를 보이며 모두를 놀라게 했다.

미셸은 배리의 통찰력에 놀랐다. 이전 인프라스트럭처 관리자로서의 경험도 엿보였다.

오마르 팀의 엔지니어들은 배리에게 수많은 질문을 던졌다. 빌과 미셸, 안드레아는 주의 깊게 듣고 있었다. 빌과 미셸은 이런 열린 대화가 필요하다는 점을 알고 있었다. 이것은 설계를 구체화하는 일반적인 방법이었다.

빌은 시계를 올려다보고 시간이 거의 다 됐음을 깨달았다. 한 시간이 순식간에 흘렀다. 주의를 환기하기 위해 빌이 입을 열었다. "여러분, 이것을 마무리해야 합니다. 우리가 나아가기 전에, 제안된 방향에 대한 여러분의 지지를 보여주셔야 합니다. 미셸이 제시한 대로, 이 논문이 지지하는 대로, 거버넌스 자동화는 MRIA에 제시된 우려 사항을 해결하는 데 도움이 됨과 동시에 아마도 가장 중요한 것은 IUI가 이러한 상황에 다시 놓이지 않도록 예방하는 것입니다." 미셸은 열정적으로 고개를 끄덕였다. "자, 여러분은 이 방식을 사용하는 데 동의하겠습니까?"

빌은 배리와 안드레아를 쳐다봤다.

"당연히 이것들을 더 높은 단계로 올려야 할 것 같습니다." 배리가 말했다. 안드레아도 동의하는 듯 고개를 끄덕였다. "하지만 이건 흥미로워 보입니다."

"훌륭합니다, 좋아요. 그럼 미셸과 저는 오늘 여기서 한 모든 내용을 공식적으로 문서화하고 내일 오후까지 공유하겠습니다. 여러분은 이것을 각자의 조직으로 가져가서 여러분의 팀과 대화를 나눠 주십시오." 빌이 안드레아와 배리를 보며 말했다.

"다른 의견과 통찰을 얻어봅시다. 우리는 이를 더 나아지게 만들 방법을 부분적으로 찾고 있지만, 주로 이 기회를 이용해 제안된 변경 사항을 전달하고자 합니다. 우리가 어디로 향하고 있으며, 어디로 향할 수 있는지 모두에게 알리는 게 중요합니다." 빌이 잠시 생각에 잠겼다가 말을 이었다. "다음 주 동안 피드백을 받되, 실험도 병행합시다. 실행 방법을 찾아내야 하지만, 마무리보다 중요한 것은 말도 안 되는 일을 하지 않도록 하는 것입니다. 질문 있나요?" 빌은 잠시 멈춰 질문을 받았다.

오마르가 손을 들고 말했다. "도구에 대한 아이디어가 있습니다."

미셸이 오마르의 말을 급히 끊었다. "오마르, 그건 다음 토론 때까지 기다려 주세요. IUI 메신저에 새로운 채팅방을 만들어서 열린 대화를 할 수 있도록 하겠습니다. 도구에 대한 아이디어를 거기에 남겨주십시오."

당황한 오마르는 퉁명스럽게 대답했다. "알겠습니다."

회의가 끝났다. 각자의 소지품을 챙겨 문으로 향할 때 어디선가 알림이 울렸다. 회의실에 남아 있던 사람들은 휴대폰을 주머니에서 꺼내기 시작했다.

빌도 휴대폰을 꺼내 아내에게서 온 문자 메시지를 봤다. 저녁 식사로 와규를 요리할 예정이고, 그에 맞는 좋은 카베르네를 사 오라는 내용이었다.

"수잔과 함께할 다음 허들에 필요한 충분한 자료가 모인 것 같으십니까?" 미셸이 물었다.

"네, 그렇습니다." 빌은 미셸에게 시선을 돌렸다. "슈퍼마켓에서 BOGO 세일을 한다네요. 와인 두 병 사러 가야 합니다. 약속한 것처럼 팀을 위해서 모든 내용을 요약하도록 당신의 메모를 보내주세요." 빌은 저녁 식사를 생각하며 서둘러 문을 나섰다.

6장

4월 26일 화요일

며칠 동안 빌과 미셸은 자동화된 거버넌스 구조로의 전환에 대한 제안을 설명할 프레젠테이션 작업을 했다. 먼저 팀, 야다, 제이슨의 승인을 받은 뒤 상위 단계에서 수잔과 이사회에 제안하고, 그다음 규제 당국에 제출해야 했다. 미셸은 팀, 야다와 함께 초기 발견 회의에서 일부 정책 아이디어를 이미 공유했다. 그들은 다소 망설이는 모습을 보였다. 미셸은 제이슨을 미팅에 참여시켜 상황이 좀 더 부드럽게 조정되길 바랐다.

다행히도 MRIA 처리가 IUI의 최우선 사항이었기 때문에 회의 일정을 빠르게 잡을 수 있었다. 제이슨은 이 아이디어에 열광했고 구체적인 어떤 모습으로 구현될지 보고 싶어 했지만 다른 사람들은 다소 고민하는 눈치였다.

"제이슨, 솔직히 저는 잘 모르겠어요. 로라와 외부 감사 팀의 의견을 들어본 다음에 승인할 수 있을 것 같습니다." 야다가 말했다.

"마찬가지예요. 저도 좀 더 생각해봐야 할 것 같습니다." 팀이 대답했다.

"빠르게 진행해야 하는 건이니, 2주 안에 최종 의견을 알려주길 바랍니다. 이후 수잔과 이사회에 제안된 방향을 제출할 것입니다. 그들이 승인하더라도 제안된 접근 방식을 공식화해서 규제 당국에 제출한 뒤 그들이 90일 데드라인 전에 승인해 줄 것인지 지켜봐야 합니다." 팀과 야다가 고개를 끄덕였다. 제이슨은 미셸을 바라봤다.

"승인받는 즉시 엔지니어링 솔루션을 마련하기 시작해야 할 것입니다.

팀을 모아서 어떤 도움이 필요할지 알려주십시오. 앞으로 나갈 길을 평탄하게 하는 데 도움이 필요할 것입니다."

미셸은 고개를 끄덕였다. "이미 필요한 팀을 생각해 뒀습니다."

"다들 잘하셨어요. 어떻게 진행될지 기대됩니다. 하지만 기억하세요. 여기서 멈추기에는 할 일이 아직 많습니다. 우리가 제안한 약속을 이행하면서 규제 기관과의 긴 검토 과정이 진행될 것입니다. 우리가 하는 말을 그대로 믿어 주지는 않을 거예요." 제이슨이 웃으며 말했다. "전통적인 워터폴 방식으로 진행되는 납품 날짜와 RAG 상태 업데이트에 대비해 주십시오!"

"오, 좋습니다." 미셸이 겉으로만 열정적인 척 대답했다.

RAG 업데이트는 프로젝트 상태를 나타내는 빨간색^{red}, 노란색^{amber}, 녹색^{green} 신호등 아이콘이 있는 프로젝트 템플릿으로, 농담으로 언급한 것이었다. 작성하는 데 몇 시간씩 걸리지만 주관적인 추측과 꾸미기로만 가득해서다.

"저는 항상 훌륭한 옛날 수박 보고서를 만들 준비가 돼 있어요." 미셸이 농조 섞어 대답했다.

"수박 보고서?" 팀이 물었다.

"네, 워터폴 전달 상태 업데이트인데, 겉은 녹색이지만 속은 빨간…. 아시죠?" 미셸의 설명에 야다도 웃음을 터뜨렸다. "크레용을 좀 가져오겠습니다."

"그렇죠! 바로 그런 자세, 정말 좋아요!" 제이슨이 웃으며 손을 들어 하이파이브를 청했다. 미셸은 주변을 살피고, 아무도 손을 내밀지 않는 것을 보고는 제이슨 쪽으로 손을 뻗었다. 제이슨은 진심 어린 열정으로 그녀의 손에 맞장구쳤고, 이후 모두와 함께 방문을 나섰다. 미셸은 제이슨을 보며 그의 끝없는 긍정성이 어디서 나오는 것인지 새삼 궁금해졌다.

4월 28일 목요일

수잔은 창밖을 응시하고 있었다. 이른 아침 햇살이 밝게 비추며 찰스강에 유리처럼 반짝이는 빛의 웅덩이를 만들었다. 수잔의 등 뒤로는 빌과 캐롤, 팀, 야다, 제니퍼가 평소와 같이 목요일 정기 회의에 모여 의견을 나누고 있었다. 주요 의제는 MRIA 세부 사항 및 빌과 미셸이 준비한 규정 준수 자동화 대응 방안이었다.

"훌륭합니다." 수잔이 돌아서서 팀에게 말했다. "규제 당국에 제출할 준비가 됐나요?"

제이슨이 끼어들었다. "저는 지지합니다! 이 자동화된 거버넌스 제안은 감사원을 만족시키는 것은 물론 가드레일을 지키면서 디지털 노력에 대한 속도를 유지하는 데 있어 더 나은 위치를 제공할 것입니다."

"하지만 해야 할 일이 더 있다고 생각합니다." 야다가 조심스레 입을 열었다. "엔지니어링 팀이 이를 전달할 수 있을까요? 도움이 필요한 건 아닐까요?"

팀이 동의하는 의미로 고개를 끄덕였다.

빌은 앓는 소리를 냈다. 그는 다른 외부 엔지니어링 컨설턴트를 고용해서 모든 문제를 해결하기 위한 또 다른 캠페인 소식을 기대했다. "어려운 작업이 될 것 같긴 하지만, 팀을 믿습니다. 해낼 겁니다."

제니퍼와 제이슨이 고개를 끄덕였다.

"동의합니다. 우리 팀을 믿습니다." 수잔이 말했다. 팀을 향해 잠시 머뭇거리다 이내 창밖을 향해 시선을 돌렸다. "자동화된 거버넌스 계획을 이사회와 규제 당국에 알릴 것입니다. 빌, 엔지니어링 솔루션에 대해 팀원들과 계속 협력하고 진행 상황을 알려주면 좋겠습니다."

4월 29일 금요일

고위급 임원들이 수장 및 외부 감사 기관과 함께 제안을 승인하는 동안 미셸과 그녀의 팀인 일명 '크라켄'은 '던전dungeon'의 일부를 차지했다. 그리고 자동화된 거버넌스 솔루션을 구축하는 동안 함께 일할 수 있었다.

사실 던전 같은 장소는 아니었다. 조명은 잘 설치돼 있었지만 외부가 보이는 창이 없었기에 그렇게 불릴 뿐이었다. 크라켄 팀은 창 없는 동굴을 받아 중세 판타지 랜드 테마로 꾸몄다. 작업 공간의 벽면은 돌처럼 꾸몄다. 엔지니어들은 이 공간을 저마다의 특색에 맞게 장식할 수 있었다. 몇 명은 벽과 테이블에 용, 검, 보석 등을 장식했다. 자칫 따분할 수 있었던 환경에 재미를 더했고, 팀은 이 공간을 활용할 수 있었다.

미셸은 팀을 하나로 만들기 위해 오후에 킥오프 해피 아워를 개최하기로 했다. 이전에 함께 일해본 그룹이긴 하지만, 미셸은 모두가 이 특별한 프로젝트에 정렬되도록 하는 것이 좋겠다고 생각했다. 앞으로 몇 개월 동안 집중을 유지해야만 IUI를 이 위기에서 벗어나도록 할 수 있을 것이기 때문이다.

"좋은 파티입니다." 사이트 신뢰성 엔지니어 중 한 명인 딜런이 미셸에게 다가와 말했다. "하지만 이제는 이것을 해피 아워라고 부르지 않는 게 좋지 않겠습니까? 술을 마시는 사람은 두 명뿐입니다."

"맞습니다. 하지만 이미 그 이름이 자리 잡았으니 어쩔 수 없습니다. 그리고 술이 없어도 해피 아워에 참석할 수 있으니까요!"

"이름 이야기가 나왔으니 말인데, 이 프로젝트 이름은 뭐라고 지어야 할까요?" 오마르의 물음에 팀 전체가 그를 보며 고개를 끄덕였다.

"그리스어 이름은 아무것도 남지 않았을 것 같습니다. 쿠버네티스 Kubernetes 커뮤니티가 프로젝트나 제품에 그리스어 단어를 모조리 사용한 것 같습니다." 미셸이 살짝 웃으며 말했다. "이름으로 사용할 만한 게 뭐가 있을까요?"

"어떤 이름이든 철자가 쉬워야 합니다." 다른 엔지니어 중 한 명이 말했다. "몇 년 전에 제 친구가 회사에서 오픈 소스 프로젝트를 시작했는데, 그 이름을 제대로 쓸 수 있는 사람이 아무도 없었습니다. 그야말로 참사였죠."

그러자 모든 엔지니어가 휴대폰이나 태블릿을 꺼내어 이집트 신, 켈트 신과 여신 등을 검색하기 시작했다. 하지만 어떤 것도 완벽하게 어울리는 게 없었다.

"아이디어가 있습니다!" 오마르가 끼어들었다. "우리 소스 코드 저장소 는 무작위로 이름을 붙여요. 첫 번째로 만든 이름을 선택하면 어떨까요?" 모두가 서로를 바라봤다. 반대하는 사람은 없었다. 오마르는 음료를 내려 놓고 컴퓨터에서 브라우저를 열어 소스 코드 저장소로 이동했다. 몇 번의 클릭과 타이핑 후, 그는 엉터리 영국 발음으로 말했다. "프로젝트 이름을 '터보 유레카'로 선언합니다."

"'터보 유레카'? 진공청소기 이름처럼 들리는군요." 딜런이 말했다.

"조금 건방진 명망이 있는 것 같습니다." 다른 스태프 엔지니어가 대답 했다.

"터보 유레카로 결정합니다!" 미셸이 외치면서 들고 있던 IPA 맥주를 들 어 올렸다.

"만세!" 모두가 환호했다.

미셸은 미소 지었다. 이런 방식으로 시작하는 것은 훌륭했다. 그녀는 이 프로젝트에 대한 열정이 앞으로도 이어지길 바랐다. 지금까지 그녀가 참여 한 프로젝트 가운데 가장 도전적인 과제가 될 것 같았다.

전문 경력 대부분을 금융 산업에서 보낸 미셸은 조직이 규제를 다루는 방식을 잘 알고 있었다. 그녀는 비슷한 상황을 자주 겪었다. 상세한 시스템 요구 사항이 정책으로 변하고, 정책은 계속해서 커졌다. 어느 순간에는 너 무 많은 정책을 추적하기 어려워지고, 사람들은 정책을 무시하기 시작했 다. 아무도 신경을 쓰지 않았다. 실제 정책이 어디에 저장돼 있는지조차 모르는 사람이 대부분이었다. 지금은 단지 관료주의와 빨간 테이프로 불리고 있었다.

미셸은 그날 저녁 IUI 주차장을 나서며 실행이 정책의 해석에 밀접하게 묶여 있다는 점을 되짚어봤다. 실제로는 시스템의 아키텍처가 세부 구현을 주도해야 하는데, 세부 구현 사항이 아키텍처에게 구걸하는 것처럼 보였다.

'비즈니스'가 요구 사항을 승인했을 때 외상 후 스트레스를 경험하는 것 같았다. 승인에 실패하지 않더라도, 얼마 지나지 않아 변경이 필요한 상황이 발생했다. 시스템 운영, 개발, 프로세스, 보안의 어떤 측면이든 변경돼야 했다. 미셸과 그녀의 팀은 변경 승인 위원회를 위해 필요한 모든 서류 작업을 완료하는 데 걸리는 시간을 측정했다. 계산 결과, 500시간이 필요한 것으로 나타났다.

순수한 작업 시간만 500시간이었다. 이는 이메일이나 피드백으로 인해 변경 위원회의 요구 사항 완료가 지연되는 대기 시간은 고려하지 않은 것이다. 엔지니어들은 프로세스가 주관적이라고 불평하며 농담하기도 했다. 만약 동일한 소프트웨어와 정책을 두 개의 다른 변경 승인 위원회 구성원에게 제시하면 그 답이 완전히 다를 것이라고 말이다.

미셸은 고속도로에 진입했다. 혼잡한 도로 위 차선들을 보며 IUI를 떠올렸다. 각 차선은 조직적인 격리 구조를 상징했다. IUI의 이러한 격리 구조는 강제적인 협업, 작업 시각화 및 자동화에 의해 해체되고 있었다. 이러한 발전에도 불구하고 소프트웨어 전달이 현저히 빨라지지는 않았다.

앞 차량이 오른쪽 차선으로 합류할 것을 신호로 알리자 미셸은 크게 웃음을 터뜨렸다. 그 차는 신호를 켜고 적절한 협조 운전을 하는 것처럼 보였지만, 실제로 차선 합류는 차량의 흐름을 더 느리게 했다. 미셸은 생각했다. '우리가 프로세스와 향상된 이해를 도입해 속도를 높이려고 노력하더라도, 실제로는 더 빨라지지 않았다. 다른 어딘가에서 느림을 만드는 것이다.'

미셸은 변경 프로세스의 철저함에 기본적인 결함이 있다는 것을 깨달았다. 이 철저함은 시스템이 어떻게 운영돼야 하는지에 기반한 것이 아니라 과거에 일어난 일에 기반한 것이었다. MRA가 심각할수록 결과물은 고통스럽고 오래 지속됐다. 근본 원인이 무엇인지와는 관계없이 증상만 해결하려는 듯했다.

증상이 노출될 때마다 대응하는 것은 소프트웨어의 전달을 점점 느리게 하는 촉매가 됐다. 항상 보안과 리스크라는 이름 아래서 이뤄졌다. 더 많은 프로세스가 생성됐고, 시스템에 복잡성이 추가됐으며, 더 많은 시간 낭비를 초래하는 회의가 필요했다. 조직의 흉터와 같았다. 이는 프로세스를 더욱 느리게 만들고 관련된 모든 사람을 좌절시키면서 계속해서 쌓이고 있었다.

많은 사람이 이런 부수적인 작업을 표준화하고자 노력했다. 하지만 엔지니어들의 다양한 작업 방식과 통합된 운영 접근 방식에 동의가 이뤄지지 않아 성공을 거두지 못했다. 그 결과 애플리케이션을 구축하고 운영하는 데 필요한 시간과 리소스가 기하급수적으로 증가했다.

"이런!" 미셸은 브레이크를 밟으며 소리쳤다. 그녀 앞의 차량이 방향 지시등 없이 차선을 변경했다. 도로에 더 집중하자 그런 일이 반복되는 게 보였다. 다른 차량이 방향 지시등을 사용하는 대신 원하는 위치로 강제 진입하는 것이 일반적인 것처럼 보였다.

이 공격적인 운전은 정책 예외와 비슷했다. 많은 사람이 정책 예외를 이용해 변경 게시판을 무시했다. 결국, 정책은 변경에 필요한 사항들을 규정했다. 의지의 힘이든, 정치적 영향력이 더 큰 사람이 책임을 지면서, 팀들은 정책 예외와 함께 제작 프로덕션 환경을 드나들게 됐다.

모든 것을 강화하라! 미셸은 IUI의 비즈니스 리더가 IUI에서 얼마나 많은 일을 해냈는지 자랑스럽게 이야기했던 점심 회의를 기억했다. "누군가 혹은 무엇인가가 당신을 막는다면 그것에 안주하지 말고 운전해 나가십시오, 싸우십시오, 강화하십시오." 그녀는 배리와 안드레아가 이에 반응하는 모습을 상상하며 웃었다.

미셸은 고속도로에서 나오며 「데브옵스 자동화 거버넌스 참조 아키텍처 문서」에 관해 생각하기 시작했다. 그 안에는 뭔가 뛰어난 점이 있었지만, 그것이 무엇인지 명확하게 꼬집을 수는 없었다.

신호등에 멈췄을 때 불현듯 생각이 떠올랐다. "데브옵스 자동화 거버넌스는 주관성을 객관성으로 바꾼다." 그녀는 조수석에 누가 있기라도 한듯 소리 내 말했다.

미셸은 변경 위원회의 개념 자체가 문제가 아니라는 것을 깨달았다. 오히려 변경 프로세스를 관리하는 주관성이 주요한 요인이었다. 이 주관성 때문에 서로 다른 두 개의 변경 위원회 구성원들은 각기 다른 충돌하는 응답을 제공했다. 변경 프로세스는 객관적인 명세 집합으로 이뤄지지 않았다. 사람들이 자신의 개인적인 감정에 따라 소프트웨어를 통과 또는 실패시키는 과정이었다.

'아마도 이것이 투명성이 부족한 이유가 아닐까? 무언가를 가리킬 수 있어야만 투명성을 가질 수 있다. 객관적인 측정 지표가 없다면 아무것도 가리킬 수 없다.' 미셸은 생각했다.

조직은 객관적인 지표 대신 사람들의 주관성에 의존했다. 그들은 데이터가 아닌 의견에 이끌렸다. "나만 이렇게 생각하는 걸까?" 그녀는 보이지 않는 조수석 동승자에게 또 한번 말을 걸었다.

미셸은 집으로 돌아가면서 중요한 깨달음을 얻었다. '우리는 결정을 내릴 권한이 있는 사람들에 대한 컴플라이언스 결과를 신뢰한다. 최선의 경우 동일한 정책에 기반을 두고, 최악의 경우 그 사람에게 영향을 미칠 수 있는 다른 요인에 주관적으로 기반을 둔다.' 그녀는 안전벨트를 풀고 노트북 가방과 지갑을 집어 들고는 차 문을 열었다. '이건 정말 우스꽝스러운 일이야.' 미셸은 생각했다. 이것이 얼마나 불명확하고 비효율적이며 고통스러운지 쉽사리 이해할 수 있었다.

집 안으로 들어가며 그녀는 계속해서 생각했다. '데브옵스 거버넌스를 자동화할 수 있다면, 어떤 예상치 못한 결과가 일어날까? 우리가 모든 것을 올바르게 수행하고, 명확하고 훌륭한 문서를 작성하고 정책을 준수하더라도, 어딘가에서 해석이 잘못되지는 않을까?'

미셸은 올바른 모든 것을 하면서도 여전히 정책을 위반하는 것으로 보이고 싶어 하지 않았다. 그녀는 사소한 잘못이나 정책 위반이라도 광범위한 도입에 큰 걸림돌이 될 수 있음을 알고 있었다. 금융 산업에서 변화는 오랜 시간을 필요로 한다. 변화의 길이가 곱해지고, 사소한 오해가 눈덩이 굴리듯 불어나 이 새로운 노력을 물거품으로 만들 수 있다는 것을 알고 있었다.

미셸은 자신이 변경 위원회, 보안, 규정 준수 및 감사관들에 대해서만 생각하고 있었다는 것을 깨달았다. 엔지니어들에 관해 충분히 고려하지 않았다. 엔지니어링 팀이 불평하게 만드는 가장 빠른 방법은 소프트웨어 개발 및 제공에 관해 더 강화된 프로세스를 적용하는 것이다. 그녀는 자동화된 변경 프로세스는 엔지니어들과 분리하는 것이 얼마나 중요한지 깨달았다.

'이 자동화된 프로세스는 기존에 확립된 피드백 루프가 부정적으로 변화하지 않도록 보장해야 한다.' 미셸이 생각했다. '의사들이 말하는 것처럼 무엇보다 해롭지 않아'라며 혼자 농담을 했다. '이 자동화된 거버넌스가 엔지니어들이 겪고 있는 마찰을 줄여준다면 더할 나위 없이 좋을 것이다!'

미셸은 가방을 식탁에 두고는 부엌으로 걸어갔다. 뒷마당에서 쌍둥이 아이들과 아내의 웃음소리가 들렸다. 미셸은 뒷문으로 걸어가 마당을 내다봤다. 뛰어노는 쌍둥이 아이들의 모습을 바라보며, 조심하지 않으면 팀이 빈틈없이 모든 이에게 고려된 접근 방식을 설계하지 않는 한 곤경에 빠질 수 있는 상황임을 깨달았다.

5월 2일 월요일

미셸은 던전의 크라켄 팀 섹션의 스탠딩 테이블에 서서 터보 유레카의 첫 번째 공식 회의를 시작했다.

"좋습니다." 미셸은 전체 팀이 들을 수 있도록 목소리를 높였다. "우리는 방금 경영진들이 MRIA에 대한 답변을 규제 당국에 제출했다는 소식을 받았습니다. 하지만 그것은 쉬운 부분일 뿐입니다. 이제 우리는 약속을 이행해야 합니다. 주어진 기간은 9개월입니다. 우리는 매달 규제 당국과 데모 및 점검을 진행할 것이며, RAG 상태를 최신으로 유지해야 합니다."

방 안에서 탄식 소리가 터져 나왔다. 크라켄 팀은 애자일/데브옵스 방식으로 얼마 동안 작업을 진행해왔다. 이들은 IUI의 트랜스포메이션 초기에 전환한 첫 번째 팀이었다. 워터폴 방식과 RAG 상태 업데이트는 과거로의 회귀라고 느낄 수밖에 없었다.

"만약 우리가 한 가지를 만들어야 한다면…." 미셸은 팀원들을 둘러보며 말했다. "그것은 바로 이번 MRIA와 같은 감사가 다시 일어나지 않도록 전체 과정을 자동화하는 것입니다. 어떻게 할 수 있겠습니까?"

오마르가 입을 열었다. "첫 번째 통제인 동료 검토부터 시작합니다."

"그게 가장 쉬운 방법입니까?" 미셸이 궁금해하며 말했다.

"아직 모르겠습니다. 하지만 적어도 어디에서 시작해야 할지는 잘 알고 있습니다. 우리는 이미 Git[1]을 사용해서 많은 일상 업무를 자동화하고 있습니다. 다른 API 호출을 추가하는 데는 크게 시간이 걸리지 않을 것입니다." 오마르가 느긋하게 어깨를 으쓱이며 말했다. "뭔가를 만들어보겠습니다. 하루면 될 것 같습니다."

"좋아요, 거기에서 시작해봅시다."

---

1 Git 기반 버전 관리 소프트웨어 개발 도구로 GitHub, GitLab, CircleCI, Jenkins 등의 도구와 함께 사용되며 CI/CD 자동화를 포함하거나 번들로 제공한다.

며칠 후 팀원들이 다시 모였다.

"오마르, 오전 내내 말씀하신 프로토타입을 보여주세요." 미셸이 말했다.

오마르가 칠판 앞으로 나왔다. "자, 한번 보십시오." 그는 화면을 가리키며 말했다. "음, 누군가 이 풀 리퀘스트를 승인해 주시겠습니까?" 오마르는 마우스 버튼을 클릭했다.

"승인했습니다." 다른 엔지니어 중 한 명이 오마르를 향해 엄지를 치켜들며 말했다.

오마르는 마우스 커서를 병합Merge 버튼으로 옮겼다. 이 버튼을 클릭하면 오마르가 변경한 사항을 메인 코드 베이스와 병합할 것이다.

"제 콘솔을 보세요." 그는 화면 왼쪽 아래를 향해 눈짓하며 말했다. 12 포인트 모노스페이스 글꼴로 검은 배경에 PASS라는 녹색 단어가 표시됐다.

"보입니까? 이것이 증거입니다. 심지어 로깅에 색상도 추가했습니다!" 오마르가 즐거운 듯 말했다. "자, 보세요. 데이터베이스에도 저장했습니다." 그는 키보드를 한 번 더 두드렸다. 로컬 데이터베이스 클라이언트 콘솔에서 오마르의 주장을 뒷받침하는 증거가 나타났다.

"멋지네요." 딜런이 말하며 고개를 끄덕였다. 크라켄 팀의 나머지 인원들도 동의하는 듯 고개를 크게 끄덕였다.

"훌륭해요, 오마르!" 미셸이 환호하며 말했다. "정말 빨리 만들었네요. 이것을 어떻게 만들었는지 설명 부탁드립니다." 미셸은 뒤에 앉아 팀이 오마르의 설명을 주의 깊게 듣는 모습을 바라봤다.

크라켄 팀의 엔지니어들은 결과를 빠르게 만들어내는 것으로 유명했다. 이들은 일반적으로 격주 목요일에 내부 데모로 완료되는 2주짜리 스프린트로 작업을 진행했다. 팀은 이 데모에서 새로운 기능을 선보이고 피드백을 받을 기회를 얻었다. 미셸은 이런 회의를 좋아했다. 이해관계자들의 반응을 보면서 미셸과 팀이 열심히 한 작업을 선보일 수 있기 때문이었다.

미셸은 오마르의 프로토타입을 보고 힘을 얻었다. 대단하진 않아도 단조로운 버그 수정과 점진적인 기능 향상이라는 일상적인 리듬에 익숙해진 경험 있는 엔지니어들에게 불을 지폈다. 미셸은 이것이 완전하게 수행된다면 IUI 엔지니어들이 컴플라이언스를 완전하게 준수한다고 확신하면서 전속력으로 작업할 수 있는 완전히 새로운 능력을 개발하는 기회가 될 것으로 여겼다.

7장

5월 18일 수요일

다음 한 주 동안 크라켄 팀은 오마르의 프로토타입에 대한 개선 작업에 매달렸다. 오마르의 초기 데모에 영감을 받은 사람들이라서 그런지 기능과 능력에 대한 아이디어가 있는 것 같았다.

어느 날 아침, 스탠드업 미팅 중에 오마르가 팀원들에게 물었다. "풀 리퀘스트 승인 기록을 애플리케이션의 배포 가능한 버전과 연결할 수 없다면 어떤 의미가 있겠습니까?"

잠시 침묵이 이어졌다.

"무슨 말을 하고 싶은 건지 알겠습니다." 미셸이 말했다. "하지만 병합된 풀 리퀘스트를 아직 빌드되지 않은 아티팩트와 어떻게 연결하면 좋겠습니까?" 그녀는 지속적인 통합CI 파이프라인 작업으로 아티팩트를 빌드하고 내부 레지스트리에 게시하는 것을 가리켰다. CI 파이프라인은 풀 리퀘스트가 병합된 후 실행된다. 그러므로 오마르가 만든 프로토타입 증명은 배포 가능한 아티팩트를 인식하지 못한다는 것을 의미했다.

"잠깐만요, 아이디어가 있어요." 오마르가 중얼거렸다. "지난해 열린 올 핸즈 미팅all-hands meeting에서 만든 파이프라인 플러그인을 기억합니까? 리포트를 만들기 위해 빌드 메타데이터를 데이터베이스에 보내는 것이었죠."

미셸은 고개를 끄덕였다.

오마르가 말을 이었다. "그 페이로드에는 아티팩트 메타데이터와 커밋

URL이 포함돼 있습니다. 커밋 URL을 사용하면 풀 리퀘스트를 게시된 아티팩트와 연결할 수 있습니다."

"그렇군요!" 미셸이 신나서 말했다. "이걸 백로그에 추가하겠습니다."

6월 1일 수요일

한 주 이상의 해킹이 계속된 후, 메모리얼 데이 휴일을 지나 크라켄 팀은 마침내 데모를 준비하기 위해 모였다. 오마르는 팀이 놀랄 만한 것을 하나 더 준비했다. 첫 번째 프로토타입 이후, 미셸은 오마르에게 색상 로깅보다 가벼운 대안을 찾도록 요구했다. 웹 UI에 부담을 주지 않고 PASS 또는 FAIL 상태 메시지를 더 매력적으로 표시하는 방법을 찾아보도록 한 것이다.

이들은 새로운 제품 팀을 만드는 대신 이미 만들어진 엔지니어링 팀에서 인력을 빠르게 투입해 특별 과제를 진행했다. 이들에게는 UI 개발자가 없고, 크라켄 팀의 누구도 최신의 UI 프레임워크에 관한 지식이 없음을 의미했다. 하지만 미셸은 팀이 그들의 요구를 충족시킬 수 있는 뭔가를 만들어낼 수 있다고 확신했다. 처음이 아니었다. 그녀는 IUI가 팀을 구성하는 방법에 관해 한 번 더 생각했다. 최근에 정확히 이것과 관련된 흥미로운 논문을 읽었다. 논문에서는 풀스택 엔지니어 대신 풀스택 팀을 다루고 있었다. 하지만 이것은 다른 때 적합할 것이었다.[1] 그녀는 논문을 사무실에 공유해야겠다고 생각했다.

준비 회의에 참석한 미셸은 오마르가 얼굴 가득 미소 짓고 있는 것을 눈치챘다. 도전에 관한 해답을 찾은 듯 보였다.

---

1 제이슨 콕스(Jason Cox), 크리스찬 포스타(Christian Posta), 코넬리아 데이비스(Cornelia Davis), 도미니카 드그란디스(Dominica DeGrandis), 짐 스톤햄(Jim Stoneham), 토마스 리모셀리(Thomas A. Limoncelli)가 작성한 가이드 논문 「Full Stack Teams, Not Engineers」에서 풀스택 엔지니어에서 풀스택 팀으로의 이전에 관한 아이디어를 확인할 수 있다(https://itrevolution.com/resources/).

"오마르, 팀에 도움 될 만한 뭔가를 발견한 것 같은데요?"

"정말 마음에 들 거예요." 오마르가 회의 화면을 조작했다. "여러분은 이미 이 기술을 알고 있습니다. 이 풀 리퀘스트는 승인이 필요합니다." 필요한 승인을 받은 후, 오마르는 병합을 진행하고 파이프라인을 시작했다. 파이프라인이 완료된 후, 오마르는 데모 애플리케이션 저장소로 이동했다. "README 파일이 보입니까?" 그가 물었다. 사람들이 고개를 끄덕였다.

"여기도 보이나요?" 오마르는 화면의 하단 부분을 마우스로 돌려가며 세 개의 색깔 상자를 보여줬다. 회색, 파랑, 녹색이었다. 녹색 상자는 해당 아이템이 통과했다는 시각적 힌트를 제공했다.

```
≣  README.md                          ✎

    Demo App
    _____

    Version  0.0.4
    Build  PASS ✓
    Pull Request  1 APPROVAL ✓
```

"정말 멋지네요!" 미셸이 말했다. "어떻게 한 거죠?"

오마르는 팀의 찬사에 만족하면서 설명했다. "shields.io라는 오픈 소스 프로젝트가 있습니다.[2] 이 프로젝트는 '배지badge'를 만들어줍니다. 이 배지는 HTML이 렌더링되는 모든 곳, README 파일을 포함해 어디에나 배치할 수 있습니다. 그래서 이 배지를 사용해서 우리가 만든 증명서를 읽게 했습니다. 이로써 데모를 위한 가벼운 피드백 루프를 갖게 됐습니다."

"제가 본 가장 멋진 아이디어예요." 미셸이 말했다. "게다가 저장소에도 바로 표시돼 있네요. 개발자들이 다른 곳을 찾아볼 필요가 없겠어요!"

오마르는 자신의 영리한 아이디어에 추가적인 이익이 더해졌음을 깨달

---

2 이 오픈 소스 프로젝트에 대해 더 알아보려면 다음 링크(https://shields.io/)를 참조하라.

고 입이 귀에 걸렸다.

첫 번째 프로토타입은 저장소의 주요 브랜치로의 풀 리퀘스트에 대한 승인자의 증명을 자동화하고, 이를 빌드 및 버전과 연결했다. 이것은 애플리케이션 프로그램의 소스 코드 관리 플랫폼에서 구성된 웹훅에서 시작되는 간단한 프로세스였다. 웹훅은 대부분 소프트웨어에서 지원하는 일반 기능으로, 사용자는 플랫폼에서 발생하는 이벤트를 구독할 수 있게 해준다. 이벤트가 발생하면, 이벤트는 주어진 목적지로 메시지를 전송하도록 트리거된다. 미셸은 풀 리퀘스트가 병합될 때마다 모든 메타데이터가 전송되도록, IUI의 소스 코드 관리 플랫폼의 시스템 관리자에게 모든 메타데이터를 프로젝트 터보 유레카의 수신 서비스로 전송할 수 있는 전역 웹훅을 구성하게 지시했다.

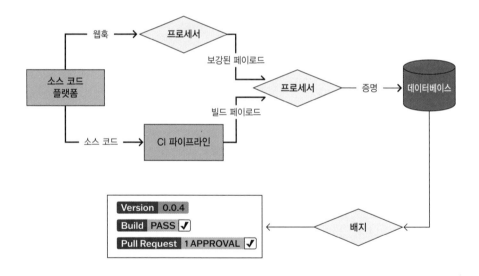

웹훅은 신뢰할 수 있지만 풀 리퀘스트의 활동에 대한 충분한 정보를 포함하지는 않았다. 이를 돕기 위해 팀은 '프로세서'를 개발했다. 이 프로세서는 웹훅 페이로드에 저장된 커밋 링크를 사용해서 소스 코드 관리 플랫폼으로 추가적인 콜백을 실행했다. 콜백은 병합된 풀 리퀘스트의 활동 내역을 수집했다. 풀 리퀘스트 활동을 포함하도록 페이로드를 보강한 뒤, 이 프로세서는 정책 엔진이 실행되는 서비스로 모든 정보를 전달하고, 정책 코드를 사용해서 리뷰어(코드 작성자를 제외한 다른 사람)의 승인 숫자를 계산하고 증명서에 대한 PASS 또는 FAIL 판정을 제공했다. PASS/FAIL 결정은 그 증거와 함께 디지털 서명돼(즉, '보증돼') 데이터베이스에 저장됐다.

"이거 정말 대단하군요!" 미셸이 돌아서며 말했다. "이제 이해관계자들과 첫 데모를 할 수 있을 것 같습니다."

6월 2일 목요일

"이 데모의 목적은 첫 번째 실행 가능한 항목을 검토하는 것입니다." 미셸이 입을 열었다. 감사 부문부터 보안 부문까지 이해관계자를 포함한 대규모 팀을 대상으로 하는 첫 번째 데모가 드디어 시작됐다. 빌, 배리, 안드레아도 미셸과 엔지니어링 팀이 지난 몇 주 동안 작업한 결과물을 볼 수 있을 거라고 기대하며 참석했다. 모든 것이 순조롭게 진행된다면, 이 데모를 외부 감사 팀 및 규제 당국과의 데모에서 사용할 수 있을 것이었다. 그녀는 테이블을 사용해 MRIA 문서를 화면에 투영했다.

실행 가능한 사항

- 발행된 MRA에 기반해 다음 아이템을 공식적이고 표준화된 접근 방식에 따라 해결할 것
  - 목표
    - 최소한으로 허용 가능한 릴리스 접근 방식을 정의한다
  - 목적
    - 프로덕션 환경으로 푸시되는 코드에 대한 동료 리뷰를 강화한다
    - 최소한의 품질 게이트를 식별하고 강화한다

- 모든 사용자의 모든 프로덕션 환경에 대한 상위 접근 권한을 제거
  한다

"프로덕션 환경으로 푸시되는 코드에 대한 동료 리뷰를 강화한다." 미셸이 낭송했다. "우리 팀은 지난 한 달 반 동안 작업을 진행했고, 큰 진전을 이뤘다고 생각합니다." 그녀는 오마르에게 말했다. "터보 유레카에서 이 기능을 데모해 주시겠습니까?"

"네, 잠시만요. 제가 화면을 공유하겠습니다." 오마르가 대답했다. 잠시 후, 오마르의 화면이 표시됐다. 그가 사용하는 프로그램은 모두 어두운색이었고, 몇 개 단어만 밝은 색상으로 빛나고 있었다. 그의 화면에는 수백 개의 인터넷 브라우저 탭이 열려 있는 듯했다.

안드레아는 코드 화면을 응시하며 웃음을 터뜨렸다. "이게 데모라고요? 이 코드들이요?" 안드레아가 물었다. "제가 보기엔 그냥 그리스어 같은데요. 코드인 건 알지만, 어떻게 읽고 이해해야 할지 전혀 모르겠습니다."

"죄송합니다. 소스 코드 저장소로 이동해보죠." 오마르가 종이로 뒤덮인 정리되지 않은 책상을 뒤지는 것처럼 브라우저 탭을 이리저리 확인하다가 소스 코드 저장소 웹 사이트를 찾았다. 오마르는 탭을 최대화했다. 화면에는 저장소 웹 사이트만 보였다.

"이건 쉬운 작업이었습니다." 오마르가 말을 시작했다. "우선 우리가 이루고자 했던 목표를 살펴보겠습니다. 「데브옵스 자동화 거버넌스 참조 아키텍처」 문서 14페이지의 내용을 우리 접근 방식의 기반으로 삼았습니다. 우리가 다루는 리스크는 **승인되지 않은 변경 사항**이며, 통제는 동료 검토입니다. 이 통제를 활성화하는 트리거 액션은 main 브랜치로 병합되는 **풀 리퀘스트**이며, 주요 역할자는 **코드 작성자**와 **리뷰어**입니다."

미셸이 환하게 미소 지었다. 소프트웨어 엔지니어인 오마르가 리스크 담당자의 언어를 사용하고 있다는 사실이 놀라웠다. 그녀는 스스로 질문했

다. '이것이 바로 리스크와 함께 왼쪽으로 이동한다는 것일까? 리스크 관리가 개발자의 마음에 시작되는 것일까?'

"시연 전에 우리가 배운 몇 가지에 관해 이야기하겠습니다." 오마르가 말했다. "우리의 소스 관리 도구는 풀 리퀘스트에 대한 리뷰어를 필요로 할 수 있습니다. 하지만 그것으로 충분하지 않았습니다. 이에 관해 안드레아와 논의했습니다."

빌은 머리를 끄덕이며, 엔지니어링 팀이 프로세스 초기에 이미 감사 팀에게 조언과 의견을 찾고 있다는 사실에 흥분했다.

"감사 부문은 풀 리퀘스트 발생 기록을 필요로 합니다. 그래서 우리는 그런 기록을 만들어내는 방법을 찾아야 했습니다. 이전에는 그렇게 하지 않았습니다. 우리가 사용하는 다른 도구들은 보고서를 발행할 수 있지만, 소스 관리 도구는 그렇게 하지 못합니다. 또한 잊기 전에 하나 더 말씀드리자면, 우리는 이 작업을 main 브랜치에만 수행하기로 했습니다. 다른 브랜치에는 적용하지 않습니다. main 브랜치의 코드가 실제로 프로덕션 환경으로 전개되기 때문입니다. 다른 브랜치는 프로덕션 환경으로 전개되지 않고, 일부 브랜치는 main 브랜치로 병합되지 않을 수도 있습니다."

미셸이 말을 끊었다. "오마르, 더 진행하기 전에 풀 리퀘스트, 병합, 브랜치, main 브랜치에 관해 설명해 주시겠어요?"

"미셸, 농담이죠?" 오마르가 속삭이듯 응답했지만, 모두가 그의 말을 들었다.

"과거 필요한 사람들이 프로세스를 이해하지 못해 실패한 경험이 있습니다. 그리고 그 필요한 사람들에 배리, 안드레아, 특히 보안 및 감사 팀이 포함됩니다." 미셸이 말했다. "그들은 소시지가 어떻게 만들어지는지 이해해야 하고, 그럼으로써 우리가 그들의 관심사를 올바르게 포함하고 있다는 것을 보증할 수 있도록 지원해야 합니다."

오마르는 눈을 깜빡이며 요청을 받아들였다. "좋습니다. 소스 코드 관리의 모든 측면을 설명하지 않고, 사람들의 시간을 낭비하지 않으면서 이것을 할 수 있는지 확인해 보겠습니다. 소스 관리의 목적은 코드의 변경 사항을 추적하는 것입니다. main 브랜치는 코드의 가장 중요한 복사본입니다. 누군가 코드를 업데이트해야 할 때, 이들은 main 브랜치를 복사하고 자신의 변경 사항을 추가합니다. 이 복사본을 브랜치라고 부릅니다."

"예를 들어 우리가 main 브랜치에서 브랜치를 생성할 때, 우리가 작업하는 기능에 해당하는 티켓 번호를 브랜치 이름으로 사용합니다. 티켓 112233과 관련된 새로운 기능이라면 feature/112233라는 이름의 브랜치를 생성합니다. feature/112233 브랜치에서 모든 코드 변경을 수행합니다."

"작업이 완료되면 풀 리퀘스트를 만듭니다. 풀 리퀘스트는 이름 그대로 다른 브랜치(여기에서는 feature/112233 브랜치)의 변경 사항을 main 브랜치로 가져오기 위한 요청입니다. 풀 리퀘스트가 만들어지면 코드 리뷰가 진행됩니다. 이 시점에서는 단지 요청일 뿐이죠. 아직 main 브랜치로는 아무것도 병합되지 않았습니다."

"병합이란 무슨 의미입니까?" 안드레아가 손을 들며 조심스럽게 물었다.

오마르가 대답했다. "병합은 feature/112233 브랜치의 코드 변경 사항을 main 브랜치로 통합하는 과정입니다."

"그러니까, 병합은 feature/112233 브랜치의 모든 파일을 메인 브랜치로 복사하는 거라고 이해하면 됩니까?" 안드레아가 말했다.

"음…." 오마르가 미셸에게 시선을 돌렸다. "여기서 얼마나 기술적인 설명을 해야 하죠?"

"모두가 이해하는 데 충분히 필요할 만큼이면 될 것 같습니다."

"알겠습니다. 그냥 복사라고 생각하면 됩니다. 하지만 병합은 문자 그대로 내용을 실제로 합치는 작업입니다. 따라서 feature/112233 브랜치의 변경 사항만 트렁크에 나타납니다. 실제로 리뷰어는 전체 컨텍스트에서 변경 사항이 어떤 행, 어떤 파일, 행 또는 파일의 일부인지 정확히 볼 수 있습니다."

안드레아가 다시 물었다. "알겠습니다. 확인을 위해 정리하자면, 어떤 브랜치의 변경 사항을 main 브랜치로 가져올 준비가 되면 엔지니어가 풀 리퀘스트를 만들고, 풀 리퀘스트를 만들면 이를 통해 코드 리뷰가 시작됩니다. 이 코드 리뷰에서 다른 개발자들은 변경 사항을 보고 피드백을 제공할 수 있고요. 그런 다음, 코드 리뷰가 완료되거나 리뷰어의 기대에 따라 완료되면 요청이 승인된다고 가정하면 되겠죠? 그리고 승인되면 병합이 진행되는 건가요?"

"정확하게 이해하셨네요!" 오마르가 말했다.

안드레아가 대답했다. "이제 이해했습니다. 도구만 다를 뿐 우리의 감사 절차와 매우 유사하군요. 그래서 우리가 필요한 것은 a) 코드 리뷰를 수행했다는 증거 b) 코드 리뷰어의 신원 c) 코드 작성자의 신원 d) 리뷰에서 발견된 문제와 해당 문제가 해결되거나 승인된 증거입니다."

"이제 그 부분으로 넘어가려고 했습니다." 오마르가 말했다. "여기 Demo-Repo라는 데모 소스 코드 저장소가 있습니다. 그 안에 README. md라는 파일 하나가 있습니다. 이 README 파일 안에는 'hello'라는 단어가 하나만 있습니다. 이 파일을 변경하기 위해 'change-1'이라는 브랜치를 만들 것입니다." 몇 번의 클릭과 탭을 거친 후, 웹 브라우저화면이 'main 브랜치'에서 'change-1 브랜치'로 변경됐다.

오마르는 웹 브라우저를 최소화하고 코딩 도구 중 하나를 열었다. "자, 이제 제가 만든 새로운 브랜치에 접근할 수 있습니다. README를 변경하겠습니다." 오마르가 말했다. 그는 'hello' 다음에 커서를 두고 공백을 추가한 후에 'world'라고 입력했다. 이제 텍스트는 'hello world'라고 표시됐다.

오마르는 몇 번의 클릭을 한 뒤 웹 브라우저에서 다시 소스 관리 도구를 열면서 말을 이어갔다. "좋아요, 이제 풀 리퀘스트를 위한 변경 사항이 준비됐습니다."

오마르는 'branch: change-1' 맞은편에 있는 'Pull Request'라고 쓰인 녹색 버튼으로 마우스 포인터를 옮겼다. 클릭하자 새로운 화면이 나타났다. 여러 항목이 있었지만, 특히 하나의 텍스트 필드가 중요했다.

"여기에 제가 변경한 사항과 그 이유를 설명합니다." 오마르는 'new requirement to add a subject of the hello'를 입력했다. 그런 다음, 마우스를 화면 오른쪽 아래로 내려 'Request'라고 표시된 빨간색 버튼을 클릭했다.

"딜런, 준비되면 풀 리퀘스트를 검토하고 승인해 줄 수 있겠습니까?" 오마르가 방 안에 있던 딜런을 바라보며 말했다. 딜런은 몸을 돌리고 오마르에게 엄지를 들어 보였다. 사람들은 딜런의 화면에서 풀 리퀘스트를 확인하며 함께 지켜봤다. 풀 리퀘스트에서 README.me 파일 안의 'hello world'라는 텍스트에서 'world'가 강조돼 나타난 것을 확인할 수 있었다.

"좋아요, 변경 예정에 대한 시뮬레이션을 진행했습니다. 딜런이 풀 리퀘스트를 승인하면 소스 관리 도구에서는 이를 main 브랜치에 병합할 것입니다. CI 도구라고 하는 지속적인 통합 도구가 이 병합을 감지하고 다른 작업을 시작할 것입니다. 이 부분을 실험하는 데 많은 시간을 들였습니다."

"지금까지는 특별한 게 없네요." 배리가 말했다.

"맞습니다. 이제 CI 도구를 불러오겠습니다." 오마르가 대답하며 다시 수많은 웹 브라우저 탭을 뒤적거렸다.

다른 창이 화면에 나타났다. 상단에는 프로세스 플로처럼 보이는 것이 있었다. 맨 처음 원만 파란색이고 나머지 원은 회색이었다. 원 안에는 '코드 리뷰 증명'이라는 문구가 삽입돼 있었다.

"여기, '코드 리뷰 증명'이라고 표시된 부분이 우리가 한 것입니다. 내부에서 어떤 일이 일어나는지 설명하겠습니다. 때때로 이런 기술 데모는 아쉽다고 할 수 있습니다. 마법은 화면 뒤에서 일어나기 때문이죠." 오마르가 말했다.

그는 계속해서 말했다. "우리는 '코드 리뷰 리포터'라는 작은 프로그램을 만들었습니다. 코드 리뷰 리포터는 보고서와 비슷한 것을 만들고, 안드레아가 말했던 것들이 발생하도록 합니다. CI가 변경 사항을 감지하면 CI 도구에 '커밋 ID$^{Commit ID}$'라는 중요한 정보가 전달됩니다. 커밋 ID는 병합과 풀 리퀘스트를 식별하는 고유한 식별자입니다. 코드 리뷰 리포터는 커밋 ID를 소스 관리 도구의 API에 전송하면서 모든 코드 리뷰어와 모든 코드 작성자의 이름을 요청합니다. 우리는 그 데이터를 받아서 리뷰어와 작성자의 이름이 나열된 파일을 만들고, 코드 작성자 이외의 리뷰어가 한 명 이상 있는지 확인한 다음 리뷰어 수를 계산해 '증명서'라는 이름의 필드를 만듭니다. 이 필드는 작성자를 제외한 리뷰어가 1명이라도 있으면 'PASS', 그렇지 않으면 'FAIL'로 표시됩니다."

안드레아, 빌, 배리, 미셸은 매우 만족한 듯 보였다.

"좋습니다. 굉장해요." 배리가 인정했다.

오마르는 배리가 긍정적인 반응을 보이자 어떻게 대처해야 할지 몰랐다. 하지만 배리의 반응에 에스프레소 한 잔을 마신 듯한 에너지가 느껴져 미소를 지어 보였다.

"이게 전부가 아닙니다." 오마르가 말했다. "증명서가 'FAIL'이면 코드 리뷰 리포터는 CI 도구에게 처리를 중지하라고 알립니다. 그러면 파이프라인에서는 아무 일도 일어나지 않으며, 코드는 프로덕션으로 전달되지 않습니다. 심지어 다음 단계로 진행되지도 않습니다. 이를 '빌드가 깨졌다'라고 합니다."

테이블에 있는 모두가 서로를 바라봤다. 오마르와 크라켄 팀이 선보인 것에 관해 다른 사람들의 생각을 평가하려 하고 있었다.

"뭔가 빠진 게 있는 데, 정확하게 말할 수가 없네요." 안드레아가 말했다.

오마르는 놀란 표정을 지었다. 즐거웠던 기분이 한순간에 사라졌다.

"음? 어떤 게 빠졌단 거죠? 제가 방금 실천 가능한 첫 번째 항목을 이행하는 도구를 만든 게 아닌가요? 최소한 한 명의 리뷰어가 없으면 아무것도 프로덕션으로 전달될 수 없습니다." 오마르는 화를 내며 화면을 향해 크게 손짓했다. 마치 그가 보여준 멋진 아이디어를 아무도 보지 못했던 것처럼 말이다.

"그게 바로 권한 분리입니다. 어떤 개발자도 코드를 변경하고 프로덕션으로 보내기 전에 두 번째 눈을 통해 그것을 리뷰해야 합니다." 미셀은 안드레아를 바라봤다.

"네, 표면적으로는 그렇게 작동하겠지만 뭔가 빠진 것 같습니다. 다만, 그게 무엇인지 정확히 모르겠습니다." 안드레아가 대답했다.

오마르는 한숨을 내쉬고 팔짱을 꼈다.

미셀이 말했다. "안드레아, 이것에 관해 더 이야기할 시간을 잡아봅시다. 오늘 남은 시간 동안 의견을 정리하고, 월요일에 다시 다뤄 보는 것은 어떻습니까?"

"네, 그렇게 하는 게 좋겠습니다." 안드레아가 대답했다.

"저도 그 이야기 시간에 초대해 주십시오." 배리가 요청했다.

8장

6월 6일 월요일

월요일 회의는 진행되지 않았다.

대신 월요일 아침, IUI의 고객을 대상으로 한 웹 사이트가 다운됐다. 고객들은 거의 12시간 동안 은행 업무를 할 수 없었다. 크라켄 팀도 터보 유레카에서 분리돼 소방 모드에 돌입했으며, 문제를 해결하느라 늦은 밤까지 작업에 몰두해야 했다.

처음에는 IUI의 클라우드 호스팅 공급 업체를 탓했다. 하지만 그 문제는 IUI가 외부 업체의 도움을 받아 수개월 전에 완료했던 '리프트 앤 시프트 투 클라우드lift-and-shift-to-cloud' 프로젝트인 오메가에서 발생한 그렘린gremlin 이었다. 이 프로젝트는 당시에는 성공적으로 보였지만, 이제는 해결한 문제보다 더 많은 문제를 초래한 것으로 보였다. IUI는 클라우드 네이티브 솔루션을 적절하게 구현하기 위해 충분한 자금을 투입할 의사가 없었다. 그렇지만 '클라우드에 올라타기' 위해 어떤 수단이든 사용하라는 압박이 있었다. 당시 클라우드 인프라스트럭처 조직은 완료 방법에 관해 신경 쓰지 않았으며, 클라우드로 이관된 애플리케이션 숫자만 중요시했다. 그들은 매주 클라우드 사용량이 증가하는 그래프를 발표했다. 경영진은 이러한 진전에 크게 만족했다.

오메가 프로젝트를 책임지고 있는 시니어 매니저는 클라우드 기술을 경험한 적이 없었다. 게다가 이 프로젝트가 그의 첫 번째 대형 프로젝트였다.

그는 자신의 이름을 알리고자 했으며, 외부 업체에 애플리케이션을 클라우드로 이관하는 데 필요한 모든 조치를 하라고 지시했다. 오메가 프로젝트는 큰 성공으로 여겨졌고, 이를 담당했던 시니어 매니저는 승진했다. 그러나 이 프로젝트와 관련된 일부 IUI 엔지니어들은 외부 업체가 클라우드 엔지니어링 원칙을 어기고 일 처리를 소홀하게 했다는 것을 알고 있었다. 그들은 이러한 문제를 경영진에게 제기했으나 답변을 얻지 못했다. 실제 재앙이 일어나는 건 그저 시간문제였다.

팀은 하루 안에 서비스를 일부 복구할 수 있었지만, 장애의 근본 원인이 되는 요소를 제거하려면 IUI가 최고의 엔지니어들을 즉시 파견해야 함은 분명했다. 미셸과 오마르의 팀은 복구 작업 지원을 위해 다른 팀과 함께 차출됐다. 미셸은 이 일로 규제 당국에 대한 납기 약속을 어기게 될까 봐 걱정이 앞섰다.

6월 30일 목요일

사고 발생 후 한 달가량 지난 어느 날, 미셸과 그녀의 팀은 타운홀에서 자리를 잡았다. 캐롤이 물었다. "우리가 더 나은 대응을 할 수 있었을까요?"

딜런이 말했다. "무엇보다 먼저, 우리 말을 듣는 거죠! 우리는 이 문제에 대해 오랫동안 팀에 경고했습니다. 이 애플리케이션을 클라우드에 밀어 넣기 위해 가능한 모든 곳을 잘라냈습니다. 그 어떤 것도 자동화되지 않았습니다. 단일 장애 지점 위에 계속해서 계층을 쌓았습니다. 더 나쁜 것은 관측 수단이 없어서 문제를 감지조차 할 수 없었습니다. 이 모든 것이 겹겹이 쌓이고 업그레이드를 할 때마다 더욱 악화됐습니다. 기술 부채가 마침내 은행을 부숴버렸다고 할 수 있을 겁니다. 하지만 솔직히 우리는 관리자들에게 경고했고, 관리자들은 리더십에게 경고했습니다. 이 상황은 피할 수 있었지만, 지금까지 그것의 우선순위는 높지 않았습니다."

사람들 사이에서 숨소리와 웃음소리가 섞여 나왔다. 오마르는 웃음을 참으려 애쓰고 있었다. 미셸은 엔지니어링 팀원들의 행동은 물론 딜런때문에 당혹스러운 듯 보였다. 딜런의 이전 회사는 도전적인 분위기가 있었으며, 직접적인 의견 제시가 정상적으로 수용되는 문화였다. 그는 자신이 지금 만들 수 있는 난장판에 대해 전혀 알지 못하고 있었다.

딜런의 발언 이후 타운홀은 빠르게 마무리됐다.

"타운홀이 성공적이라는 건 어떻게 알 수 있죠?" 배리가 안드레아와 미셸에게 다가와 물었다. "모두 기분 좋게 왔다가 화가 나서 돌아가면 알 수 있습니다."

안드레아는 진저리를 내며 배리에게서 멀찍이 떨어졌다.

복도를 지나 던전으로 들어오는 길에 미셸은 안드레아의 어깨를 툭 쳤다. "어떠셨습니까? 보통 이런 회의에는 참석하지 않으시잖아요." 미셸이 말했다.

"시간이 좀 있길래 와봤습니다. 제가 당신의 팀과 밀접하게 일하고 있으니 궁금하기도 했고요. 캐롤이 힘들었을 텐데 안타깝습니다. 우리 타운홀은 당신의 타운홀만큼 흥미로운 일은 거의 없습니다." 안드레아가 대답했다.

"감사 부문의 발견 사항이 있어도 그렇습니까?" 미셸이 웃으며 물었다.

"아니죠, 감사 검토 결과에 대해서는 전혀 그렇지 않습니다." 안드레아가 대답했다 "음, 지난 데모에 관한 제 생각을 이야기하기로 했는데 아직 만나지 못했습니다. 상황이 좀 진정되는 것 같으니 시간을 잡아보는 것은 어떻겠습니까?"

미셸이 대답했다. "물론입니다. 오늘 오후에 시간이 있습니다. 이번 사건은 끝난 것 같으니, 팀은 다시 터보 유레카에 집중해야 합니다. 외부 감사 팀과 규제 당국과의 다음 체크인이 다가오고 있습니다. 던전에 있는 스탠딩 테이블에서 30분 후에 만나도록 하시죠."

미셸이 도착했을 때 안드레아와 배리는 이미 던전에 있었다. 배리는 인쇄물을 훑고 있었고, 그가 보는 것과 동일한 인쇄물 사본이 테이블 앞에 놓여 있었다. 미셸은 거기가 자신의 자리라고 생각했다.

미셸은 인쇄물을 집어 들었다. 앞뒤로 10장 정도 분량의 그리 두껍지 않은 인쇄물이었다. 표지에는 **3선 모델**Three Lines Model이라고 적혀 있었다.

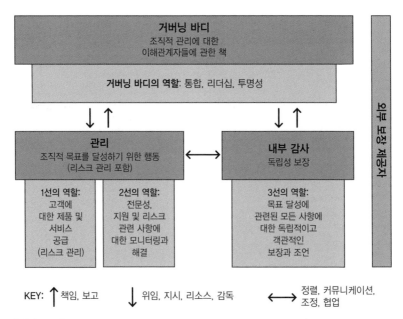

출처: 'The IIA's Three Lines Model: An Update of the Three Lines for Defense' The Institute of Internal Auditors, last modified July, 2020.(https://www.theiia.org/en/content/position-papers/2020/the-iias-three-lines-model-an-update-of-the-three-lines-of-defense/)

"미셸, 다시 만나 반갑습니다. 배리도 함께 초대했어요. 그와 보안 팀은 이 토론의 핵심적인 역할을 합니다." 안드레아가 말했다.

"이번 미팅은 특별히 보안과 관련된 것입니까?" 미셸이 물었다.

"아니요, 일반적인 거버넌스에 관한 것입니다." 안드레아가 대답했다.

"좋아요, 조금 혼란스럽긴 하군요. 하지만 지금부터 설명해 주실 거로 생각합니다." 미셸이 웃으며 자리에 앉았다.

"네, 맞습니다." 안드레아가 말했다. "3선 모델, 과거에는 3선 수비^{Three} Lines of Defense라고 불렸던 이 모델은 우리처럼 규제가 엄격한 조직의 거버넌스를 위한 모델입니다. 이는 내부 감사 기구Institute of Internal Auditors, IIA가 만든 것입니다. 본질적으로 거버넌스는 약속을 식별하고 이를 준수하는지 확인하는 프로세스입니다. 3선 모델은 이 개념에 구조를 부여한 것입니다. 이번 오메가 사태 이전에 오마르의 데모를 보고 조금 걱정됐습니다. 데모에서 본 것은 좋은 시작이었지만, IUI에서 위험을 통제하기 위해 사용하는 3선 모델의 측면을 포함하지 않은 것처럼 보였습니다. 그것은 IT의 범위를 넘어섭니다."

"다른 분야에서는 어떻게 하고 있습니까? 그리고 **제대로** 수행했을 때 3선은 어떻게 보이나요?" 배리가 물었다.

"먼저 은행원들부터 시작해봅시다." 안드레아가 말했다. "은행원들이 첫 번째 라인입니다. 우리 조직의 은행원들은 자신들의 책임과 관련된 리스크 완화를 소유하고 관리합니다. 통제를 설계할 때 그들의 의견을 듣는 것이 매우 중요합니다. 일상적으로 통제 절차를 실행하는 사람들이라서 어떤 통제가 효과가 있는지를 잘 알고 있거든요."

"은행원들이 어떤 통제를 적용할지, 적용하지 않을지를 결정하는 건가요?" 배리가 말했다.

"음, 완전한 세계에서라면 첫 번째 선에서 어떤 통제가 효과가 있고 없는지에 대한 의견을 제시할 수 있겠지만, 그들이 어떤 통제를 사용할지 결정하는 주체는 아닙니다. 안타깝게도, 그들의 의견은 거의 듣지 않고, 두 번째 선으로 그냥 이동할 때가 많죠." 안드레아가 대답했다.

"감사가 일하는 사람을 이동시키는 것이군요. 우리가 이해를 공유하는 것 같습니다." 배리가 약간 빈정대는 투로 말했다.

"사실, 두 번째 선은 리스크 관리 및 컴플라이언스 기능입니다. 두 번째 선의 목적은 실제로 세 가지입니다. 자신들의 조직에 리스크 관리 프레임워크를 구성하는 방법을 결정합니다. 도입할 정책과 통제를 결정하죠. 그리고 첫 번째 선이 정해진 통제와 정책 안에서 실행되고 있는지 확인합니다."

"그렇다면 세 번째 선은 무엇을 합니까? 처음 두 개의 선이 모든 걸 하는 것 같은데요." 미셸이 말했다.

"세 번째 선은 보증 메커니즘입니다. 여기서는 어떤 통제를 사용하고, 그 통제를 어떻게 구현할지를 정하지 않습니다. 세 번째 선의 주요 책임은 두 번째 선이 수립한 리스크 관리 접근 방식의 효과성 평가에 있습니다. 명확한 약속이 만들어졌는지, 약속이 지켜지고 있는지, 약속에 대한 접근 방식이 조직에 효과적인지를 보장하는 것입니다. 이들은 일반적으로 자사 경영진 및 때로는 이사회에 그 조사 결과를 제공합니다." 안드레아가 말했다.

"IT에도 적용되나요?" 배리가 물었다.

"한 가지 제안이 있습니다. 말이 되지 않으면 알려주세요. 첫 번째 선은 엔지니어들입니다. 그들은 소프트웨어에 대한 가장 많은 맥락을 갖고 있고, 통제 절차를 실행해야 합니다. 두 번째 선은 보안입니다. 배리, 당신은 엔지니어들과 함께 통제를 정의하고 선택하는 데 참여해야 합니다. 세 번째 선은 감사입니다. 이것이 잘 수행된다면 당신과 오마르 같은 사람들이 리스크 관리 접근 방식을 수립하고 운영하는 방법을 외부 기관처럼 독립적으로 평가할 수 있습니다."

안드레아는 배리와 미셸이 생각에 잠긴 것을 봤다. 그들은 열심히 고민하고 있었다.

"당신이 말한 내용이 특별히 새로운 것은 아닙니다." 배리가 대답했다. "하지만, 이게 **중요한 점**인데요. 당신이 3개 선의 역할과 책임을 설명한 방식은…. 음, 그 설명에는 감사드립니다. 우리 엔지니어 대부분은 제가 보안 요구 사항을 강요한다고 생각합니다. 그리고 실제로 그렇게 하는 때가 많은 게 사실입니다. 다른 선택지가 없기 때문입니다. 무시가 그 키보드 몽키들에게 퍼져 있습니다." 배리는 잠시 멈추고 생각을 정리했다. 아이디어가 떠오른 듯 눈이 밝아졌다.

"제가 이렇게 말한 것을 누구에게도 전달하지 않으셨으면 합니다." 배리가 말을 이어갔다. "하지만 3개의 선이라는 관점은 내 업무를 더 쉽게 만들 수 있을 것입니다. 저는 엔지니어들에게 어떤 통제를 준수해야 하는지 알려주는 것만 아니라 구현 방법까지도 생각해야 합니다. 3개의 선 모델을 사용하면 통제를 설계하고 구현하는 것은 첫 번째 선에 달리게 될 거예요. 제대로 구현됐는지에 관해서만 제가 검증하면 될 것입니다."

"실제로 그렇게 동작할 수 있겠습니까?" 미셸이 물었다. "이론상으로는 훌륭해 보이지만 정말로 가능한 건가요? 우리에게 그럴 만한 문화가 있습니까?"

배리는 크게 웃으며 빠르게 대답했다. "아니요, 이 문화에서는 불가능합니다. 이 문화가 비록 우리를 이 지경으로 내몰았다 할지라도 말입니다. 그러니, 뭔가 분명히 변해야만 합니다."

"배리의 말에 동의합니다." 안드레아가 말했다. "미셸, 그래서 당신과 얘기하고 싶었어요. 오마르의 데모를 봤을 때 멋있기는 했지만, 그것은 3개의 선을 하나로 압축한 것 같았습니다. 마치 엔지니어들이 모든 것을 결정하는 듯했습니다. 우리에게는 적어도 2개의 선이 있음을 보장하는 방법이 필요합니다."

"어떻게 그런 방법을 찾을 수 있을까요?" 미셸은 배리와 안드레아를 바라보며 물었다. 잠깐의 정적이 영원처럼 느껴졌다. 모두에겐 정말로 휴식이 필요했다. 깊은 생각이 이어졌고, 그에 따른 고민도 커졌다. 아이디어를 주고받기는 했지만 '만약'에 관한 고민이 계속되고 있었다. 시도해보기도 전에 '만약'이 모든 아이디어를 완전히 망가뜨리려 하고 있었다.

미셸은 다이어그램을 그리며 말을 이었다. "처음 원리로 돌아가 보겠습니다. 기본 개념은 무엇입니까? 우리에게 필요한 것은 무엇이죠? 먼저, 통제가 필요합니다. 예를 들면 **동료 리뷰**일 것입니다. 그렇지 않습니까?" 미셸은 대답을 기다리지 않고 계속했다. "둘째, 정책이 필요합니다. **동료 검토는 코드 작성자를 제외한 한 명이 수행해야 한다**와 같은 것입니다. 변경 사항을 검토하는 데 한 명 이상의 사람이 필요할 수도 있으므로, 이 정책은 구성 가능한 형태로 취급해 필요할 때 변경할 수 있도록 해야 합니다. 셋째, 동료 검토가 수행됐음에 대한 **증거**를 수집할 방법이 있어야 합니다. 넷째, 증거를 정책과 비교해 유효성을 검증하는 자동화된 방법이 필요합니다."

"오마르가 이미 한 게 아닌가요?" 배리가 미셸이 그리는 다이어그램을 보면서 물었다. "지금 그를 지지하는 것은 아니지만, 데모에서 오마르가 모든 것을 실행했습니다."

"맞습니다. 하지만 문제가 있어요. 그는 도구에 정책을 하드 코딩했습니다. 예를 들어 두 번째 선은 이 정책의 매개변수를 변경할 수 있어야 하는데, 이것은 도구를 업데이트하거나 재작성하지 않고도 실행할 수 있어야 합니다." 미셸이 대답했다.

"그렇습니다. 그것은 조절 가능한 놉knucklehead knob입니다. 미셸이 말한 것처럼 정책을 외부화해서 개발자들이 부정적인 영향을 미치지 않으면서도 이를 증가 또는 감소시킬 수 있게 됩니다. 이것이 바로 당신이 말한 첫번째 선과 두 번째 선을 분리하는 것입니까?" 배리가 물었다.

"그렇게 생각합니다. 당신과 미셸이 말한 내용 일부는 저에게는 조금 어려웠지만, 올바른 방향으로 가고 있는 것 같습니다. 이런 것들을 프로토타입으로 만들어 볼 수 있겠습니까?"

"팀은 이런 어리석은 시프트 앤 리프트 대응 작업이 아닌 진짜 일을 하느라 손을 더럽히는 것을 좋아할 것입니다. 배리, 빌과 오마르와 함께 일정을 잡아 주십시오. 빌은 이것에 대한 기능 우선순위를 정하는 데 도움을 줘야 하므로 함께 있어야 합니다. 그리고 고객 가치를 이해할 수 있을 것입니다. 그 뒤에 이 대화를 오마르와 다시 진행해 봅시다. 다른 스파이크[1]와 함께 2주 정도의 타임 박스를 설정해야 할 것입니다. 그들이 작업하는 방법에 따라 우리의 요구 사항을 충족하는 뭔가를 얻게 될 겁니다. 아름답지는 않을 수도 있겠지만, 그에 관해서는 나중에 걱정해도 됩니다."

8월 4일 목요일

안드레아, 배리, 미셸이 새로운 프로토타입 구축에 관한 토의를 한 뒤 5주가 지났다. 개념은 간단했지만, 세부 사항 일부는 이해하기 어려웠고 추가 작업이 더 필요할 것 같았다.

오마르는 빌과 미셸에게 항상 내일 데모를 한다고 말했다. 첫 번째 주에는 매일 그렇게 말했다. 빌은 그에게 '작은 기술 늑대'라는 별명을 붙이며 오마르가 '쉽다고 얘기하면 내일은 결과보다 핑계가 더 많을 것'이라며 농담했다.

리더십 팀에서의 긴장도 느껴졌다. 수잔은 가장 최근의 허들에서 거의 자리에 있지 않았으며 이렇게 쏘아붙였다.

"우리가 MRIA로 인한 첫 공격을 받은 지 5개월가량 흘렀고, 실행 계획을 시작한 지 2개월이 넘었는데 거의 아무것도 보여주지 못하고 있습니다." 야다는 크고 경멸에 가까운 목소리로 말했다. "규제 당국과 외부 감사 팀에 우리가 더 많은 진전을 이뤘음을 보여야 합니다."

팀이 그녀를 거들었다. "배리가 진척이 느린 것에 대해 저에게 알려줬습니다. 우리 내부의 엔지니어링 인재들이 이 일을 해낼 수 있는지 의심이 들기 시작했습니다. 캐롤, 외부 업체를 고용해 이를 엔지니어링할 생각은 해

---

1 스파이크(spike) 또는 스파이크 솔루션(spike solution)은 가설을 검증하기 위해 일시적으로 구현하는 기능 또는 솔루션을 의미한다. 일반적으로 스파이크는 가설의 검증이 끝나면 버려진다. – 옮긴이

보셨습니까?"

캐롤은 깜짝 놀랐다. '이 사람들은 우리가 오메가 프로젝트가 남긴 재앙을 정리하는 데 한 달을 쓴 걸 모르는 거야?' 그녀는 속으로 비명을 질렀다.

"아닙니다. 이를 우리 대신 수행할 다른 회사를 평가할 필요는 없습니다." 캐롤이 말했다. "여러분 모두가 알듯, 크고 중요한 시스템 장애로 인해 상당한 지연이 있었습니다. 팀, 그 프로젝트의 책임자는 당신 부문의 상위 관리자였습니다."

캐롤은 말을 잠시 멈추고 날카로운 눈빛으로 팀을 쳐다봤다. 팀의 표정이 일그러졌다. 그는 아무 말도 하지 않았다. 캐롤은 이 방에 수장이 있어서 그가 속내를 정확히 표출하지 않는다고 생각했다.

"누군가를 비난하려는 게 아닙니다. 우리가 실패하면 팀으로써 실패하는 것입니다." 캐롤이 말했다. "그렇지 않다면 제가 당신 조직의 능력에 관해 이야기하길 원하십니까?"

긴장을 느끼면서 빌이 말했다. "지금 우리에게 있는 팀이 저희가 가진 최고 제품의 일부를 책임집니다. 이것이 다른 것들과 같다고 여기는 체할 수도 있고, 현실적으로 받아들일 수도 있습니다. 이것은 지속적인 개선에 대한 투자입니다. 리더로 이것을 어떻게 표현하면 좋겠습니까?"

"크라켄 팀은 이전에 한 번도 해본 적이 없는 일을 해냈습니다. 이들은 빌드 및 배포 과정을 거치는 동안 내부 소프트웨어에 대한 정책 감사를 자동으로 수행할 수 있게 했습니다. 안드레아와 미셸도 IIA의 3선 모델에 대해 엔지니어링 팀에 상당한 시간을 들여 교육했습니다. 그들은 인간 감사원이 많은 시간이 소요되고 오류가 발생하기 쉬운 수동 감사를 대체하고, 대신 더 나은 통제 방법을 설계하고 IUI의 위협 프레임워크를 향상하는 데 집중할 수 있도록 하는 방법을 찾아냈습니다. 팀과 배리 역시 보안 통제 자동화 방법에 관한 논의를 시작했습니다." 빌이 말을 마쳤다.

"진척을 이해하고 인정합니다." 팀이 한발 양보했다. "하지만 시간은 우리 편이 아닙니다. 우리가 할 수 있는 모든 것을 해야 합니다."

수잔이 동의한다는 뜻으로 고개를 끄덕였다. "팀의 말이 맞습니다. 시한이 다가오고 있습니다. 팀이 열심히 일하고 있다는 것을 알고 있어요. 최근 겪은 대규모 사이트 장애로 인해 이사회 구성원들도 막다른 곳에 몰렸습니다. 규제 당국과의 데드라인을 놓쳐서는 안 됩니다. 그렇지 않으면 게임 끝입니다. 이것은 최우선 과제입니다. 필요한 자원이 있다면 언제든지 알려주십시오."

수잔이 잠시 말을 멈추고 방 안을 둘러보더니 말을 이었다. "여러분 손에는 백지 수표가 들려 있습니다. 필요하다면 사용하시길 바랍니다." 수잔은 자리에서 일어나 떠날 준비를 했다.

상황의 중요성이 방 안의 모든 사람에게 인식됐다. 모두 머리를 끄덕이며 서로를 바라보고는 방에서 떠나기 위해 자리에서 일어섰다.

"수잔, 감사합니다." 빌이 말하면서 일어서 있는 사람들을 바라보며 덧붙였다. "캐롤과 저는 아래로 내려가서 팀을 점검할 것입니다. 여러분도 참석하셔도 됩니다." 제이슨은 열광적으로 동의했다. 빌, 캐롤, 제이슨은 회의를 마치고 엘리베이터로 향했다.

"나중에 프로젝트 오메가에 관해 더 많이 이야기해 주셔야 할 것입니다." 제이슨이 엘리베이터에 타면서 말했다.

캐롤은 작은 웃음소리를 냈고, 빌은 고개를 끄덕였다. "그건 술이라도 한잔하면서 나눠야 할 대화입니다."

빌의 말에 제이슨은 웃음을 터뜨렸고, 엘리베이터 문이 닫히기 시작했다.

―――――――――

"젠장! 말도 안 돼!" 엘리베이터 문이 열리자 던전에서는 이런저런 욕설이 들려왔다. 미셸과 빌, 제이슨은 던전으로 들어서며, 마치 비무장 지대에 던져진 것처럼 서로를 어색하게 바라봤다. 팀은 빗발치는 총알을 온몸으로 받는 듯했다. "아니라고!" 반대편에서도 큰 소리가 들려왔다.

"미셸, 외부 엔지니어링 기업을 고용하지 않는 게 확실하죠?" 빌은 미소를 유지하려 애쓰며 농담을 던졌다.

"빌, 저를 시험하지 마세요." 미셸이 대답했다.

복도 모퉁이를 돌자 배리와 안드레아가 오마르의 책상 주위에 서 있는 게 보였다. 스트레스를 잔뜩 받은 데다 당황한 모습이 역력했다.

"무슨 문제가 있나요?" 미셸이 사람들에게 다가가며 물었다.

"잘 모르겠습니다. 제대로 작동하지 않고 있어요." 오마르가 목멘 소리로 답했다. 그는 의자를 돌려 미셸을 쳐다봤다. 제이슨이 함께 있는 모습을 보고는 신속하게 자세를 정리했다. "며칠 전까지도 잘 되는 듯 보였습니다. 우리는 팀이 다음번 큰 데모를 위해 자동화 거버넌스 접근 방식에 다른 통제 게이트를 추가할 수 있을 것으로 생각했습니다."

"아니, '우리'라고 하면 안 되죠. 우리가 다른 통제 게이트를 추가할 수 있을 것으로 생각한 건 '당신'이란 말입니다." 딜런이 끼어들었다. 그는 오마르를 바라봤다. 오마르는 딜런을 날카롭게 쏘아봤다. 분명 그는 화가 난 상태였다.

"처음부터 시작해봅시다. 모든 과정을 설명해 주면 좋겠습니다." 미셸이 상황을 진정시키면서 말했다.

"할 수 없습니다. 작동하지 않는다고요. 이것부터 먼저 해결해야 합니다." 오마르가 대답했다.

"오마르, 숨을 깊이 들이마시고 한 걸음 물러서서 다시 검토해봅시다." 미셸이 말했다.

"그래요, 다른 사람들과 함께 의견을 들어보면서 리뷰해 봅시다." 딜런이 덧붙였다.

"좋습니다. 저기 스탠딩 테이블에 모여서 이 문제를 함께 해결해 봅시다." 미셸이 말했다. "오마르, 노트북을 저쪽으로 가져와요."

오마르는 주저하며 굴복했다. 책상에서 자신의 물건을 집어 들어 스탠딩 테이블로 옮겼다. 매우 혼잡했다. 아무것도 모르는 외부 사람이 본다면 마치 영화의 한 장면을 보는 것처럼 느껴졌을 것이다. 심지어 근처 스낵바에서 사탕과 음료수를 가져오는 사람도 있었다.

"이런, 입은 닫아주세요!" 오마르가 사탕을 물고 있는 엔지니어에게 날카롭게 말했다. "좋습니다." 미셸이 그를 경고하듯 쳐다본 뒤, 오마르는 심호흡하며 마음을 진정시키려 노력했다. 오마르의 화면에는 평소처럼 여러 개의 웹 브라우저 탭이 있었다. "우리는…." 오마르가 입을 떼자 미셸이 말을 잘랐다.

"오마르, 코드를 확인하기 전에 시스템 디자인부터 설명해 주세요." 미셸이 말했다.

"디자인 말인가요?" 오마르가 혼란스러운 듯한 표정으로 반응했다.

"네, 시스템의 디자인말예요. 구성 요소가 얼마나 조화롭게 작동하는지와 그 인터페이스에 관해 설명해 주시길 바랍니다." 미셸이 대답했다.

배리가 히죽이며 말했다. "당신의 디자인에는 덕트 테이프와 거품 껍질도 포함됩니까?"

오마르의 얼굴이 빨개졌다.

"오마르, 진정하세요. 숨이 막혀 당장이라도 쓰러질 것처럼 보여요." 미셸이 말했다.

오마르는 의자에 앉아 미셸의 조언대로 숨을 깊이 들이마셨다. 그런 다음, 미셸을 돌아봤다.

"지난번 데모에서 우리가 만들었던 보고서를 기억하십니까?" 오마르가 물었다.

"네, 기억합니다." 미셸이 대답했다.

"우리는 그 파일을 가져와서 정책 엔진을 사용해 분석했습니다." 오마르가 말했다.

"정책 엔진이 뭐죠?" 안드레아가 물었다.

"이 엔진은 우리의 증명을 정책과 비교해서 평가합니다." 오마르가 설명을 이어갔다. "증명을 일종의 양식이라고 생각해보십시오. 예를 들어, 코드 리뷰 증명에 관해 이야기해 보겠습니다. 증명에는 두 가지 필드가 있습니다. 첫 번째 필드는 코드 작성자가 아닌 모든 리뷰어의 이름을 나열한 것이며, 두 번째 필드는 리뷰어의 수를 갖고 있습니다. 이 두 필드를 각각 'reviews'와 'reviewers-count'라고 부르겠습니다. 그리고 다른 양식인 정책이 있습니다. 증명마다 정책이 존재하므로 코드 리뷰 증명에는 코드 리뷰 정책이 있습니다. 그 코드 리뷰 정책에는 'reviewers-count >= 1'이라는 조건이 붙습니다."

안드레아가 말했다. "오마르, 그렇다면 최소한 리뷰어가 1명은 있어야 한다는 의미인가요?"

"맞습니다." 오마르가 대답했다. "정확하게 이해했습니다."

"다른 예로…." 오마르가 말을 이었다. "여기에는 두 명의 리뷰어가 있다는 증명이 있으므로 reviewers-count 값은 2입니다. 이제 숫자를 비교합니다. 2는 1 이상이므로 정책 엔진은 코드 리뷰가 통과했다는 보고서를 반환합니다."

"**정책 엔진**이라는 용어 때문에 방금 설명보다 훨씬 복잡하게 느껴지는군요." 안드레아가 말했다.

"더 복잡해지기는 하지만 그게 작동 방식의 기본입니다. 우리는 Git 저장소에 대한 코드 리뷰를 평가하는 더 나은 방법을 실험해왔습니다."

안드레아가 고개를 끄덕여 고마움을 표했다.

"…다양한 유형의 정책 엔진을 사용해 봤습니다. OSCAP와 OPA를 사용했죠. 아, OSCAP은 Open Security Content Automation Protocol의 약자입니다. 이것은 SCAP^{Security Content Automation Protocol}라는 언어를 사용해

보안 정책을 정의하고 자동으로 이들을 평가하고 감사합니다." 오마르의 깔끔한 설명에 안드레아가 고맙다는 의미의 미소를 던졌다. "OSCAP은 인 프라스트럭처 컴플라이언스 평가를 위해 많은 위치에서 사용됩니다. 저는 많은 온라인 동영상을 시청하면서 이에 관해 알게 됐습니다." 오마르가 미 소를 지으며 말했다.

미셸은 고개를 끄덕이며 오마르가 이야기를 이어가도록 독려했다.

"또 다른 것으로는 OPA^{Open Policy Agent}가 있습니다. OSCAP와 비슷한데 OPA가 보다 더 사용하기 쉽다고 생각합니다. OPA에서는 REGO라는 언 어로 정책을 작성할 수 있습니다. 누가 정책을 작성할지 모르겠지만, REGO는 SCAP보다 훨씬 쉽게 사용할 수 있습니다. 정책을 작성해야 한다 면 REGO를 사용하고 싶습니다."

"이것은 우리가 실험 중인 샘플 통제입니다. 코드 리뷰를 분석하기에 현 재 우리가 사용하는 방식보다 더 좋은 방법이라고 생각합니다." 오마르가 도구 중 하나를 보여주며 말했다.

"동의합니다." 안드레아가 답했다. "이것을 첫 번째 선과 두 번째 선이 IT와 협업하는 좋은 예로 사용하고 싶습니다."

"오마르!" 미셸이 자신의 노트북을 보면서 말했다. "버그의 원인에 관해 서 알 것 같습니다. JSON 증명 파일…. 이름이 'action'인가요, 아니면 's' 붙 은 'actions'인가요?" 그녀가 물었다.

"음, 그건…." 오마르는 말을 더듬었다. 그의 표정이 달라졌다. "농담이 죠? 당연히 's'가 붙은 형태죠. 이런! 이건 진짜로 동료 리뷰의 가치를 보여 주는 좋은 예인가 봅니다."

오마르가 부끄러워하며 화면을 바꾸고는 다른 파일들의 텍스트를 수정 했다. 2분이 채 지나지 않아 오마르는 딜런에게 부드러운 목소리로 말했다. "딜런, 풀 리퀘스트를 승인해 줄 수 있습니까?"

버튼을 클릭하자 지속적인 통합 도구 인터페이스를 보여주는 웹 브라우저가 활성화됐다. 첫 번째 파란색 풍선인 '코드 리뷰 증명'이 녹색으로 바뀌었다. 그리고 그 뒤의 회색 풍선이 파란색으로 바뀌었고, 몇 초 후 그것도 녹색으로 바뀌었다. 그 뒤 4개의 풍선에서도 동일한 과정이 반복됐다.

"정말 부끄럽습니다." 오마르가 말했다. "모두에게 미안할 따름입니다."

"우리 모두 그랬어요, 오마르. 가끔은 조급해하지 말고 숨을 돌리고, 다른 사람의 눈을 빌려보는 것도 필요합니다." 미셸이 말했다.

배리가 평소와는 다른 열정적인 목소리로 말했다. "오늘 우리가 무엇을 했는지 알겠습니까? 우리는 인프라스트럭처를 코드로 구현하는 개념을 거버넌스에도 적용했습니다. 이것을 기반으로 예측을 해보자면, 오마르는 REGO를 사용해서 코드로서의 정책을 보여준 거예요. 우리의 정책은 소스로 관리될 수 있습니다. 소프트웨어나 일부 인프라스트럭처와 같이 말입니다."

"코드로서의 정책?" 안드레아가 의아한 표정으로 물었다. "이게 무슨 의미입니까? 감사와 리스크가 개발자를 고용하고 코드를 작성하는 법을 배워야 한다는 것입니까? 데모는 좋아 보였지만, 우리가 코드를 작성해야 한다면 잘 작동할지는 모르겠습니다."

"음, 그 부분은 미처 생각하지 못했습니다." 오마르가 말했다.

미셸이 대답했다. "안드레아, 전 그렇게 생각하지 않습니다. 이것이 바로 우리가 협업할 수 있는 부분입니다. 현재의 개발 방식에 기반해서 정책을 REGO로 작성하는 방법을 이해하는 사람이 필요하지만, 그 사람이 꼭 리스크 부문에 속할 필요는 없습니다. 우리는 정책 팀을 만들 수 있습니다. 안드레아 또는 배리, 이 방식으로 특정한 통제를 구현해야 할 때 엔지니어가 도움을 줄 수 있습니다. 그들은 여러분을 대신해서 정책 파일을 작성할 수 있습니다. 코드로서의 정책 저장소에 푸시할 수 있는 인원을 제안할 수도 있고, 리스크 부문에서 적절한 사람이 승인할 수도 있습니다."

"이것이 장기적으로 새로운 시스템이 동작하는 방법입니까?" 안드레아가 물었다.

"잘 모르겠습니다. 우리가 할 수 있는 것은 다음 이터레이션을 살펴보는 겁니다. 아마도 컴플라이언스 그룹을 위한 일종의 사용자 인터페이스가 아닐까요?" 미셸이 큰 소리로 말했다.

안드레아의 얼굴에 망설이는 빛이 보였다.

"안드레아, 당신의 걱정을 이해합니다." 빌이 말했다. "미셸이 좋은 점을 지적했어요. 제이슨, 미셸, 수잔과의 다음 회의에서 이 문제에 관해 이야기해 봅시다. 이 부분을 돕기 위해 단기적으로 작은 팀이 필요할 것 같습니다. 분명히 하자면, 우리는 아이를 욕조의 물과 함께 밖으로 던지지 않을 것입니다. 오늘 우리가 본 것은 훌륭했습니다. 하지만 이게 전부는 아니란 것도 분명합니다. 우리가 이루고자 했던 것을 실현하고 있기는 하지만 말입니다. 저는 기꺼이 내부 문제를 해결하는 것을 돕겠습니다. 이것은 제품입니다. 그렇지요? 제품 팀이 필요할 것입니다."

박수 소리가 방을 채웠다. 모두가 주변을 둘러보기 시작했다. 제이슨이었다.

"크라켄 팀, 정말 잘했습니다!" 제이슨이 말했다. "빌의 말이 맞아요. 아직 할 일이 많기는 하지만, 이 멋진 순간을 놓치기는 싫군요. 우리는 방금 레벨업을 했습니다! 오마르, 정말 멋진 데모였습니다!"

오마르는 겸연쩍은지 낯빛이 붉어졌다. 나머지 팀원들도 미소 지으며 박수를 치기 시작했다. 지난 몇 주 동안 겪었던 어려움을 생각하면, IUI의 리더십에게 감사의 말을 듣는 것은 참으로 기쁜 일이었다.

방 안의 분위기에서 팀은 새로운 에너지의 파동을 명확히 느낄 수 있었다. 그들이 해낼 게 분명했다!

9장

9월 1일 목요일

다음 달은 순식간에 흘렀다. 포스트 리프트 앤드 시프트 오메가 프로젝트를 뒤로하고, 최근 성공으로 새로운 에너지를 얻은 크라켄 팀은 터보 유레카 프로젝트에서 괄목할 만한 진척을 이뤘다. 터보 유레카의 터보가 정말로 작동하고 있었다! 그들은 더 높은 품질 게이트를 구현하고, 그들이 잘 진행하고 있다고 느꼈다.

미셸과 빌은 더 많은 청중에게 다른 데모 세션을 마쳤다. IUI의 다른 사람들은 크라켄 팀이 하는 일에 흥미를 보였다. 그들은 심지어 터보 유레카를 사용해 그들이 개발하는 모든 터보 유레카 소프트웨어에 대한 거버넌스를 자동화했다.

미셸은 자리에 앉아 달력을 바라봤다. MRIA를 처음 받은 지 6개월이 됐다. 그녀는 랩톱을 열고 MRIA Madness 폴더에서 MRIA Outline 문서를 찾았다. 미셸은 크라켄 팀이 거둔 성과를 상위 레벨에서 계속 추적하고 있었다.

실행 가능한 사항

- 발행된 MRA에 기반해 다음 아이템을 공식적이고 표준화된 접근 방식에 따라 해결해야 함
  - 목표
    - 최소한으로 허용 가능한 릴리스 접근 방식을 정의한다

- 목적
  - 완료: 프로덕션 환경으로 푸시되는 코드에 대한 피어 리뷰를 강화한다
  - 최소한의 품질 게이트를 식별하고 강화한다
    - 완료 – 단위 테스트
    - 완료 – 소스 코드 품질 분석
    - 완료 – 정적 애플리케이션 보안 테스트
    - 진행 중 – 소프트웨어 구성 분석
  - 모든 사용자의 모든 프로덕션 환경에 대한 상위 접근 권한을 제거한다

크라켄 팀은 Git 저장소에 몇 가지 멋진 기능을 추가할 수 있었다. 이들은 지속적으로 오픈 소스 프로젝트를 사용해서 저장소 소프트웨어의 상태와 품질을 시각적으로 쉽게 인식할 수 있도록 색상으로 표현되는 배지를 만들었다.

미셸은 크라켄 팀의 저장소를 자신의 컴퓨터에서 방문했다. 스크린 중간 부분에 왼쪽에서 약간 떨어진 위치에 배지가 보였다.

이 저장소는 모든 품질 게이트의 상태에 대한 배지를 갖고 있었으며, 이를 통해 가장 최근의 품질 게이트에 대한 통과 여부를 확인할 수 있었다. 첫 번째 배지는 소프트웨어 버전을 나타냈다. 배지 왼쪽 부분은 회색 배경에 흰색 글씨로 'Version'이라고 쓰여 있었다. 배지 오른쪽은 옅은 파란색 배경에 회색 글씨로 '0.0.4'라고 쓰여 있었다.

버전 배지 아래에는 'Unit Test'라고 쓰인 배지가 있었다. 배치 오른쪽에는 녹색 배경에 'PASS'라는 글씨와 확인 마크가 표시돼 있었다. 이어서 몇 개의 배지가 단위 테스트 배지와 마찬가지로 녹색으로 표시돼 있었다. 그 뒤 'Software Composition Analysis'라고 쓰인 배지가 있었다. 오른쪽은 빨간색으로 'FAILED'라고 쓰여 있고, 커다란 X 마크가 표시돼 있었다.

Demo App

- Version 0.0.4
- Unit Test PASS ✓
- Build PASS ✓
- Code Review PASS ✓
- Branching PASS ✓
- SCA FAIL ✗

"오마르, 잠깐 시간 있어요?" 미셸이 방 너머로 오마르를 불렀다.

오마르는 책상에서 일어나 미셸에게 와서 그녀의 스크린을 봤다.

"무슨 일입니까?"

"이 저장소의 소프트웨어 구성 분석Software Composition Analysis은 왜 실패하는 것입니까?"

"봅시다…. 메인의 최신 커밋 번호는 어떻게 됩니까?"

미셸은 웹 브라우저를 클릭해서 한 텍스트를 강조했다. "가장 최신 커밋은 '9349c9b'입니다."

"좋습니다. 그 번호를 복사해 두세요. 다른 브라우저 탭을 열고 https://attestations.investmentsunlimitedbank.com으로 이동하십시오."

미셸이 주소를 입력했다.

"좋습니다. 아까 복사한 번호를 그 상자에 입력하세요." 오마르가 미셸의 화면에 'Enter Commit Number'라는 박스를 가리키며 말했다.

미셸은 그 번호를 박스에 붙여 넣고 'Find Attestation'을 클릭했다. 표가 나타났다. 표에는 행이 하나만 있었다. 미셸은 'View Attestation'을 클릭했다. 화면이 바뀌면서 다른 증명 파일을 모두 표시했다. 'Software Composition Analysis'라는 제목이 나올 때까지 화면을 스크롤했다.

이 부분에는 많은 정보가 있었고, 미셸은 'High', 'Medium', 'Low'라고 표기된 구역을 확인할 수 있었다.

오마르가 각 구역을 가리켰다. "이 리스트들은 CVE^{Common Vulnerabilities and Exposure}를 나타냅니다. 바로 여깁니다." 오마르는 화면을 읽으면서 말했다. "이 CVE-2021-44229 항목은 'Critical'입니다. 정책적으로 critical 또는 high 카테고리에는 어떤 CVE도 있어서는 안 되죠."

"이 CVE가 무슨 의미인지 아십니까?" 미셸이 물었다.

"아니요, 어떤 건지 찾아봐야 합니다. 하지만 긍정적으로 보면 터보 유레카가 동작하고 있다는 거예요!"

"저도 그렇게 생각해요." 미셸이 대답했다. "좋습니다. 정보 주셔서 감사해요."

오마르는 몸을 돌려 자신의 자리로 돌아갔다.

미셸은 증명 웹 사이트를 조금 더 스크롤하며 살펴봤다. 그녀는 그들이 수집한 모든 정보와 그들이 구현한 통제에 감명을 받았다.

몇 시간 뒤, 오마르가 미셸에게 다가왔다. "제 트위터 피드를 봤는데, 이것은 새로운 Java 취약점에 의한 문제인 것 같아요. 오늘 아침에 봤던 CVE 기억하나요?"

"피드를 남긴 사람은 누구죠?" 미셸이 물었다.

"여기예요. 일종의 보안 기업인 것 같습니다." 오마르가 자신의 스마트폰을 보여주며 말했다. "트위터에서 엄청나게 퍼져 나가기 시작했어요. 오늘 아침에 물어봤던 CVE를 다시 한번 열어보겠습니까?"

"네, 잠시만요." 미셸은 랩톱을 열고 증명 웹 사이트를 다시 열었다.

"오, 그렇네요! 같은 CVE입니다!" 미셸이 소리쳤다.

"배리는 아무 말도 하지 않았습니까?" 오마르가 물었다.

"전혀요. 연락해서 확인해 보겠습니다." 미셸은 스마트폰을 집어 들고 메시지를 입력했다.

배리, 이 새로운 심각한 CVE에 관해 들은 것이 없습니까? Java 취약점인데 트위터에서 난리가 났습니다.

오마르는 자신의 자리로 돌아갔다.

미셸은 잠시 배리의 응답을 기다리다가 아무런 답변이 없자 퇴근해 집으로 향했다. 내일 배리에게 응답이 오면 이야기를 나눌 수 있을 것이다.

"음, 나는 과일 플레이크가 제일 좋아." 미셸이 말했다.

"엄마, 아니에요. 땅콩버터랑 초컬릿 퍼프가 더 맛있어요." 미셸의 아들 중 하나가 아이스크림을 빠르게 입에 넣었다.

"거기에는 동의하지 않을 수가 없네." 그녀의 아내가 말했다.

미셸은 아이들과 아내와 함께 레볼루션 아이스크림^{Revolution Ice Cream}에 있었다. 아이들은 얼굴에 아이스크림을 잔뜩 묻히고 있었다. 그들의 셔츠에도 아이스크림이 잔뜩 묻어 있었다.

미셸의 스마트폰이 소리를 내며 떨렸다. "아니지." 그녀는 전화기를 들며 말했다. "과일 플레이크가 항상 최고지." 미셸은 지갑 아래 둔 스마트폰을 들어 메시지를 확인했다.

미셸, 전화 좀 해주겠습니까? 배리였다. 배리가 미셸에게 문자 메시지를 보낸 것은, 그것도 몇 시간 후에 보낸 것은 이례적이었다. 그는 이메일을 선호했다. 심지어 채팅에도 익숙지 않았다. 미셸은 긴장했다.

가족과 밖에 나와 있습니다. 내일 연락해도 되겠습니까? 미셸이 답장을 보냈다. 어떻게 대답해야 하는지는 알았지만, 귀찮게 하지 말라고 정중하게 말하는 그녀의 방법이었다.

저도요. 하지만 기다릴 수 없습니다. 배리가 짧게 대답했다.

"이런, 별일 아니어야 하는데…" 미셸이 중얼거렸다. 얼마 전 겪었던 리프트 앤드 시프트 오메가 사태의 악몽이 떠올랐다. 그 일이 다시 일어나는 걸까? 그녀와 팀은 애플리케이션에 상당한 리팩터링을 했다. 그날 일찍 배리에게 질문했던 CVE를 기억했다.

아내가 그녀를 바라봤다. "무슨 문제가 있는 거야?"

"아이들 좀 잠깐 봐 줄래? 전화 좀 해야 할 것 같아. 직장에서 뭔가 일이 있었는데 확인해봐야겠어."

"그래, 다녀와."

"고마워." 미셸은 문을 나서며 말했다.

"미셸, 우리는 지금 쓰레기 더미 위에 신발도 없이 서 있습니다." 배리가 미셸의 전화를 받자마자 말했다. "NOC^{Network Operations Center}에서 오늘 일찍 수상한 네트워크 트래픽을 감지했습니다. 루시^{Lucy}가 아침 일찍 전화해서 NOC로부터 전화를 달라는 메시지를 받았다고 했어요. 그리고 이제 막 미셸이 보낸 문자를 봤습니다. 무슨 일이 일어나고 있는 겁니까? 우리가 나누고 있는 이야기와 관련이 있는 게 아닌지 걱정됩니다."

미셸이 대답했다. "당신에게 그것을 물어보려고 했어요. 당신이 보안 담당자니까요. 제가 아는 건 단지…."

배리가 끼어들었다. "미셸, 다시 전화하겠습니다. 뭔가 문제가 있는 것 같아요. 팀에게 전화가 왔습니다."

미셸은 심장이 내려앉는 듯했다. 아이스크림이 거꾸로 튀어나올 정도였다.

아이스크림 가게로 다시 들어간 미셸이 아이들을 보고 말했다. "얘들아, 테이크아웃 컵을 가져오겠니? 돌아가야 할 것 같아." 미셸의 아내가 자리에서 일어나 아이들의 아이스크림 컵을 집어 들었다. "운전 좀 해줄 수 있어? 돌아가는 길에 전화를 몇 통 해야 할 것 같아." 미셸이 덧붙였다.

5분 후 미셸의 전화기가 다시 울렸다. 배리였다.

"어떻게 된 건가요?" 그녀가 물었다.

"상황이 좋지 않습니다. 그 네트워크 소음은 아침에 당신이 보낸 치명적인 CVE와 관련이 있었습니다. 팀은 NOC가 알람에 파묻혔다고 말했습니다. 다른 기업의 친구들에게서 문자를 받았습니다. 곧 얼럿퍼스트^{AlertFirst}의 보안 컨설턴트들과 통화하고 그들이 무엇을 알고 있는지 확인할 것입니다." 배리가 잠시 말을 멈췄다.

"제가 뭘 하면 좋을까요?" 미셸은 오늘 밤에는 랩톱을 열 일이 없길 바라면서 물었다.

"대기해야 하지 않을까요? 얼럿퍼스트의 친구들과 전화를 한 뒤에 좀 더 알 수 있을 것 같습니다." 배리가 말했다.

이후 한 시간 동안 배리는 내부 오피스 커뮤니케이션 채널을 통해 많은 문자 메시지를 보내 최신 상황을 알려줬다. IUI가 컴퓨터 포렌식과 침투 테스팅을 위해 고용한 보안 컨설턴트인 얼럿퍼스트에 따르면, IUI에서 발생한 일은 독립적인 문제가 아니었다. 전 세계적으로 확산 중인 문제였다.

곧 해당 취약점에 대한 뉴스가 널리 펴졌고, 소셜 미디어의 트렌드가 될 정도였다. 전 세계 기업들은 혼란스러워하며 대응하고 있었다. 모든 부문의 기술 팀이 하나의 이슈를 해결하기 위해 총력을 기울였다. 마치 누군가 기술 업계의 모든 것에 대한 '일시 중단' 버튼을 누른 것 같았다.

밤이 되면서 이 취약점은 널리 퍼져 있음에도 찾아내기가 어려웠다. IUI의 NOC 팀이 취약한 애플리케이션에 대한 대응을 마쳤다고 생각할 때마다 새로운 취약점이 나타나거나, 서드파티 소프트웨어에서 새로운 패치를 게시했다. IUI는 모든 작업을 중단하고 취약점을 없애기 위해 노력했다.

9월 2일 금요일

"미셸, 우리 보안 컨설턴트들이 흥미로운 것을 발견했네요." 루시가 말했다. 루시는 IUI의 보안 팀원이며, IUI의 중앙 로깅 플랫폼에 관한 전문가였다. 이 플랫폼은 IUI가 통제하는 애플리케이션과 하드웨어에서 만들어내는 모든 데이터를 수집하는 데 사용됐다.

그녀는 미소를 짓고 있었다. 도전을 즐기고 있음이 분명했다. 반면 NOC 및 IUI 기술 팀 사람들은 마치 울창하고 위험한 정글을 헤치고 살아남은 것 같은 얼굴로 있었다.

"무슨 일입니까?" 미셸은 더 나쁜 소식은 아닐지 걱정하는 마음으로 조심스럽게 물었다.

"어젯밤 늦게까지 얼럿퍼스트의 컨설턴트들과 전화로 이야기를 나눴어요." 루시는 늦은 밤 통화가 귀찮기는커녕 흥분됐다는 듯한 표정으로 답했다. "NOC가 일단 지혈은 했지만, 환자는 아직 심각한 상태예요. 미셸, 당신도 알다시피 이건 치명적인 취약점이고, 아직 치료법을 찾지 못했습니다. 사실 아무도 해결책을 찾지 못하고 있어요. 그저 위험 통제만 하고 있을 뿐이죠."

루시가 말을 이었다. "어쨌든 얘기하고 싶은 건…. 이 취약점의 원인이 특정한 Java 라이브러리로 보인다는 거예요. 얼럿퍼스트의 컨설턴트들도 그렇게 생각하고 있습니다. 이것을 확인하는 데 미셸의 도움이 필요합니다. 이 의존성에 관해 애플리케이션을 확인하는 것을 도와줄 수 있겠습니까?"

루시가 전날 밤에 적은 메모를 찾고 있을 때, 배리와 안드레아가 루시와 미셸의 대화를 들으려 다가왔다. IUI의 모든 사람이 이 사건에 깊이 관여됐다. MRIA가 여전히 위협적으로 남아 있는 현 상황에 침해를 허용할 수는 없었다.

미셸이 대답했다. "흠, 그건 상당히 일반적인 종속성입니다. 더 좋은 소식을 전해주고 싶지만, 이것을 모두 찾는 데는 꽤 시간이 걸릴 수 있어요.

오마르, 이 종속성에 관해 우리 애플리케이션들을 교차 확인할 수 있습니까?"

오마르가 Git 저장소를 불러오기 시작했고, 다른 사람들은 도움 줄 수 있는 게 없을지 생각하며 어색하게 서 있었다. 이건 그저 시간이 걸리는 일이다.

"그럼, 기다리는 동안 이것에 관해 좀 더 이해하고 싶은데요. '종속성'이란 무엇입니까?" 안드레아가 물었다.

미셸이 안드레아를 바라봤다. "우리 애플리케이션에서 사용한 오픈 소스 라이브러리를 가리킵니다."

"오픈 소스 라이브러리?"

"음, 소프트웨어 엔지니어링이란 본질적으로 코드를 작성하는 일입니다. 마치 케이크를 굽는 설명서와 같은 것입니다. 아주 복잡한 케이크죠." 미셸은 오마르의 어깨너머를 보면서 초조한 듯 발로 바닥을 두드렸다.

"케이크를 굽는 방법은 다양할뿐더러 여러 단계가 있습니다." 그녀가 말을 이어갔다. 안드레아는 그녀의 말을 주의 깊이 들었다. "우리는 많은 코드를 직접 작성할 수 있습니다. 직접 레시피를 작성한다고 생각하면 됩니다. 하지만 다른 사람의 레시피를 가져와서 시간과 노력을 절약할 수도 있죠. 이미 코드가 공개돼 있는데, 굳이 그 코드를 다시 발명할 필요는 없잖아요? 우리는 공개된 코드 저장소에 저장된 '공개된' 소프트웨어를 사용하거나 '라이브러리'라고 부르는 소프트웨어의 번들을 사용할 수 있습니다. 우리는 모두 이러한 라이브러리에 의존하고 있어요. 이것이 애플리케이션의 종속성입니다."

"아, 우리 케이크를 굽기 위해 다른 사람의 레시피를 가져온단 말이군요?"

"바로 그거예요." 미셸이 대답했다.

다들 오마르가 랩톱에서 Git 저장소를 확인하는 모습을 지켜봤다. 해당 종속성을 가진 애플리케이션을 찾을 때마다 애플리케이션 이름 옆에 체크 표시를 했다. 목록은 빠르게 늘어났다.

미셸이 물었다. "오마르, Java 저장소만 확인할 수는 없나요?"

"이름만으로는 쉽게 알 수 없습니다." 오마르가 대답했다.

"그럼 저장소를 열고 그 저장소에서 Java를 사용한다면, 그 애플리케이션이 해당 종속성을 사용하는지 알 수 있을까요?" 미셸이 다시 물었다.

"우리 코드가 이 종속성을 직접적으로 사용하는지는 확인할 수 있을 것 같습니다. 하지만 이것이 '전이적 종속성^{transitive dependency}'인지는 쉽게 알 수 없을 거예요." 오마르가 대답했다.

"전이적 종속성이요?" 안드레아가 물었다.

"기본적으로는 우리가 빌린 레시피가 이미 다른 곳에서 빌린 레시피일 경우죠. 다른 사람의 레시피 일부를 빌린 것과 같습니다." 미셸이 다소 좌절한 듯 말했다.

안드레아가 궁금한 눈빛으로 미셸을 바라봤다.

"케이크에 바닐라 아이싱^{icing}을 하고 싶어 한다고 가정해 보겠습니다. 하지만 아이싱을 처음부터 만들고 싶지는 않습니다. 그래서 가게에서 미리 준비된 아이싱을 구입합니다. 그런데 그 아이싱을 만든 회사 역시 바닐라 향을 직접 만들고 싶지 않아서 다른 곳에서 구입합니다. 이게 전이적 종속성입니다."

"그럼 아이싱에 사용된 바닐라 향이 좋지 않으면 내 케이크도 나빠지고, 그걸 내가 통제할 방법은 없다는 거죠?" 안드레아가 물었다.

루시가 외쳤다. "맞습니다. 이건 소프트웨어 공급망 문제입니다. 아이싱 회사가 오염된 바닐라 향을 샀을 때와 똑같은 상황이죠." 루시는 흥분으로 금방이라도 터질 것처럼 보였다. 그런 사람은 그녀뿐이었다. 다른 사람들은 한 주 정도 휴가를 떠나 한적한 해변에서 보내는 시간이 필요해 보였다.

"공급망은 생산 흐름 전체를 의미합니다. 제품을 전달하기 위해 관련된 모든 것을 포함합니다. 사람, 자제, 제품을 만드는 활동을 모두 포함하지요. 마치 바닐라 아이싱이 들어간 케이크를 만드는 것과 같은 이치입니다. 다른 점은 케이크가 아니라 소프트웨어에 관해 이야기하고 있다는 거죠."

안드레아는 잠시 흥분한 모습이었다. "이거 정말 흥미롭습니다."

"진심입니까?" 오마르가 장난스러운 말투로 물었다.

루시는 오마르를 무시하고 안드레아와 대화를 계속했다. "문제는…. 제가 케이크나 바닐라 아이싱을 사러 갈 때 바닐라 향을 생산한 사람에 관해 묻지 않을 거라는 점이죠. 심지어 아이싱 회사나 식료품점도 그에 관해 모를 수 있습니다!"

"맞습니다." 빌이 대답했다. "저는 그런 생각조차 하지 않습니다. 제가 물건을 구매하는 가게를 신뢰하기에 그들이 나쁜 바닐라나 나쁜 종속성을 가진 소프트웨어를 사지 않을 거라고 믿어요."

"좋은 포인트군요." 루시가 말했다. "가게를 신뢰하기에 케이크의 전체 공급망을 암묵적으로 믿는 거예요. 공급망에 관여하는 모든 사람, 활동, 자원을 신뢰하는 셈입니다."

"소프트웨어도 마찬가지예요. 소프트웨어 벤더를 믿는다는 것은 소프트웨어 전체 공급망을 믿는 것입니다." 빌이 덧붙였다.

"주제를 조금 바꿔보죠" 안드레아가 논의에 다시 참여했다. "개발자들은 벤더가 제공하는 소프트웨어보다 오픈 소스 프로젝트를 더 신뢰하는 것처럼 보입니다."

"자연스러운 거 아닌가요? 오픈 소스 프로젝트의 코드는 누구나 볼 수 있으니까요!" 오마르가 목록에 애플리케이션을 천천히 추가하면서 덧붙였다.

루시는 질문으로 응했다. "정말 그렇게 생각하세요? 다른 분들은 어떤가요?"

모두가 서로를 쳐다봤다. 미셸은 루시의 질문에 어떤 함정이 있는 것 같앉지만 이유를 정확히 알지는 못했다.

"다소 의뭉한 질문 같습니다." 안드레아가 대답했다.

"오마르의 말이 맞습니다." 빌이 말했다. "누구나 오픈 소스 코드를 볼 수 있고 검토하고 테스트할 수 있습니다. 반면에 클로즈드 소스closed source 는 그 소프트웨어를 만든 제조사에 의존하게 됩니다. 코드 안에 무엇이 있는지 알 수 없으니 말입니다."

"동의합니다." 안드레아가 큰 소리로 말했다.

"저도 그렇게 생각합니다." 미셸이 말했다.

"저도 마찬가지입니다." 오마르가 말했다.

"음, 제 생각에는 여러분이 틀린 것 같습니다. 오픈 소스는 클로즈드 소스보다 좋은 것도, 나쁜 것도 아닙니다. 여러분은 많은 사람이 오픈 소스를 검토하고 있다고 가정하고 있습니다. 하지만 그건 가정일 뿐입니다. 사실인지 아닌지 알 수가 없죠. 이것은 '책임 확산'이라고 부르는 현상의 예입니다." 루시는 학문적으로 말했다.

"잠깐만요!" 오마르가 목록 작성을 멈추고 의자를 돌렸다. "오픈 소스가 공개돼 있어도 클로즈드 소스보다 안전할 가능성은 없다는 겁니까?"

"정확하게 제가 하고 싶은 얘기입니다. 여기에서 책임 확산이 나타납니다. 책임 확산이란 구경꾼이 늘어남에 따라 각각의 구경꾼이 느끼는 책임감이 줄어드는 상황을 말합니다. 결과적으로 각 개인이 도움을 제공하는 경향 또한 줄어들게 되죠. 오픈 소스 프로젝트에서 해당 프로젝트를 사용하는 사람들은 오픈 소스 프로젝트 팀 혹은 다른 사람들이 그 프로젝트의 품질을 어느 정도 보장한다고 가정합니다. 그 프로젝트를 사용하는 사람 모두가 그렇게 생각한다면 사실상 아무것도 검토하지 않게 돼 버리는 거예요." 루시가 말했다.

"루시, 배가 고파서인지 잠이 부족해서인지 모르겠지만, 이것과 우리가 다루고 있는 종속성 문제와 어떤 관련이 있는지 이해가 되지 않아요." 미셸이 격하게 반응했다.

"맞아요, 종속성! 이야기가 다른 길로 샜습니다. 제 말은 그저 이것이 정말 흥미롭다는 거예요."

오마르는 미셸에게 날카로운 시선을 보내고는 자신의 랩톱 앞으로 돌아갔다. 그도 그렇게 생각하지 않는 게 분명했다.

"우리는 보안 회사와 이야기를 나누면서 이 문제를 일으킨 종속성이 오픈 소스 프로젝트라고 생각하고 있습니다. 하지만 소프트웨어 공급망에 대한 공격 여부는 아직 확실하지 않아요." 루시가 설명했다.

"어떻게 공급망을 공격할 수 있습니까?" 안드레아가 물었다.

"공급망 안에서 누군가에 의해 발생하는 문제는 의도치 않은 것일 수도 있고, 악의적인 것일 수도 있습니다." 루시가 말했다. "예를 들어 우리가 계속 이야기하고 있는 바닐라를 생각해보자고요. 바닐라 제조 업체가 장비를 제대로 청소하지 않았거나 생산 라인에 박테리아 문제가 있었다면 그 제조 업체의 바닐라를 사용한 모든 케이크는 사람들을 병들게 할 수 있습니다. 그 제조 업체의 바닐라를 구매한 사람이 누구인지, 그들이 어디에 있었는지에 따라 전 세계 사람들에게 영향을 미칠 수도 있어요. 악의를 가진 누군가가 바닐라에 독을 타서 같은 문제를 일으킬 수도 있고요. 결과적으로 많은 사람이 피해를 보게 되는 거죠." 루시가 설명했다.

"지금의 종속성 문제처럼 소프트웨어 공급망도 같은 원리가 작용할 거로 생각해요. 단지 코딩 오류 혹은 릴리스 이전에 잡지 못한 버그일 수도 있죠. 하지만 누군가 프로젝트에 악성 코드를 악의적으로 삽입했다면, 소프트웨어 공급망을 공격할 수 있게 되는 겁니다." 루시가 말했다.

"아, 이해했어요." 안드레아가 말했다. "어떤 이유로 인해 이 종속성에 결함이 발생했지만 간과됐습니다. 모두가 그냥 좋다고 믿었기에 확인되지 않은 채, 이 결함은 소프트웨어에 스며들었습니다. 아버지가 종종 하시던 말씀이 떠오르네요. '지옥으로 가는 길은 선의로 포장돼 있다'라고 하셨죠."

"유일하게 이해가 되지 않는 건 이것을 어떻게 예방할 수 있었느냐입니다." 오마르가 의자를 한 번 더 돌리며, 영향을 받은 애플리케이션들의 긴 목록을 루시에게 건네며 말했다. "더 잘할 수 있던 이유가 뭘까요? 우리가 직접 소프트웨어를 만들 때 이를 확인할 수 방법이 있습니까?"

"완벽한 질문이에요!" 루시가 답했다. "하지만 그 질문에 대한 답은 없습니다."

"여러분!" 누군가 방 한쪽에서 외쳤다. "상사들이 점심으로 출장 뷔페를 준비했습니다. NOC에 가서 함께 드시죠."

"미셸이 가장 앞에 섰으면 좋겠습니다. 서서히 배고픈 괴물로 변하고 있으니까요." 오마르가 농담조로 말했다.

미셸은 눈을 가느다랗게 뜨고 오마르를 흘겨봤다.

10장

9월 21일 수요일

IUI 팀이 공급망 문제를 통제하는 데 몇 주가 걸렸다. 영향을 받은 모든 소프트웨어를 식별한 후에 쉽게 해결될 거라 예상했으나 생각처럼 되지 않았다.

때로 명확한 여정인 듯 보였지만, 명확한 여정을 짧은 거리로 착각함에 따른 혹독한 교훈을 얻었다. 팀은 주말을 포함해 몇 주 동안 이 문제와 씨름해야 했다. 터보 유레카에 집중할 시간을 빼앗기기도 했다. 그들만이 아니었다. 전 세계의 모든 기술 조직이 몇 주 동안 그 영향을 받는 애플리케이션을 찾아내느라 고군분투했다. 미셸은 처음 경험하는 일이었다.

IUI 내부에서는 외부 엔지니어링 기업을 통해 터보 유레카 프로젝트를 지원해야 한다는 목소리가 점점 커졌다. 크라켄 팀이 무엇을 하든 관계없이 무지성으로 비판하는 사람들이 한꺼번에 나타났다. 비난, 원망, 때로는 욕설까지 쏟아져 크라켄 팀 구성원들에게 감정적 상처를 입혔다. 미셸도 상처를 피할 수 없었다.

그녀는 자신과 크라켄 팀이 모종의 은총에서 떨어져 나온 것처럼 느꼈다. 자동화된 거버넌스 도구들을 통해 이뤄낸 모든 노력과 진척은 임박한 마감 기한에 완전히 묻혀 버렸다. 그들은 자바 종속성을 가진 모든 인스턴스에 패치를 적용해 최근 발생한 문제를 완화했지만, 향후 소프트웨어 공급망 취약성을 피하는 방법을 찾기란 더욱 어려워졌다. 상황은 한층 악화됐고, 엔지니어들이 이직을 고려하며 다른 직장을 찾노라는 말이 미셸의 귀에 속속 들려왔다.

수요일 오후가 됐다. 미셸은 루시가 던전으로 들어오는 것을 봤다. 새로운 취약성이 나타나 일정을 크게 지연시키는 건 아닐지 하는 걱정에 심장이 두근거렸다. 그러나 루시의 얼굴에는 미소가 가득했다.

빌, 미셸, 배리, 안드레아, 오마르는 두 개의 스탠딩 테이블 주변에 서서 터보 유레카 자동화 거버넌스 도구의 다음 이터레이션에 관한 조치를 검토하고 있었다. 루시가 다가오면서 농담처럼 말을 건넸다. "이 스탠딩 책상이 말할 수 있다면 참 좋을 텐데요! 두뇌위원회 자문들이 머리를 모아 열중하는 것 같네요."

"혐오에 더 가까운데요." 미셸이 대답했다. "배포 프로세스를 위해 더 많은 게이트를 자동화했지만, 제품에 대한 확신은 아직 없습니다. 외부에서 컨설턴트를 데려온다는 이야기가 계속 나오고 있어 미치겠어요."

"저도 그렇습니다." 빌이 말했다. "컨설턴트를 불러 달라는 말을 반복하면서 제 기운을 빼앗으려는 것 같습니다. 언젠가 제 입에서 '네, 컨설턴트들이 내일 옵니다'라는 말이 나올 것을 기대하면서 말이죠. 컨설턴트들이 지팡이를 휘두르면 마법처럼 모든 문제가 사라질 거라 여기면서요."

"소프트웨어 공급망 분석 도구에 관한 몇 가지 자료를 읽어 봤습니다." 루시가 말했다. "여러분이 만든 자동화된 거버넌스를 사용하면 미래의 공급망 관련 이슈에 도움을 줄 수 있는 더 많은 것을 할 수 있을 것 같습니다. 지속적인 통합에 대한 게이트로서 SBOM을 생성하는 것에 관해 혹시 생각해봤나요?" 루시가 물었다.

"S 폭탄? F 폭탄 같은 건가요?" 오마르가 물었다.

"SBOM이란 소프트웨어 부품 목록Software Bill Of Material을 가리킵니다."

"아닙니다, 아직 고려해보지 않았습니다." 미셸이 대답했다. "그런데 최근 그 용어를 더 많이 듣게 되네요."

"SBOM이 무엇인지 좀 알려 주십시오." 오마르가 말했다.

루시가 대답했다. "SBOM이란 소프트웨어를 구축하는 데 사용되는 모든 구성 요소의 목록입니다. 저희가 얼마 전에 겪은 문제와 같은 거죠."

"떠올리게 하지 마세요." 미셸이 앓는 소리를 냈다.

"정말 그게 다예요? 그건 이미 갖고 있습니다. 자바에서 메이븐을 통해 빌드할 때 사용하는 POM[1] 파일이라는 게 있습니다." 오마르는 설명에 신경 쓰지 않고 대답했다.

"음, 그렇기도 하고 아니기도 해요." 루시가 모호하게 대답했다.

"네? POM 파일이 정확히 같은 것입니다. 제 말의 어디가 틀렸다는 것입니까?" 오마르가 마치 루시를 재판정에 세운 듯 질문했다.

"음, 그 아이디어 자체는 이미 오래전에 있었습니다. 물론 처음에는 소프트웨어 구성 요소의 라이선스를 추적하는 방법으로 간단하게 사용됐습니다." 루시는 오마르의 질문에 답변하지 않고 말을 이었다. "최근에는 공급망 취약점 문제가 증가하면서 SBOM이라는 개념이 생겼고, 이는 산업 전반에 걸친 인식 제고를 위한 요소로도 사용되고 있습니다. 소프트웨어의 품질에 대한 인식을 높이려는 것입니다. 대부분의 노력은 오픈 소스 소프트웨어에 집중돼 있지요. 하지만 솔직히 말해 너무 많은 사람이 이를 은탄환처럼 사용하려고 하는 것 같습니다."

"미국 상무부US Department of Commerce에 따르면 SBOM은 소프트웨어의 공식적이고 기계 판독이 가능한 재고 정보로 구성 요소 및 종속성에 관한 정보, 계층 관계를 담고 있습니다. 2021년 5월 12일 미국 대통령은 국가 사이버 보안 개선을 위한 행정 명령을 발표했습니다. 이 행정 명령은 상업 소프트웨어 제공 업체에 SBOM을 제공하도록 요구하며, 연방 기관이나 규제 기관이 상용 소프트웨어의 종속성으로부터 신속하게 취약점이나 위협을

---

1   POM(Project Object Model, 프로젝트 객체 모델)은 메이븐을 사용할 때의 작업 단위다. 하나의 XML 파일로 구성되며, 해당 파일은 프로젝트와 메이븐이 해당 프로젝트를 빌드하는 데 사용할 세부 구성 사항을 포함한다.

식별할 수 있도록 하고 있습니다. 또한 상용 소프트웨어를 사용하는 기업이 소프트웨어를 설치하기 전에 종속성을 확인할 수 있도록 하는 역할을 합니다."[2]

"좋습니다. 하지만 제가 틀렸다고 한 이유는 아직 말해주지 않았어요." 오마르가 반박했다.

"SBOM은 소프트웨어 구성 요소와 종속성에 대한 포괄적인 목록입니다. 오마르, 애플리케이션을 작성하는 사람의 시각에서 보는 POM 파일에 있는 주요 종속성뿐만 아니라 버전 번호, 종속성 출처와 같은 추가 정보를 포함한 모든 전이적 종속 목록이어야 합니다. 즉, 이것은 전체 종속성 트리, 다시 말해 어떤 것이 무엇을 사용하는지에 관한 **가계도**입니다."

"아…. 훨씬 복잡하군요." 오마르가 항복하는 듯 말했다.

루시는 말을 이었다. "거기서 끝이 아닙니다. 제가 생각하기에 SBOM에는 소프트웨어가 실행되는 기기, 해당 기기에서 실행 중인 운영 체제의 버전, 그 기기의 위치 등도 포함돼야 합니다. 심지어 여러분의 소프트웨어와 함께 실행 중인 기기에 설치된 다른 소프트웨어까지 말입니다."

"그게 바로 우리가 가진 CMDB^Configuration Management DataBase, 즉 구성 관리 데이터베이스가 하는 일 아닙니까?" 빌이 물었다.

"CMDB요?" 루시가 웃음을 터뜨리며 말했다. "CMDB에 대한 제 솔직한 생각은 차치하고, 대략적으로는 맞습니다. CMDB의 아이디어는 소프트웨어와 하드웨어 자산이 상호 작용하는 방식을 논리적으로 표현하는 것입니다. CMDB의 문제는 대개 업데이트된 순간부터 오래됐다는 것입니다. 경험상 CMDB를 완전히 믿을 수 있는 회사에서 일한 적은 없던 것 같습니다. 기술적인 현황을 잘 나타내는 가장 좋은 추정치였지만, 늘 100% 정확하지는 않았습니다. 게다가 대부분은 조금도 아니고 많이 틀렸죠."

---

2 미국의 사이버 보안 향상에 관한 행정 명령은 부록 6을 참조하라.

빌이 대답했다. "좋습니다. CMDB의 유지 관리 방식은 문제가 있을 수 있지만, 개념적으로는 유사하다고 생각합니다."

"네, 그 부분은 동의합니다."

"그럼 SBOM은 어떻게 만들어야 하죠?" 오마르가 물었다. "정보가 매우 많고, 얻기 어려울 수도 있습니다. 그리고 그 일은 누가 합니까, 누가 그 일을 할 시간이 있겠습니까?"

루시가 말했다. "SCA[3] 도구가 이 작업을 수행하지 않습니까? 명시적으로 SBOM이라고 부르지는 않을 것이고, 대개 **의존성 트리** 또는 **의존성 분석**이라는 이름으로 부를 것입니다. 일반적으로 이 도구는 의존성 트리를 확인하고 해당 의존성 및 버전에 대한 CVE를 확인합니다."

"실제로 그렇게 하고 있습니다. 우리는 지금 자동화된 거버넌스의 SCA 품질 게이트에서 이 보고서를 사용하고 있어요." 미셸이 대답했다.

"좋은 소식입니다. CycloneDX 또는 SPDX처럼 업계에서 합의된 형식이 있습니다. 우리가 보유한 데이터를 사용해서 그런 형식에 맞춰 SBOM을 만들기는 어렵지 않을 겁니다." 루시가 대답했다.

"잠깐, 이게 어떤 의미인지 전혀 모르겠습니다. 루시, 당신은 이미 우리가 수행하고 있는 작업을 다시 요구하고 있어요. SCA 도구를 사용해 빌드 시간에 취약점을 확인하라는 말이죠?" 오마르가 중간에 끼어들었다.

"거의 맞아요. 단, 의존성을 한 번 스캔하는 것으로는 충분하지 않습니다. 의존성을 스캔하는 시점에서는 취약점이 없을 수도 있어요. 스캔 당시에는 아무도 알지 못했기 때문이죠. 하지만 언제든 새로운 취약점이 발표될 수 있고, 그 취약점에 대해 알려면 적어도 한 번 이상의 빌드를 수행해야만 합니다. SCA를 사용하는 것과 관련된 문제는 코드가 변경돼 빌드할 때만 스캔을 수행한다는 점입니다." 루시가 대답했다.

---

3 SCA(Software Component Analysis, 소프트웨어 구성 요소 분석)에 대한 자세한 설명은 부록 5를 참조하라.

"아하!" 오마르가 눈을 반짝이며 말했다. "알겠습니다! 우리가 운영 중인 옛날 소프트웨어는 더 이상 개발을 수행하지는 않지만, 취약점이 생길 수도 있다는 거군요. 그리고 그 소프트웨어들을 최근에는 스캔하지 않았기 때문에 취약점 여부는 모른다는 거죠!"

오마르는 자신의 생각을 되짚으며 몸을 부르르 떨었다. 그가 정신을 차리고 물었다. "알겠어요, 그런데 이것과 SBOM이 어떻게 연결된다는 거죠?"

"음, SBOM은 우리가 이전에 논의한 것처럼 모든 의존성에 대한 목록입니다. 그래서 스캔할 때는 소프트웨어를 다시 빌드할 필요 없이 간단하게 새로 발표된 모든 취약점을 SBOM에 대해 스캔해서 영향 여부를 확인할 수 있습니다. 또한 이를 활용해서 예방 차원에서 오래된 의존성을 업그레이드하거나 여러 위치 또는 제품에서 사용되는 취약한 의존성을 대체할 수도 있습니다." 루시가 말했다.

"좋아요, SBOM은 지도와 같은 역할을 하는군요. 하나의 의존성에 새로운 사건이 발생하면, 예를 들어 새로운 CVE가 등장한다면 지도를 사용해서 그것을 쉽게 찾을 수 있고 어떤 도로가 거기에 연결돼 있는지 확인할 수 있죠. 그리고 이 정보를 사용해 대응 조치를 할 수 있을 것 같습니다." 오마르가 말했다.

"맞습니다." 루시가 대답했다. "우리는 이것을 예방 통제와 탐지 통제로 구분하기도 해요. 예방 통제는 뭔가 나쁜 것이 일어나는 것을 막기 위해서 하는 일입니다. 빌드 시 품질 게이트가 이 역할을 책임지고 있습니다. 탐지 통제는 SBOM과 같은 것을 포함해 시스템이 주변의 변화, 예를 들어 의존성과 같은 것이 변화하는 상황에서도 여전히 컴플라이언스를 준수하는지 확인하는 일입니다. 프로덕션의 소프트웨어 자체는 변경되지 않을 수도 있지만, 취약점이 발견될 수 있습니다. 쉬는 시간과 실행 시간에 컴플라이언스를 확인함으로써 이런 새로운 상황을 탐지할 수 있습니다."

"좋은 생각이 떠올랐습니다." 오마르가 말했다. "새로운 그래프 데이터베이스를 가지고 놀고 있었는데요. SCA 도구에서 의존성 목록을 저장하는 것과 의존성을 검색할 수 있는 기능을 구현할 수 있을 것 같습니다. 그렇게 하면 이런 일이 다시 발생했을 때 의존성을 질의하는 것만으로 어떤 시스템이 영향을 받는지 확인할 수 있을 것입니다."

"오, 맘에 드는데요?" 미셸이 눈을 반짝이며 흥분해서 말했다. "저는 항상 엔지니어들에게 최신 의존성으로 업데이트하도록 주지시키고 있습니다. 오마르가 말한 것을 활용하면 누가 자신의 의존성을 최신 상태로 유지해야 하는지 확인할 수 있을 거예요. SBOM 데이터에 특정한 분석 기법을 적용해서 팀이 소프트웨어를 개발하는 데 사용할 기술을 명확하게 파악하고, 어떤 프레임워크에 노력을 투자해야 할지 의도적으로 결정하는 데 도움을 줄 수 있을 것 같습니다!"

"그렇게 좋은 아이디어는 아닐 수도 있지만 말입니다." 오마르가 유머러스하게 말했다. "진지하게 말씀드리는데, 일주일 정도 후에 MVP를 준비할 수 있을 것 같습니다."[4]

9월 30일 금요일

늘 그랬듯이 일주일 정도 걸린다는 작업은 2주 가까이 걸렸다.

금요일 아침, 미셸은 오마르의 책상으로 달려들었다. 오마르는 어젯밤 프로토타입을 완성했고 미셸에게 처음으로 보여주기를 원했다.

"CVE-2020-17530을 찾아서 어떤 결과가 나오는지 보십시오." 미셸이 그에게 요청했다.

"오, 와우! 제가 만든 프로토타입에 버그가 있는 것이 아니라면 정말 많

---

4 OWASP의 '의존성 트랙(Dependency Track)'은 인기 있는 오픈 소스 SBOM 관리 플랫폼으로, 조직이 소프트웨어 공급망에서의 위험을 식별하고 줄일 수 있도록 도와준다.

은 결과가 나옵니다." 오마르가 대답했다.

"아니, 그건 놀랍지 않습니다. 나중에 설명하겠습니다. 우선 데모부터 시작하죠. 나가서 다른 사람들을 불러오겠습니다." 미셸이 달려나가며 말했다.

약 30분 후 던전의 스탠딩 테이블에 모두가 모였다. 빌이 가장 마지막으로 도착했다.

"다들 안녕하셨습니까?" 미셸이 말했다.

"오마르가 동화를 들려준 게 아니라면 여러분에게 좋은 진척이 있는 듯한데요." 빌이 말했다.

"그렇게 생각하고 있습니다. 하지만 판단은 여러분에게 맡기겠습니다. SBOM에 대한 우리의 접근 방식은 이렇습니다." 미셸이 오마르에게 바통을 넘겼다.

오마르는 지금까지의 지속적인 통합 프로세스에 관해 모두에게 안내했다. 코드 리뷰나 단위 테스트 같은 게이트들은 빠르게 통과했다. 그리고 SCA 게이트에 관한 설명을 시작했다. 오마르는 SCA 게이트 이후에 SBOM 절차를 추가했다. SCA 게이트를 통과하면 이후 추가된 프로세스에서는 의존성 트리를 가져와서 오마르의 그래프 데이터베이스에 새로운 레코드를 만든다. 이 작업이 완료되면 지속적인 통합의 나머지 프로세스는 평상시처럼 진행된다.

오마르는 모인 사람들을 돌아보며 그가 제공한 인터페이스에 관해 설명했다. 새로운 CVE가 발표되면 누구나 해당 의존성에 대한 정보를 입력하고 **검색**을 클릭하기만 하면 됐다. 이를 시연하기 위해 오마르는 자신의 컴퓨터에서 새로운 웹 브라우저를 열고, 자신이 만든 새로운 데모 SBOM 검색 사이트로 이동해 'CVE-2020-17530'을 입력했다. 결괏값이 우수수 쏟아졌다.

"이것들은 이 CVE에 의한 영향을 받는 애플리케이션입니다. 여기에는 주요 의존성으로 사용하는 애플리케이션은 물론, 간접적으로 의존하는 애플리케이션도 포함됩니다."

빌이 배리를 바라봤다. "이게 보안상 어떤 의미가 있습니까?"

"이것은 리스크 완화입니다. 이것을 지속적인 모니터링이라고 생각할 수 있습니다. NOC에서 우리가 하는 것과 같습니다. 오마르가 보여준 것은 우리가 애플리케이션을 구성하는 조각들을 지속적으로 검색해 나쁜 부분을 식별하고, 그것이 시스템의 어떤 다른 부분에 영향을 미치는지 확인하는 것입니다. 이것은 소프트웨어 의존성에 의한 취약점이나 공격에 대응하는 시간을 줄여줍니다."

"실시간 공급망 컴플라이언스의 극치라고 할 수 있겠습니다." 안드레아가 덧붙였다. "이제 식별된 소프트웨어 공급망 취약점에 대해 노출된 리스크를 순식간에 평가할 수 있습니다. 이전에는 한 달 전에 저지른 실수를 반복하기만 했습니다. 이제 몇 초 안에 영향을 받는 시스템을 식별하고, 리스크 완화를 위한 통제 절차를 즉시 시행할 수 있습니다. 또한 리스크 관리를 사전에 실행할 수 있게 됐습니다. 각 구성 요소의 새로운 버전이 나오면, 이를 활용해서 최신 버전으로 업데이트해야 할 모든 시스템을 식별할 수 있습니다. 소프트웨어 의존성을 최신 버전으로 유지하는 것은 리스크 완화를 위한 첫걸음입니다. 빌드 시간, 휴식 시간, 실행 시간에 컴플라이언스를 강제할 수 있습니다."

배리가 오마르를 보며 말했다. "이건 우리 CMDB에 연결돼 있나요?"

오마르가 얼굴을 붉히며 말했다. "아니, 그렇지 않습니다. 그 방법이 최선이 아니었습니다."

배리는 몹시 당황한 듯했다. "어째서입니까? 우리가 CMDB를 갖고 있는 이유가 바로 이것 아닙니까?"

"검색 가능성이 핵심이었습니다." 오마르가 대답했다. "너무 자세히 설명하지는 않겠습니다. 우리 CMDB는 검색 기능이 제한적이어서 이 문제에 사용할 수 없었습니다. 저는 정교한 그래프 검색 알고리즘을 사용했습니다."

"이봐요, 저는 40년 전에 컴퓨터 과학 학위를 받았습니다. 최신 정보를 따라잡기 위해 노력하고 있지만, 그래프 검색 알고리즘을 사용한 이유는 이해할 수 없군요. CMDB로는 그것을 할 수 없다는 말입니까?" 배리가 말했다.

"네, 유감입니다." 오마르가 사과하는 듯한 어조로 답했다. "그렇습니다. CMDB는 이것을 처리할 수 없습니다. 깊이 우선 탐색을 사용해서 우리는 우리가 작성한 소프트웨어 조각을 가져온 뒤 '이 소프트웨어는 X에 대한 의존성이 있는가?'라고 물어봅니다. 깊이 우선 탐색은 해당 의존성의 의존성, 그다음 의존성까지 순회하면서 질문 대상의 의존성이 주요 의존성인지 아니면 전이 의존성인지 확인합니다. 미로를 탐색하는 것과 유사한 문제입니다. 깊이 우선 탐색은 복잡한 문제를 해결하는 데 도움이 됩니다. 이해되시나요?"

"네. 뭐, 조금씩 다시 기억나기 시작했습니다." 배리가 대답했다.

"자, 그럼…." 오마르가 말을 이었다. "너비 우선 탐색을 사용하면 '어떤 소프트웨어가 X에 대한 의존성을 사용하는가?'라고 물어볼 수 있습니다. 이것은 검색 엔진에 대해 웹 크롤러가 수행하는 작업이나 GPS에 '내 주변에 레스토랑들은 어디에 있는가?'라고 물어보는 것과 유사합니다. 이 각각의 방법은 우리 시스템에 대해 생성된 서로 다른 SBOM의 소프트웨어 의존성 관계를 분석할 수 있도록 해줍니다. CMDB는 이러한 작업을 수행하지 않습니다."

배리는 무슨 말을 해야 할지 몰랐다. 그것은 마치 오마르가 예의를 갖추고 자신의 아이를 못생겼다고 말한 것 같았다. 배리는 자신의 아이가 못생겼다는 걸 인정하고 싶었다.

"좋습니다. 이건 정말 멋집니다. 오마르, 단지 프로토타입일 뿐이지만 가능한 한 빨리 프로덕션 환경으로 가져온다면 정말 특별한 것을 갖게 될 것 같습니다." 빌은 매우 기쁜 목소리로 말했다.

"동의합니다." 안드레아가 말했다.

"외부 감사 팀에 우리의 진척 상황을 알려줘야 하고, 규제 당국에도 다시 업데이트를 해야겠습니다. 오마르, 미셸, 다음 주에 이해관계자들에게 전체 프레젠테이션을 준비하도록 해줘요. 안드레아, 야다에게 이 내용을 간단히 설명하고 최신 상황을 알려 줄 수 있겠습니까?"

"알겠습니다." 안드레아가 대답했다. 모든 사람이 일어나서 나가기 시작했다.

11장

10월 6일 목요일

미셸과 오마르는 긴장했다. 이제 IUI 경영진에게 진행 상황을 보여줘야 했다. 터보 유레카를 완료해야 하는 목표 마감일은 5개월밖에 남지 않았다. 모든 경영진은 규제 당국에 충분한 진척을 보임으로써 MRA를 해결하고, IUI가 어떤 의미에서든 위험에서 벗어나게 하고자 했다.

이 회의에는 IUI 기술 리더십의 여러 중요한 인물이 참여했다. 야다 킹 (CRCO), 팀 존스(CISO), 제니퍼 리무스(CIO, 엔지니어링 부문 수석 부사장), 제 이슨 콜버트(디지털 트랜스포메이션 수석 부사장)도 함께 했다.

공급망 문제로 비난과 압박을 경험한 미셸은 이 데모가 실패로 받아들여지지 않기를 바랐다. 이것은 결국 개념적인 프로토타입이었다. 현재 상황에서는 프로덕션용으로 사용될 게 아니었다. 미셸은 이 데모를 보고 있는 일부 사람들이 비판을 가하고 외부 엔지니어링 팀을 고용하자고 요구했음을 잘 알고 있었다. 이 데모가 실패하면 팀은 더 큰 고통을 겪을 게 불 보듯 뻔했다.

미셸은 프로젝트 터보 유레카의 오리지널 데모를 참조하면서 회의를 시작했다. 초기 프로토타입 이후 몇 주 동안 크라켄 팀이 이를 더욱 발전시켜 새로운 정책을 지원하고 최근의 공급망 문제에 대응했다고 설명했다.

미셸은 참석자들과 화면을 공유하고 첫 번째 데모와 동일한 단계를 실행하기 시작했다. 기능 브랜치에서 풀 리퀘스트를 열고 오마르가 승인을 요청하는 과정을 보여준 다음, CI 파이프라인에서 시각적인 표시를 가져와 다음 단계를 보여줬다.

1. 코드 체크아웃 (30초)

2. 서명 및 빌드 (2분)

3. 단위 테스트 (1분)

4. 정적 코드 품질 스캔 (2분)

5. SCA (소프트웨어 구성 분석) (2분)

6. SBOM (소프트웨어 구성품 목록) (1분)

7. 정적 보안 테스트 (9분)

8. 공개 (1분)

9. 매니페스트 업데이트 (45초)

미셸은 거의 20분에 달하는 파이프라인 데모가 페인트가 마르는 걸 지켜보는 것만큼 흥미롭지 않다는 걸 경험상 알고 있었다. 그래서 청중이 흥미를 잃지 않도록 파이프라인을 시작하고 각 정책이 데모 중에 어떻게 적용되는지 강조하며 설명했다.

"좋아요, 여러분. 이제 흥분할 준비를 하십시오! 방금 파이프라인을 시작했습니다. 실제로는 풀 리퀘스트가 병합될 때 Git 도구에서 빌드가 트리거됩니다. 이 데모에서는 이를 수동으로 수행했습니다. CI 빌드는 코드 빌드가 성공적이고 배포 가능한 아티팩트를 빌드하고 게시할 수 있도록 기업 정책과 표준을 준수하는지 확인합니다. 여기에서 아티팩트란 컴파일돼서 실행할 준비가 된 실제 응용 프로그램 코드를 의미합니다."

"다음으로…" 미셸은 손으로 화면의 코드 리뷰 노트를 가리키며 말했다. "여기서 코드 리뷰는 모든 코드 변경 사항을 캡처하고, 릴리스 브랜치에 대한 변경 사항이 모두 풀 리퀘스트를 통해 이뤄졌는지 확인합니다. 또한, 각 풀 리퀘스트가 코드 작성자 이외에 최소한 한 명 이상에게 승인을 받았는지 확인합니다. 여기에서 중요한 것은 전체적으로 다시 빌드하지 않고도 어떤 변경 사항이 얼마나 많은 승인이 필요한지 조정할 수 있다는 것입니다."

여기저기 사람들이 고개를 끄덕였다.

"이 브랜칭 패턴은 응용 프로그램 팀이 코드 저장소에 변경 사항을 커밋할 때 기업에서 승인된 브랜칭 패턴을 준수했음을 확인한 것입니다. IUI에서는 모든 마이크로서비스 응용 프로그램에 대해 개발자들이 트렁크 기반 개발[1] 또는 짧은 기간의 기능 브랜치를 사용을 요구합니다. 이전에 우리 팀은 복잡한 비표준 브랜칭 패턴을 사용했고, 때때로 잘못된 버전의 코드가 운영 환경에 표시됐습니다!"

"다음은 코드 서명 정책 게이트입니다. 이 게이트는 모든 아티팩트의 체크섬을 확인합니다. 이 체크는 각 아티팩트가 빌드 시간에 디지털 서명돼 신뢰할 수 있는 IUI 빌드 환경에서 생성된 것임을 확인합니다."

"이 과정이 완료되면 단위 테스트 정책 게이트로 이동합니다. 단위 테스트는 응용 프로그램의 단위 테스트의 성공적인 실행과 코드 커버리지를 확인합니다. IUI에는 최소한의 코드 커버리지 표준이 있지만, 각 제품 개발 팀이 IUI 표준 이상의 자체 최소 표준을 정해야 한다고 생각합니다."

"다음은 코드 품질 정책 게이트입니다. 코드 품질을 위해 사용하는 서드 파티 도구는 우리 코드가 신뢰할 수 있고 유지 보수가 가능하며 간단한 코드를 갖고 있음을 보장합니다. 이 게이트에서는 이 도구를 통해 얻은 품질 점수가 IUI의 새로운 코드 기준을 충족하거나 초과하는지 확인합니다."

"다음 게이트는 SCA, 즉 소프트웨어 구성 분석입니다. 이는 모든 오픈 소스 소프트웨어 사용을 자동으로 식별합니다. IUI는 이 정보를 사용해 모든 오픈 소스 소프트웨어가 IUI 기술 기준을 충족하고 취약점이 없으며

---

1 트렁크 기반 개발은 개발자들이 '트렁크'라고 부르는 단일 브랜치에서 코드 작업을 수행하는 소스 제어 브랜칭 모델이다. 자세한 내용은 웹 사이트(https://trunkbaseddevelopment.com)에서 확인할 수 있다.

IUI의 법무 부서에서 승인한 라이선스를 사용하는지 확인합니다."

"SCA 게이트 바로 다음에는 SCA에서 나온 가공되지 않은 데이터를 사용해서 소프트웨어 구성 요소 목록 버전을 생성하고 SBOM 데이터베이스에 저장합니다. 이는 임시적인 해결책일 수 있습니다. 이후에는 오픈 소스 솔루션을 사용할 가능성이 큽니다."

"이제 우리는 정적 보안 테스트 정책 게이트에 도착했습니다. 이 파이프라인 단계에서는 소스 코드에 치명적이거나 높은 취약점이 없는지 확인합니다. 또한 소스 코드에 노출돼 있는 모든 사용자 자격 증명이나 키를 식별할 수 있는 규칙을 갖고 있습니다."

미셸이 파이프라인의 새로운 정책을 설명하면서 시간이 흘렀고, 파이프라인 빌드가 완료됐다. 배포 저장소에 새로운 아티팩트가 게시되고 매니페스트 파일도 새로운 버전 번호로 업데이트됐다. 미셸은 랩톱을 조작해 데모 애플리케이션의 소스 코드 저장소로 이동했다. 소스 코드 저장소의 README 파일에는 그녀가 설명한 정책을 확인하는 shields.io 배지가 붙어 있었다.

Demo App

Version 0.0.23
Build PASS ✓
Code Review 1 APPROVAL ✓
Branching Pattern TRUNK BASED ✓
Code Signature CHECKSUM VERIFIED ✓
Unit Tests PASS, 82% COVERAGE ✓
Static Code Quality Scan RELIABILITY: A, MAINTAINABILITY: A ✓
SCA PASS ✓
Static Security Test 0 VULNERABILITIES ✓

"끝났습니다! 보세요! 모든 정책 게이트가 녹색입니다." 회의 참석자들은 미셸의 스크린을 비추고 있는 모니터를 집중해서 바라봤다. 어떤 사람들은 생각에 잠긴 듯 눈을 질끈 감았고, 다른 사람들은 동료들을 둘러봤다. 미셸은 놀란 표정으로 캐롤을 향해 시선을 돌렸다. 그녀는 관객들이 이보다 더 크게 감격할 것으로 예상했다. 어쩌면 몇몇 리더는 지금 본 것의 의미를 명확히 이해하지 못했을지도 모른다.

미셸은 아이디어를 냈다. "개발자가 정책 중 하나를 어기면 어떻게 되는지 보여드리겠습니다." 그녀는 말을 이었다. 정책 위반으로 아티팩트가 중단되는 상황을 보여주면 비기술 부문의 리더십들이 더 잘 이해할 수 있을 거로 생각했다.

미셸은 랩톱의 화면과 관객들을 번갈아 보면서 노트북 키를 눌렀다. 짧은 빌드 파이프라인을 재실행하려고 서두르는 동안 관객들의 주의를 끌기 위해 노력했다. "좋아요, 여길 봐주십시오!" 그녀가 외쳤다. "승인 없이 코드 변경을 푸시하고 IUI 빌드 서버 대신에 로컬 머신에서 파이프라인을 실행했습니다." 미셸은 회의실에 있는 큰 모니터를 가리켰다. 이전에 녹색이었던 배지들이 빨간색으로 바뀌었다. "배지들이 보이십니까?"

Demo App

- Version 0.0.24
- Build PASS ✓
- Code Review 0 APPROVAL ✗
- Branching Pattern TRUNK BASED ✓
- Code Signature CHECKSUM NOT VERIFIED ✗
- Unit Tests PASS, 82% COVERAGE ✓
- Static Code Quality Scan RELIABILITY: A, MAINTAINABILITY: A ✓
- SCA PASS ✓
- Static Security Test 0 VULNERABILITIES ✓

미셸은 두 번째 코드 변경에 관해 설명했다. 풀 리퀘스트 없이 소스 코드 저장소의 main 브랜치로 직접 코드 변경 내용을 푸시했으며, 이 변경은 코드 리뷰 정책을 통과하지 못했기 때문에 큰 X가 표시된 빨간 배지가 나타난 것을 설명했다. 청중 사이에서 이해했다는 듯한 소리가 흘러나왔다. 미셸은 미소를 지었다. 이제 이해하기 시작한 것 같았다.

그녀는 **코드 서명** 배지를 가리키며 설명을 이어갔다. 빌드를 IUI가 승인한 파이프라인 인스턴스가 아닌 자신의 노트북에서 실행했기 때문에 디지털 코드 서명이 일치하지 않는다는 점을 전달했다.

관객들이 혼란스러워하는 모습을 보이자 캐롤이 요약해 설명했다. "서명이 일치하지 않는다는 것은 신뢰할 수 없는, 잠재적인 악성 빌드 환경에서 코드가 빌드됐을 수도 있다는 것을 의미합니다. 코드를 빌드한 환경을 신뢰할 수 없다면 코드 자체를 신뢰할 수 없다는 겁니다."

"그럼 빌드 환경을 신뢰하도록 하려면 어떤 조건이 필요합니까?" 팀이 급히 끼어들었다.

"팀, 그렇게 질문할 줄 알았어요." 미셸의 얼굴에 미소가 번졌다. "당신의 팀은 실제로 우리 빌드 서버와 빌드 에이전트 소프트웨어를 스캔하고 테스트했습니다. 우리는 이 승인된 소프트웨어를 바이너리 저장소에 저장합니다. 빌드를 할 때마다 승인된 빌드 에이전트 소프트웨어를 다운로드하고, 에이전트를 인스턴스화해 빌드 환경을 만들고, 빌드를 실행하고 인스턴스를 삭제합니다. 물론, 빌드 서버와 빌드 에이전트의 해시가 예상되는 해시와 일치하는지 확인함으로써 누군가 이를 조작하지 않았음을 확신할 수 있습니다."

"우와! 그건 몰랐네요. 우리 팀이 이 과정을 통해 완전히 협조했음을 알게 돼 기쁩니다." 팀은 매우 만족한 모습이었다.

"그래서…. 실패한다면 어떻게 됩니까? 그 실패가 파이프라인을 깨뜨리나요?" 팀이 물었다.

"음, 그렇기도 하고 그렇지 않기도 합니다." 미셸이 대답했다. "그 실패로 배포 파이프라인 작업은 실패할 것입니다."

겉으로 보기에는 교정해주는 듯한 행동에 팀은 짜증을 내며 물었다. "좋습니다. 그 차이가 뭐죠?"

"IUI는 CI와 CD, 즉 빌드와 배포가 있습니다. 빌드 파이프라인은 코드를 컴파일해 바이너리 아티팩트로 만들어 내부 아티팩트 저장소에 게시합니다. 그리고 배포 파이프라인은 그 아티팩트를 아티팩트 저장소에서 가져와 서버나 실행 가능한 장소에 배포합니다."

"그렇다면 빨간 배지는 **배포** 파이프라인을 실패로 만드는 겁니까?" 팀이 물었다.

"정확합니다!""

"조금 혼란스럽군요." 그가 대답했다. "구성 요소가 내부 아티팩트 저장소에 도달했을 때 '배포'된 것으로 간주되는 것 아닙니까?"

"아닙니다. 지금 생각하고 계신 것은 '게시^{publish}'예요." 오마르가 끼어들었다. "게시 단계는 빌드 파이프라인의 끝에서 아티팩트 저장소로 푸시하는 것을 의미하죠. 배포 파이프라인은 그것과는 전혀 다릅니다."

"그럼 공유 라이브러리는 어떻게 됩니까?" 팀이 물었다.

오마르는 이처럼 집중된 반박은 예상하지 못했다. "무슨 말씀이신지?" 그가 물었다.

"자바나 NPM 라이브러리 같은 것 말입니다." 팀은 팔짱을 끼고 의자에 기대앉아 다리를 꼬았다. "이것들은 직접 서버에 배포되지 않지만 다른 애플리케이션에서 사용되기 때문에 여전히 프로덕션에 도달합니다. 그런 상황에서 '게시' 단계를 배포로 간주하는 게 맞지 않습니까?"

"음, 그건 배포의 정의에 따라 달라요." 미셸이 한발 물러섰다.

"저는 아티팩트가 소비할 수 있는 상태가 되면(고객이나 다른 애플리케이션에서), 배포된 것으로 간주합니다." 팀이 말했다.

"좋아요, 지금 저는 혼란스러워졌습니다." 야다가 말했다. "배포란 새로운 기능이 고객에게 전달되는 것을 의미한다고 생각했거든요."

"그건 '릴리스^{release}'라고 하죠." 오마르가 말했다.

"우리가 사용하는 용어가 각기 다른 것 같습니다." 캐롤이 말했다.

"맞습니다." 제니퍼가 일어나 마커를 집어 들었다. "몇 가지 정의를 사용해 이 대화를 계속해봅시다."

그녀는 보드에 세 가지 정의를 적었다.

- **빌드**Build: 코드를 컴파일하고, 바이너리를 아티팩트 저장소에 게시한다.
- **배포**Deploy: 애플리케이션의 새 버전을 서버에 올린다.
- **릴리스**Release: 새로운 버전의 애플리케이션에서 새로운 특성이나 기능에 접근할 수 있도록 하는 메커니즘이다.

"이 대화를 하는 동안, 이 정의에 동의할 수 있을까요?" 제니퍼가 물었다.

팀은 아직 공유 라이브러리에 관한 자신의 질문에 대답을 얻었는지 확신하지 못했다. 아직 제거되지 않은 리스크가 있다고 느꼈다. 공유 라이브러리는 동일한 컴플라이언스 검사를 거친 뒤에 다른 팀들이 사용해야 한다고 확신하고 있었다. 하지만 흐름을 방해하고 싶지 않았다.

"자, 지금은 이것으로 충분합니다. 하지만 공유 라이브러리 시나리오를 다시 검토할 수 있도록 여러분의 팀에 백로그 항목을 만들어주면 좋겠습니다." 팀이 말했다. "필요하다면 언제든 제 팀에 상담을 구할 수 있습니다. 괜찮습니까?"

모두 고개를 끄덕였다.

캐롤이 말을 이었다. "좋습니다. 통제에 실패했는데, 왜 파이프라인은 빌드를 중단하지 않습니까?"

미셸이 당혹스러운 표정을 지었다.

"어째서 그냥 빌드를 중단하지 않는 거죠? 그렇게 하면 **배포**나 **출시** 후에 어떤 코드 베이스가 사용되는지 구분할 필요가 없을 텐데요." 제니퍼가 의견을 피력했다.

제니퍼의 주장에는 설득력이 있었지만 미셸은 반박했다. "만약 긴급 상황이 발생한다면 어떨까요? 팀이 코드를 빌드할 때 긴급 상황이 발생할 수 있습니다. 그런 상황에서는 빌드 실패가 큰 재앙을 초래할 수 있어요."

캐롤이 끼어들었다. "미셸은 코드 리뷰가 누락되더라도 빌드를 실패시키는 것은 과도하다고 생각하는 것 같은데요. 만약 긴급 상황이 발생한다면 어떻게 되는 거죠? 개별 팀이 자체적으로 판단하는 것을 허용하지 않을 만큼 엄격하기를 원합니까?"

야다가 몸을 앞으로 기울였다. "내가 바르게 이해했는지 확인하고 싶습니다. 그러니까 컴플라이언스와 관계없이 당신은 모든 애플리케이션을 내부 아티팩트 저장소에 빌드하고 게시하기를 바라는 겁니까?"

"하지만…." 오마르가 한마디 하려는데 야다가 틈을 주지 않고 말했다.

"하지만 여러분이 허용할 거잖아요." 야다는 호흡을 가다듬으며 그녀가 찾는 답을 얻기 위해 계속 파고들어야 한다는 것에 좌절했다. "컴플라이언스를 준수하지 않은 애플리케이션을 배포할 것인지는 누가 결정합니까?"

"모르겠어요. 그건 당신에게 달려있을 겁니다. 우린 그저 누군가 리스크를 받아들 수 있는가만 확신하면 됩니다." 캐롤이 답했다. "먼저 데모를 마친 다음에 논의하면 될 것 같습니다."

"좋습니다." 야다가 말했다. "하나만 더 질문해도 될까요?"

"물론입니다." 사실 캐롤은 야다가 데모에 100% 참여하고 있다는 게 기뻤다.

"이 모든 데이터는 어디에 저장하죠?" 야다가 물었다.

"제가 설명하겠습니다." 마침내 오마르가 말할 기회를 잡았다. "데이터는 데이터베이스에 저장되며, 이것을 '증거 저장소'라고 부릅니다. 오로지 크라켄 팀만 이 증거 저장소에 접근할 수 있습니다."

"앞으로도 계속 그렇게 되는 건가요?" 야다는 엔지니어링 팀이 증거 저장소를 통제한다는 아이디어에 완전히 동의하지 않는다는 건 분명해 보였다.

"이번 위기를 넘기고 나면 소유권을 논의할 수 있을 겁니다." 캐롤이 대답했다. "야다, 당신이 말하는 바는 이해합니다. 만약 당신의 팀이 증거 저장소에 대한 관리자 접근을 통제하길 원한다면 그렇게 할 수 있어요. 다만 당신이 관리자로서 이를 관리할 수 있는 사람과 함께 있는지는 몰랐습니다."

"맞습니다." 야다가 고개를 끄덕였다. "이 부분에 대해 조금 더 생각해봐야 하겠지만, 계속 진행해도 좋습니다."

미셸은 데모 애플리케이션의 배포 저장소로 이동해 'iui-demo-app: 0.0.24'라는 아티팩트 버전을 가리켰다.

그녀는 stating 브랜치에서 dev 브랜치로 향하는 풀 리퀘스트를 열었다. dev 환경으로 배포한다는 의도를 나타낸 것이다. 캐롤은 해당 풀 리퀘스트를 승인했고, 배포 파이프라인이 바로 시작됐으나 갑작스럽게 실패했다. 미셸은 회의실의 큰 모니터를 향해 돌아서며 화면 아래의 배포 파이프라인 로그를 가리켰다.

```
2021-05-04 11:01:01  CHECKING OUT HTTPS://GIT.INVESTMENTSUNLIMITEDBANK.COM;KRAKEN/IUI-DEMO/COMMIT/9A6E39
2021-05-04 11:01:02
2021-05-04 11:01:03  VERIFYING POLICY FOR IUI-DEMO-APP:0.0.24verifying policy for iui-demo-app:0.0.24
2021-05-04 11:01:04
2021-05-04 11:01:05  iui-demo-app:0.0.24 failed the following policies ["code review", "code signature"]
2021-05-04 11:01:06
2021-05-04 11:01:07  deployment failed, please create a support ticket before opening an incident
2021-05-04 11:01:08  https://https://developer.investmentsunlimitedbank.com//help
```

"보이세요? 바로 여기요! 실패했어요." 미셸이 관객을 돌아보며 반응을 확인했다. 팀의 작업에 대해 관객들이 확연히 만족하는 모습을 보이자 희열이 느껴졌다.

"정말 대단합니다." 감탄의 말을 던진 야다는 이 데모를 즐기면서도 한편으론 혼란스러워했다. "하지만 저는 이런 일이 이미 진행되고 있다고 생각했어요. 제가 너무 순진했던 겁니까?"

"우리의 정책을 보장하는 자동화는 없었습니다." 미셸이 대답했다. "솔직히 말하면 실제 사람들이 모든 일을 수동으로 하는 것도 아니었습니다.

우리는 우리가 말했던 대로 하고 있지 않았어요. 그래서 MRIA가 우리를 여기로 데려온 거죠." 미셸은 분위기를 환기할 목적으로 가볍게 농담처럼 말했지만 누구도 웃지 않았다.

"음…." 미셸은 말을 이었다. "정책이 수동 검증에 의존하면 그 단계를 건너뛸 위험이 있습니다. 이 자동화는 필요한 단계를 빠뜨리지 않도록 보장합니다. 또 올바른 방법을 쉽게 만들기도 했죠. 비유하자면 길을 포장한 겁니다. 올바른 방법을 쉽게 만들면 사람들은 올바른 일을 하게 됩니다."

"우리 개발자들이 좋아할 것 같습니다." 야다가 외쳤다. "이건 훨씬 더 좋은 개발자 경험이에요. 자동으로 이뤄지는 데다 이른 시점에 진행되고 빨리 실패합니다."

"데모를 하지 않는 게 하나 남았습니다." 미셸이 말했다. "바로 테스트입니다. 우리가 수행하는 자동 기능 및 성능 테스트요. 몇 년 전, 오픈 소스 기술을 사용해 현대적인 테스트 자동화 플랫폼을 개발했습니다. 명칭은 '오리온'입니다. 이 플랫폼은 팀이 자동화된 테스트를 실행하고 결과를 기록하며, 프로덕션 배포 전에 팀이 사용하는 다양한 보고서를 생성할 수 있도록 해줍니다."

"오리온에서 뭔가를 변경해야 합니까?" 야다가 물었다.

"그렇지 않습니다. 솔직히 말해서 오리온은 해야 할 일을 제대로 수행하는 유일한 플랫폼입니다. 개발자들이 좋아하는 것은 물론, IUI의 모든 팀이 사용한다고 할 수 있습니다." 제니퍼가 확신에 찬 목소리로 답했다.

"데모는 여기까지입니다. 질문 있습니까?" 미셸은 데모가 예상대로 진행돼 안도했다.

"정말 훌륭한 일을 해냈습니다. 크라켄 팀, 정말 대단해요." 야다가 화제를 돌리며 말했다. "이제 리스크를 받아들이는 문제를 주제로 논의할 수 있을까요?"

"물론이죠." 캐롤이 말했다. "아까 어디까지 말했죠?"

야다가 메모를 훑어봤다 "통제에 실패할 때 '진행함'이나 '진행하지 않음'을 결정하는 건 누구이며, 그 프로세스는 어떻게 통제되는지 알고 싶습니다."

"최종적으로 애플리케이션 소유자 또는 제품 소유자가 리스크를 받아들일지 결정할 것이고, 위험, 변경, 그 외 관계자들이 그 결정을 모니터링할 수 있습니다. 이런 부분은 나중에 해결할 수 있어요." 캐롤이 대답했다. "하지만 지금은 워크플로우를 제안할까 하는데 괜찮을까요?"

"들어보겠습니다." 야다가 말했다.

캐롤은 마커의 뚜껑을 열고 의자를 보드 쪽으로 밀었다.

"다들 알다시피 팀이 배포를 하려면 변경 기록이 필요합니다. 팀은 현재 필요한 정책을 충족시키기 위해 증거들을 수동으로 CMDB에 업로드해야 합니다."

"네, 맞습니다." 야다가 말했다.

"저는 터보 유레카가 배포 프로세스의 승급 단계에서 이 변경 기록의 생성을 조정하는 것을 제안합니다. 이렇게 하면 각 인증서가 변경 기록을 채우도록 허용되고, 최종 검토자인 애플리케이션 소유자가 제안된 변경과 현재의 준수 상태를 확인할 수 있게 됩니다."

오마르는 한숨을 푹 내쉬더니 입을 열었다. "그러면…."

"잠깐, 오마르. 잠시만요!" 캐롤이 오마르에게 양해를 구하며 계속 말했다. "파이프라인에서 변경 기록을 직접 생성함으로써 올바른 아티팩트 버전과 각각의 준수 상태가 문서화되도록 보장할 수 있습니다. 애플리케이션 소유자가 배포 전에 변경을 검토하고 실패한 통제를 확인한 뒤, 그 위험을 받아들일지 또는 변경을 거부할지 선택할 수 있게 되는 거죠. 터보 유레카의 자동화 기능을 통해 그런 결정을 내릴 수 있을 겁니다."

야다는 캐롤의 제안 개요에 만족하며 말했다. "좋습니다. 그 메커니즘을 가속화하는 모든 것은 큰 성공이 되겠군요. 하지만 변경 관리 파트너를 대신해서 말하고 싶지는 않습니다. 이들을 구축 과정에 함께 참여시켜 주시길 바랍니다."

"물론이죠." 캐롤이 말했다.

"컴플라이언스 확인에서 실패하지 않으면 어떻게 됩니까?" 제니퍼가 물었다. 이미 듣고 싶은 답을 알고 있었지만, 그녀는 종종 소크라테스적인 방법을 사용해 대화를 이끈다.

"아! 감사합니다. 놓칠 뻔했네요." 캐롤이 말했다. "우리는 각 팀에 동기를 부여하려고 합니다. 올바른 것을 쉬운 것으로 만드는 데 동의하시죠?"

야다가 고개를 끄덕였다.

캐롤이 말을 이었다. "그러니까, 컴플라이언스를 100% 준수하는 변경 사항이 제출되면 CAB를 제거합니다."[2]

"**제거**한다는 게 무슨 의미인가요?" 야다가 물었다.

"사전 승인됐다는 뜻입니다. 회의나 서류는 필요 없습니다." 캐롤이 대답했다.

야다는 의자에 등을 기댄 채 아무런 대답도 하지 않았다. 캐롤의 제안으로 잠시 멈춰 생각하는 게 분명했다.

"CAB를 완전히 해체하려는 건 아니겠죠?" 야다는 이것이 미래에 어떤 영향을 미칠지 이해하려 애쓰고 있었다.

"음, 적어도 CAB 회의는 건너뛸 수 있는지 알아보고 싶습니다!" 캐롤은 말을 신중하게 선택하고 싶었다. "CAB 구성원들조차 회의가 가치를 더하지 않음을 알고 있습니다. 그들 역시 더 자주 배포하고자 하는 팀에 회의가 병목이 되는 걸 잘 알고 있죠."

"이것이 CAB에 대한 우리의 접근 방식을 완전히 바꿀 방법이라는 건 알겠습니다." 야다는 '혼잣말'하는 듯한 표정이었다. "CAB에게는 실시간의

---

2 CAB(Change Advisory Board)는 변경 사항의 우선순위를 정하고 일정을 조정하는 책임이 있는 사람들의 그룹이다.

신뢰할 수 있는 데이터를 제공해 필요할 때만 행동하도록 할 수 있을 것 같아요. 그들은 승인 기관보다는 상담 파트너가 될 수 있습니다. 이건 상호 이익을 얻을 수 있는 상황이 보여요!"

"정확해요!" 미셸이 끼어들었다. "애플리케이션이나 제품 소유자는 의문 사항이나 안내가 필요할 때 CAB 구성원들에게 연락할 수 있습니다. 리스크 수용 여부를 결정하기 전에 상담할 수도 있고요."

방 안에 잠시 정적이 흘렀다.

팀은 대화의 방향을 전환할 기회가 이때다 싶어 질문을 던졌다. "IUI에서 터보 유레카를 사용하는 팀은 현재 몇 개인가요?"

미셸이 대답했다. "현재로선 한 팀뿐입니다."

"음, 그렇게 해서는 소용이 없지 않나요?" 팀은 방 반대편에 있는 큰 모니터를 향해 손짓했다. "여기에서 만든 것이 정말 좋고 멋지다고 생각합니다. 하지만 새로운 정책과 기능을 추가하는 대신 더 많은 애플리케이션을 이 플랫폼에 올리는 데 집중해야 합니다." 그는 말을 이었다. "한 팀만 새로운 시스템을 따르는 것으로 규제 당국을 만족시킬 수는 없어요. IUI에는 몇 개의 TLC가 있었는지 누가 알려주겠습니까?"

TLC는 세 글자 코드Three-Letter Codes를 의미한다. 이 코드는 IUI 전체의 상이한 기술 자산을 인벤토리로 추적하기 위해 사용했다. 답을 모르는 상황에서 미셸은 도움을 구하기 위해 주변을 둘러봤다. 누구도 답을 알고 있다는 표시를 하지 않자, 캐롤이 대답했다. "약 1,900개의 코드 저장소가 있는 것 같습니다."

"제가 묻는 건 그게 아니에요." 팀이 말했다. "우리 CMDB에는 몇 개의 TLC가 있습니까?"

캐롤이 재빨리 답했다. "587개입니다."

팀은 시계를 살펴봤다. "자, 회의를 마쳐야 할 시간이 넘었네요. 587개의 TLC를 전부 도입하기 위한 계획이 무엇인지 알고 싶습니다. 이 기능이 없는 새로운 TLC가 생성되지 않도록 대책 마련에 속도를 내면 더 좋겠군요. 다음 주에 만날 때는 그 부분부터 논의를 이어갑시다."

10월 7일 금요일

미셸, 캐롤, 오마르, 크라켄 팀은 다음 날 아침 이해관계자 데모에 관한 회고를 위해 다시 모였다. 배리와 안드레아도 참석했다.

"여러분의 진척 상황에 감명받았습니다. 어제의 데모는 정말 흥미로웠어요. 제가 이런 말을 가볍게 하지 않는 사람이라는 건 모두 알고 있을 거예요." 빌은 이렇게 말한 뒤 실제로 토론하고 싶던 주제를 꺼냈다. "이제 다른 사람들이 이것을 사용할 수 있도록 만들어봅시다. 587개의 TLC를 빠르게 온보딩할 방법은 무엇입니까?"

빌은 팀 전체가 참여할 수 있도록 테이블을 빙 둘러봤다.

오마르가 말할 기회를 잽싸게 낚았다. "587이라는 숫자는 크게 의미가 없습니다! 일부 TLC는 코드 저장소가 하나이고 다른 것들은 여러 개를 갖고 있습니다. 일부는 IUI에서 개발한 소프트웨어 애플리케이션이지만, 대부분은 인프라나 COTS 응용 프로그램입니다. 음, COTS란 상용 제품을 의미합니다." 오마르는 안드레아를 보면서 설명했다.

"알고 있던 사실이지만, 어쨌든 고마워요." 안드레아가 속삭이듯 말했다.

미셸은 오마르가 지적한 포인트를 더 깊이 파고들었다. "우리가 말하고자 하는 바는 터보 유레카의 첫 번째 버전이 내부에서 개발된 소프트웨어를 대상으로 설계됐다는 점입니다. 그쪽에 온보딩 노력을 집중해야 할 것 같습니다."

"또한 원래 MRA에서 지정한 애플리케이션들을 우선순위에 둬야 합니다." 안드레아가 덧붙였다. "그리고 인터넷과 연결되거나 고객 서비스와 같이 리스크가 높은 것도 우선순위에 둬야 합니다." 오마르가 동의하며 고개를 끄덕였다.

미셸이 계속해서 말했다. "어제의 미팅 후, CMDB에 있는 587개의 TLC 가운데 IUI에서 개발된 커스텀 소프트웨어 구성 요소가 포함돼 있다고 나타낸 것을 모두 확인했습니다. 최종적으로 183개의 자격을 갖춘 TLC 목록을 만들었습니다. 이것을 온보딩에 사용해야 한다고 생각합니다."

"183개뿐입니까?" 배리가 반응했다. "우리 CMDB에 있는 숫자를 믿을 수 있나요? 아무튼, 당신이 183개의 TLC만 처리하려고 하는 것은 팀이 달가워하지 않을 겁니다. 캐롤, IUI에는 1,900개 이상의 코드 저장소가 있다고 했잖아요. 이 183개의 목록과 숫자가 맞는다는 걸 어떻게 설명할 수 있죠?"

"일부 TLC는 여러 개의 코드 저장소를 갖고 있습니다. 코드 저장소는 TLC의 구성 요소라고 생각하면 됩니다. 한편, 일부 저장소는 어떤 TLC에도 속하지 않을 수 있습니다." 미셸은 명확하게 설명하려 했지만, 오히려 혼란을 부추겼다.

"얼마나 많은 코드 저장소가 정확하게 실제 TLC에 속해 있는지 어떻게 모를 수 있죠?" 배리는 짜증을 내기 시작했다.

"음, 누구나 코드 저장소를 생성할 수 있고, 그중 일부는 저장소 이름에 TLC 번호를 포함합니다. 표준 파이프라인을 사용해서 빌드하는 저장소에 대해서는 빌드 파일에 TLC 번호를 선언하도록 요구합니다."

"바로 그거예요!" 배리가 외쳤다. "우린 알고 있다고요!"

"하지만 저장소가 반드시 표준 파이프라인을 사용해야 하는 것은 아니에요." 오마르가 눈을 치켜뜨며 말했다. "많은 팀이 자체 도구를 사용합니다."

"이런!" 배리는 좌절감에 거의 포기하는 듯했다. "그럼 새로운 규칙을 만듭시다. 저장소 이름은 TLC를 따라서 지어야 한다고요."

"저장소 이름에 규칙이 더 필요하지는 않습니다. 제가 일했던 어느 기술

회사보다 이미 규칙이 제한적입니다."

"인정합니다. 하지만 온보딩에는 무엇을 사용하죠?" 캐롤이 물었다.

"CMDB는 진짜 싫습니다!" 오마르가 시선을 다른 곳으로 돌렸다. "그리고 TLC도 싫습니다. 왜 모든 것에 TLC를 사용해야 하죠? 왜 거기에 신경써야 하는 거냐고요?"

"오마르! 우리는 TLC를 사용해야 합니다. CMDB도 마찬가지고요! 프로덕션 릴리스를 위한 변경 티켓은 CMDB에서 생성되고 TCL에 대해 발급하고 있습니다." 미셸은 오마르를 진정시키려 했다.

"시간이 거의 다 됐네요. 10시 30분에 참석해야 할 회의가 있습니다." 배리가 캐롤에게 말했다. "캐롤, 알다시피 보안 팀은 터보 유레카가 출시되는 것에 관심이 있습니다. 사실 전체 이사회가 그렇죠. 여전히 우리는 정부 규제 당국에 우리가 말한 것을 그대로 하고 있는지 보여줘야 합니다. 크라켄 팀은 훌륭한 도구를 만들었어요. 이것이 성공하기를 바랍니다. 팀은 이것을 최우선으로 하겠다고 말하더군요."

"물론입니다." 캐롤이 말했다.

배리와 캐롤이 회의실에서 나간 뒤 오마르가 일어나 문을 닫았다. 그는 자리에 다시 앉아 한숨을 쉬더니 물었다. "그럼 우린 뭘 하는 건가요?"

곧바로 대답이 나오지 않자 딜런이 말했다. "지난해 계약했던 직원 중 하나가 저장소를 조사하고 내부 감사를 위한 메타데이터를 수집하는 스크립트를 작성했습니다. 그 사람은 떠났지만, 그 스크립트가 어디에 있는지는 알 것 같습니다. 완벽하지는 않겠지만 온보딩에 사용해보는 건 어떨까요?"

"그래도 TLC 번호를 식별하는 문제는 해결되지 않습니다." 미셸이 그를 상기시켰다.

"그렇겠네요." 딜런이 답했다.

"음…." 오마르가 입을 열었다. "우리가 그들의 빌드 파일을 가져와서 TLC를 얻는다면 어떻습니까? 빌드 파일이 없으면 파이프라인에서 빌드되지 않는다는 뜻이니까요. 유효한 체크섬이 없는 건 모두 배포되지 않도록 차단하면 빌드 파일이 없는 것은 배포할 필요가 없다고 안전하게 가정할 수 있고, 그것을 온보딩할 필요도 없어집니다."

"좋습니다!" 미셸이 소리쳤다. "확인해주세요."

그날 오후, 오마르는 예의 스크립트를 찾아 IUI의 소스 코드 관리 시스템에서 실행시켰다. 그 결과 IUI의 1,900개의 코드 저장소 중 1,204개를 생성했다. 이는 700개 이상의 저장소가 표준 파이프라인을 사용하지 않았음을 의미했다.

다음 날, 캐롤과 크라켄 팀은 회의를 재개했다. 캐롤이 논의의 포문을 열었다. "오마르가 작성한 스크립트에서는 1,204개의 결과를 생성했고, 이는 정확한 것으로 보입니다. 하지만 실행 시간이 45분 이상 걸렸어요."

"계약 직원이 만든 스크립트입니다." 오마르가 윙크와 함께 미소를 지으며 분명히 해뒀다. 자신이 비효율적인 코드를 작성한 것으로 오해받고 싶지 않았다.

"맞아요. 고마워요, 오마르. **계약 직원**이 만든 스크립트입니다. 사실 그 스크립트로 인해 소스 코드 플랫폼에 부하가 생겼습니다. 많은 개발자가 스크립트가 실행되는 동안 코드를 푸시할 수 없다고 헬프데스크에 문의를 남겼습니다. 이 방법은 지속 가능한 해결책이 될 수 없을 거예요."

"매일 밤 스크립트를 실행하는 건요?" 오마르는 해결책을 제안하긴 했지만, 자기 자신도 만족하는 방안은 아닌 듯했다.

"그보다 더 잘할 수 있습니다." 캐롤이 말했다. "우린 분명히 할 수 있어요. 다른 분들은 아이디어가 있나요?"

"어떻게든 TLC를 잡아내서 터보 유레카에 온보딩해야…" 오마르가 중얼거렸다.

"이건 어떤가요?" 미셸이 자신의 화면을 공유했다. 코드 에디터의 어두운 배경과 대비된 다양한 색상의 텍스트가 나타났다. "여기는 빌드 파이프라인의 'checkout' 단계에서 수집하는 데이터의 예입니다. 이 데이터에는 TLC 번호와 저장소 정보를 포함한 환경 변수가 모두 포함돼 있죠. 'checkout' 단계에 일부 사용자 정의 코드를 추가해서 애플리케이션을 자동으로 터보 유레카에 온보딩하는 방법은 어떨까요? 그러면 우리 인벤토리가 실시간으로 업데이트될 겁니다."

"정말 좋은 생각이에요! 계약 직원의 스크립트 따위는 더 이상 필요 없습니다." 오마르가 장난스럽게 말했다. "지금 말한 것을 어떻게 해야 할지 정확하게 알고 있습니다."

10월 17일 월요일

일주일 후, 미셸의 자동화된 온보딩 아이디어가 동작하기 시작했다. 터보 유레카는 단일 애플리케이션 컴포넌트를 모니터링하는 것에서 5개의 TLC에 걸쳐 있는 60개 이상의 컴포넌트를 모니터링하도록 확장됐다. 해당 빌드의 실행 시점에 완전히 의존하므로 183개의 TLC를 모두 온보딩하는 데까지 시간이 필요하지만, 지속적인 성장세를 보이는 우아한 해결책이었다. 다만, 표준 파이프라인을 사용하지 않으면 여전히 터보 유레카에 포함되지 않을 것이다.

캐롤과 제니퍼는 매주 팀, 야다, 및 외부 감사 팀에 일관된 진척 상황을 보여줄 수 있어서 어느 정도 만족스러웠다. 또한 크라켄 팀은 터보 유레카에서 더 많은 정책 기능을 구축하는 데 다시 집중할 수 있게 됐다.

12장

12월 13일 화요일

온보딩은 이후 2개월 동안 꾸준히 증가하다가 정체됐다. 주간 회의에서 배리는 그의 팀 동료가 터보 유레카 API에서 추출한 데이터로 만든 차트를 가리켰다.

"보이십니까? 정체되고 있습니다. 바로 이 부분입니다." 그는 차트의 오른쪽 부분을 가리키며 말했다. 최근 두 주 동안 그래프의 기울기가 수평으로 변했다. "이전에는 매우 좋은 진전을 이뤘는데, 지금은 걱정입니다."

지금까지 94개의 TLC에 관련된 850개 이상의 컴포넌트를 온보딩했다. 인상적인 진척이었지만 배리의 말이 맞았다. 숫자의 증가는 줄었고, 팀은 이유를 알지 못했다.

미셸과 오마르는 실망한 표정으로 서로를 바라봤다.

"왜 이러는 걸까요?" 오마르가 속삭였다.

미셸은 알 수 없다는 듯 어깨를 으쓱해 보였다.

———

회의를 마친 후 미셸은 곧바로 자신의 책상으로 향했다. IUI는 매우 바쁜 시기이고 애플리케이션들이 빌드되고 있는 건 사실이었기에 온보딩의 정체는 논리에 어긋났다.

미셸은 IUI의 CI 플랫폼이 일부 빌드 데이터를 데이터베이스에 저장한다는 점을 기억했다. 몇 년 전, 플랫폼 팀은 몇몇 계약업자를 고용해 기본 플랫폼 모니터링을 구현했다. 이 작업의 일환으로 계약업자들은 플랫폼에 일부 사용자 정의 스크립트를 설치하고 원시 데이터의 하위 집합을 외부 데이터베이스로 보냈다. 미셸은 과거 6개월간의 데이터를 추출하려고 우선순위가 높은 서비스 티켓을 열었다.

실용적이고 기술적인 사람으로서 미셸은 업무를 완수하기 위해 즉석에서 코딩하거나 스크립트를 작성하는 것에 주저하지 않았다. 그녀는 주피터 Jupyter 노트북을 연 지 약 30분 후, 추출한 데이터를 분석하기 위해 파이썬 코드로 작성된 노트북을 실행할 준비를 완료했다.

2시간 후, 미셸은 플랫폼 팀에게서 데이터 추출 다운로드 링크를 받아 그녀가 작성한 코드를 실행했다. 차트를 보면서 그녀는 혼자 중얼거렸다. "이거 재밌군." 그리고 나서 캐롤의 사무실로 향했다.

"캐롤, 이것 좀 봐 주세요." 미셸이 말했다. 그녀는 자동화된 온보딩 기능을 도입한 이후 파이프라인에서 발생한 빌드 중 약 60%만 터보 유레카가 잡아냈음을 보여주는 결과를 캐롤에게 설명했다. "놓친 빌드를 살펴보니 트렌드가 보여요. 그들이 사용하는 파이프라인 라이브러리가 보이나요? 오래된 파이프라인 라이브러리입니다."

"**오래된** 파이프라인 라이브러리라고요?" 오마르가 혼란스러워했다. "오래된 파이프라인 라이브러리는 금시초문이네요."

"맞습니다." 캐롤이 말했다. 그녀는 미셸이나 오마르보다 훨씬 오랜 기간 IUI에 있었다. "기업 표준 파이프라인 라이브러리는 6년 전 수행했던 IUI의 오리지널 디지털 트랜스포메이션의 한 부분이었습니다. 기업 전반에 걸쳐 코드를 빌드하고 배포하기 위한 표준을 확립하는 것에 주력했습니다. 이 표준 라이브러리의 도입은 내부 감사에서 2년 전 기업 표준을 준수하도록 압력을 가하기 시작한 시점까지 매우 느리게 진행됐습니다. 그러나 이 데이터에서 볼 수 있듯, 일부 애플리케이션 팀은 여전히 오래된 파이프라인을 사용하고 있습니다."

미셸의 데이터에서 레거시 파이프라인 라이브러리를 사용한다고 식별된 애플리케이션들은 기업 표준에 따라 마이그레이션할 수 없었다. 코드베이스들은 오래됐고, 심지어 15년 이상 지난 코드도 있었다. 또한 매우 특정화된 빌드 스크립트가 필요했기 때문에 파이프라인 개발 팀은 이를 새로운 표준으로 마이그레이션하기 위한 자원을 할당할 수 없었다. 이러한 애플리케이션은 '레거시'로 간주해 새로운 기업 표준 파이프라인 라이브러리로 마이그레이션할 필요가 없었고, 결과적으로 온보딩 범위 밖에 남게 된 것이었다.

12월 15일 목요일

그 주 후반부에 크라켄 팀의 구성원들은 발견한 사실을 배리와 팀에게 발표했다.

최근 들어 보안 팀은 터보 유레카에 더 큰 관심을 보였다. 그들은 터보 유레카의 초기 성공을 보면서 지난 몇 년 동안 사용된 확장 가능성이 떨어지는 수동 프로세스를 줄일 기회를 발견했다.

"저는 여러분의 진척 상황을 정기적으로 팀에게 업데이트했고, 팀은 이 자리에서 여러분을 방해하는 요소를 제거하는 데 도움을 줄 것입니다." 배리가 상사에게 말했다. "팀, 이미 알고 있겠지만, 저는 개발 단계와 온보딩 과정에서 미셸 그리고 그의 팀과 긴밀하게 협력해왔습니다. 우리 모두 소통하고 각 팀의 기대치가 명확한지 확인하는 것이 제 역할입니다."

오마르가 미간을 찌푸렸다. 배리는 그의 상사가 방에 있을 때면 언제나 자신을 영웅으로 만드는 것 같아서다.

캐롤이 이전 회의의 맥락을 설명하면서 발표를 시작했다. 그녀는 팀이 물었던 자동화된 온보딩이 정체된 이유를 설명하기 위해 파이프라인 데이터를 검토했던 것을 상기시켰다. 미셸은 이후 자신이 발견한 것을 설명했다. 약 89개의 TLC에 걸쳐 있는, 알려지지 않은 수의 컴포넌트가 여전히 오래된 버전의 파이프라인 라이브러리를 사용하고 있다는 사실을 전달했다.

그녀는 디지털 트랜스포메이션 과정에서 모든 애플리케이션을 새로운 공유 파이프라인 라이브러리로 이동할 계획이었지만, '레거시'로 간주된 애플리케이션은 오래된 파이프라인을 계속 사용하는 것이 허용됐다고 설명했다. 예의 89개의 TLC는 5년 혹은 6년 전에 구축된 예전 파이프라인을 사용하고 있는 것으로 추정됐다.

캐롤은 미셸과 그녀의 팀이 관찰된 일부 온보딩 불일치의 근원을 파악하기 위해 노력한 것을 설명했다. 그런 다음, 자동 온보딩 프로세스가 일부 실패하는 이유를 설명했다.

"잠깐 멈출 수 있을까요?" 팀은 대화가 점차 복잡해지는 상황이 못마땅한 듯 입을 열었다. "총 숫자가 어떻게 됩니까? 몇 개의 TCL 번호가 온보딩 됐죠?"

"100개가량 됩니다." 오마르가 자랑스럽게 대답했다.

"정확히 몇 개죠?" 팀이 되물었다.

오마르는 짜증이 났지만, 심호흡으로 마음을 가라앉히고 대답했다. "94개입니다."

팀이 말을 이었다. "좋습니다. 전체는 몇 개입니까?"

캐롤이 끼어들었다. "총 183개입니다."

팀은 미간을 찡그리며 머리를 뒤로 젖혔다. "좀 이상하게 들리는군요."

그가 확인을 위해 배리를 바라봤다.

배리가 설명하기 전에 캐롤이 입을 열었다. "IUI 전체에 587개의 TLC가 있으며, 그중 183개가 온보딩 대상이고, 이 가운데 94개를 온보딩했습니다."

배리가 입을 열었다. "팀이 원하는 것은 이를 상세하게 파악하는 것 같습니다. 자동화된 거버넌스를 위해 범위에 포함되거나 포함되지 않은 TLC를 보여주는 차트 같은 것이 있으면 좋겠습니다."

"물론입니다. 지금 즉시 세부 내용을 보여드릴 수 있습니다." 오마르가 일어나며 말했다.

"아니, 수잔과의 다음 허들에서 공유할 자료가 필요합니다. 슬라이드가 필요합니다. 여기에 상자가 하나 있고…." 팀은 손을 머리 위로 들어 올려 보이며 말했다. "그리고 여기에 두 개의 상자가 있고…."

그는 왼손을 내리고 오른쪽의 두 개 상자를 가리켰다. "그다음에는 상자마다 내용을 설명하고, 어떤 범주에 속하는지 등을 계속 설명하면서 아래로 내려가는 형태입니다."

오마르와 미셸은 서로를 쳐다보며 겸연쩍은 듯 고개를 끄덕였다.

"그렇게 할 수 있어요." 미셸이 팀을 보며 대답했다.

"좋습니다, 고마워요." 팀은 자리에서 일어나 출구로 향했다.

회의는 단 4분 만에 끝났다.

배리는 팀을 쫓아 엘리베이터로 가는 길에 이야기를 나누기 위해 서둘러 걸어갔다. 캐롤, 오마르, 미셸은 뒤에 남아 있었다.

오마르는 회의실의 문이 닫힌 뒤 불만을 토로했다.

"대체 이게 뭡니까?" 그가 물었다. "심지어 우리 이야기를 듣고 싶어 하지도 않았습니다. 배리는 왜 이 회의를 소집한 거죠? 경영진들은 왜 항상 슬라이드 덱을 달라고 하는 걸까요?" 오마르는 캐롤을 쳐다봤다. 그러나 캐롤은 가벼운 미소를 지으며 이메일 수신함을 확인하기 위해 눈을 돌렸다.

그녀는 언제나 부정적인 대화를 피하려고 한다.

캐롤의 수동적인 대응이 못마땅한 오마르는 계속해서 말했다. "정말이지 말입니다! 팀은 심지어 이 문제에 관해 함께 이야기조차 하려 하지 않았습니다. 그냥 슬라이드가 어떤 형태여야 하는지만 알려주고 싶은 거라고요. 짜증 나지 않습니까?"

오마르는 IUI에서 일하는 동안 언제나 회의에 완전히 참여하는 리더들과 함께하는 것에 익숙했다. 그는 분명히 팀의 짧고 무시하는 듯한 태도에 화를 냈다.

"맞아요, 짜증이 납니다. 그래도 그가 무슨 말을 하고 싶어 하는 것인지는 알겠어요." 미셸이 대답했다. "우리 파이프라인은 엉망진창이고, 바로 그게 문제입니다."

작은 스크린을 보며 깊은 한숨을 내쉰 미셸은 오마르 쪽으로 시선을 돌렸다. "어젯밤에 지난 1년의 모든 변경 기록을 가져와서 우리의 온보딩 데이터와 대조해봤습니다. 초기 데이터 추출에서 고려하지 못했던 추가적인 TLC가 22개 있었습니다."

"그러면 TLC는 총 205개인가요?" 오마르가 물었다.

미셸은 고개를 끄덕였다.

"잠깐, 무슨 의미입니까? 그건 전부 오래된 애플리케이션이잖아요?" 캐롤이 물었다.

"음, 꼭 그렇지는 않아요." 미셸이 대답했다. "제가 찾은 22개 TLC는 상대적으로 새로운 애플리케이션입니다." 그녀는 잠시 이야기를 멈췄다. "적어도 우리가 내린 정의에 따르면 말입니다."

"어떻게 그렇게 오랜 기간 그걸 놓쳤을까요?" 캐롤이 물었다. 그녀는 진척이 막힌 것에 화가 치미는 듯했다.

미셸이 어깨를 으쓱해 보이며 말했다. "모르겠습니다. 하지만 시간을 허비한 만큼 촉박한 상황에 놓였다는 건 분명합니다."

1월 4일 수요일

미셸은 살면서 처음으로 번아웃을 경험했다. 연휴 후유증과는 확실히 달랐다. 그녀는 침대에 누워 베개 위에 랩톱을 올렸다. 이제 막 쌍둥이를 재우는, 그야말로 힘겨운 일을 마무리했다. 아이들의 기운찬 에너지 일부를 어떻게든 줄일 방법이 있길 간절히 바랐다. 있다면 즉시 활용하고 싶은 마음이다.

미셸은 9개월 전 MRIA가 IUI에 전달된 후, 끊임없이 장애물을 해결하는 듯한 느낌을 받았다. 이제는 엔지니어링 관점의 해결책을 제시해야 할 최종 마감 기한이 점점 가까워지면서 명백하게 풀 수 없는 또 다른 문제를 맞닥뜨린 것 같았다.

3일 내내 밤마다 파이프라인 로그와 코드 커밋을 살펴보면서, 원래의 목표를 잃어버렸다고 느꼈다. 미셸은 펜을 집어 들고 노트패드에 방정식을 적었다.

전체 애플리케이션	205(183+22 new)
온보딩 애플리케이션	− 94
남은 애플리케이션	111
레거시 애플리케이션 = ?	
나머지 애플리케이션 = ?	

종이에 끼적여 놓으니 마음이 한결 편해졌다. 이내 집중력을 회복하고 데이터셋에 몰두하기 시작했다.

미셸은 주피터 노트북에서 지저분하고, 어렵고, 중복된 파이썬 코드를 타이핑했다. 소프트웨어를 개발할 때는 깔끔한 코드를 고집하지만, 데이터 분석을 위한 스크립트를 조합할 때는 빠르게 대충 작성하는 경향이 있었다. 그렇게 해도 스크립트 결과는 깔끔했고, 현재 필요한 모든 것을 만들어 냈다. 한 시간가량 여러 시스템의 데이터를 집계한 결과 주목할 만한 경향을 찾아낼 수 있었다.

"아하!"

"쉿!" 아내가 방 안으로 들어왔다. "잠자는 두 사자의 코털을 건드리고 싶은 거야?"

"설마! 지금 막 뭔가를 찾았거든."

"정말 훌륭해. 그게 뭔지는 내일 말해줘요. 지금은 잘 시간이랍니다." 그녀는 침대 위로 손을 뻗어 미셸의 노트북을 닫고, 이마에 가볍게 입맞춤했다.

1월 5일 목요일

다음 날, 미셸은 캐롤을 데리고 가느라 스탠드업 미팅에 늦게 합류했다. 마감일이 가까워질수록 모든 시니어 직원의 역량이 요구됐다. 미셸은 자신의 차례가 돌아오자 주피터 노트북을 브라우저 창에 표시했다. 얼핏 보기에는 코드와 스프레드시트가 뒤섞인 혼란스러운 형태였고, 수직으로 표현돼 있어 결과물을 보려면 계속 스크롤해야 했다.

미셸은 스크롤을 마치고 자신이 알아낸 것을 설명하기 시작했다.

"여러분도 알다시피 현재 IUI의 맞춤형 애플리케이션은 205개입니다. 그중 94개를 온보딩했습니다. 111개의 애플리케이션은 아직 파악되지 않았습니다. 그러나 데이터를 정밀하게 조사한 결과, 이 111개의 애플리케이션 중 최소 30개는 코드 저장소 사이에서 독특한 패턴을 공유하고 있음을 발견했습니다."

"무슨 말입니까?" 오마르가 물었다.

"예시로 mortgage-account-migration-service라는 저장소를 보겠습니다." 미셸은 화면을 가리키며 탭을 전환해 코드 저장소의 메인 페이지를 보여줬다. 페이지에는 파일과 폴더가 표시돼 있었다. "이 코드 저장소는 소비자 대출 부문의 한 애플리케이션에 속합니다. 루트 디렉터리에 있는 파일에 관해 뭔가 눈치챈 게 있나요?" 그녀가 물었다.

"빌드 파일이 보이지 않네요." 오마르가 덧붙였다.

"정확합니다!" 미셸이 말했다.

IUI에서 사용하는 빌드 파이프라인 도구는 빌드 파이프라인에서의 테스트, 컴파일, 게시를 위한 지침을 제공하기 위해 저장소의 루트 디렉터리에 특정 유형의 빌드 파일을 요구했다. 그러나 mortgage-account-migration-service 저장소와 미셸이 전날 발견한 30여 개의 저장소에는 그런 빌드 파일이 존재하지 않았다.

"그 빌드 파일이 없는데 어떻게 코드를 빌드하죠?" 오마르가 물었다.

"저도 같은 생각을 했죠. 그런데 이 파일을 보면…" 미셸이 커서를 저장소의 루트 디렉토리에 있는 'appfile.yaml' 파일 위로 이동시켰다. 그다음, 마우스 오른쪽 버튼을 클릭하고 '새 탭에서 링크 열기'를 선택했다.

"보입니까?" 페이지가 로드되는 동안 그녀가 다시 화면을 향해 손짓했다.

"제가 말한 30여 개의 애플리케이션은 모두 appfile.yaml을 사용하고 있습니다."

"이 파일이 대체 뭡니까?" 오마르가 물었다.

"저도 똑같은 점이 궁금했습니다. 고객 대출 부문에 있는 친구에게 전화했더니, 몇 년 전에 'AppRails'라는 프레임워크를 개발하기 시작했다고 하더군요. 이 프레임워크의 목표는 고객 대출의 CI/CD 프로세스 주변의 다양한 설정을 추상화, 표준화, 자동화하는 것이었습니다."

"오, AppRails에 관해 들어본 적이 있습니다. 그들과 일하면 진짜 골칫거리예요! 배포 문제가 생길 때마다 우리 탓을 하곤 했죠." 딜런이 불평했다.

"맞습니다. 이게 바로 그거예요." 미셸이 살짝 미소를 지으며 말했다.

"어떻게 그들은 이 일회성 파이프라인을 빠져나갔을까요?" 오마르가 물었다.

"음⋯." 캐롤이 입을 열었다. "그건 일회성이 아니라, 레거시입니다. 고객 대출 부문은 IUI 안에서도 가장 최근에 만들어진 부서죠. 기술 측면에서는 항상 처음부터 시작하는 편입니다. 그룹은 데브옵스 초기에 만들어졌고, 리더십들은 IUI의 다른 부서가 그 실천 방식을 채택하기 전부터 데브옵스 프랙티스를 옹호했어요. 그래서 고객 대출 부문은 신흥 기업 표준에서 벗어나 자체적인 CI/CD 프로세스와 자동화를 구축했습니다."

오마르가 끼어들었다. "그래도 이해가 안 됩니다. AppRails가 대체 뭡니까?"

미셸이 대답했다. "AppRails은 소비자 대출 파이프라인입니다."

"사실, 그 이상입니다." 캐롤이 대답했다. "맞아요, AppRails는 고객 대출 부문의 빌드 파이프라인입니다. 하지만 그 안에는 의존성 관리나 베이스 이미지 같은 '블랙박스' 자동화도 포함돼 있어요. 배포에도 사용하고요. 그 과정에는 많은 수동 승인 단계가 있습니다. 비록 '자동화된' 것처럼 보일지라도 말이죠."

"오랫동안 그런 방식이 허용된 이유는 뭔가요?" 오마르가 물었다.

캐롤이 어깨를 으쓱했다. "당시에는 단일 엔터프라이즈 빌드 및 배포 파이프라인을 따르도록 강제하는 정책이 없었습니다. 그래서 그때부터 고객 대출 부문은 도구 체인 플랫폼과 서버에 관리 서비스 계정을 얻어서 자체 CI/CD를 운영해 왔던 것입니다."

"미셸, 이제 어떻게 해야 합니까?" 오마르가 물었다.

"저도 모르겠습니다." 미셸이 대답했다. 다음번 팀과 회의를 하기 전에 완전히 호환되지 않는 파이프라인을 온보딩하는 것은 불가능한 임무처럼 보였다.

"실패를 인정하고 싶진 않지만 MRIA의 조치 완료 최종 기한까지 그들을 온보딩할 방법이 없을 것 같아요." 미셸이 캐롤을 보며 말했다.

캐롤은 미셸을 바라봤다. "제니퍼에게 도움을 요청해야 할 것 같아요."

―――――――――

"무슨 일입니까?" 제니퍼는 곧바로 용건을 물었다. 이미 늦은 시간이었고, 이 회의를 빨리 끝내고 싶은 게 분명했다.

캐롤은 그날 업무를 마치기 전에 엔지니어링 부사장이자 CIO인 제니퍼와 15분의 짧은 회의를 예약했다. 미셸은 크라켄 팀이 MRIA의 발견 사항을 충분히 해결해, AppRails 팀을 포함한 모든 TLC를 온보딩하지 않고도 최종 보고서를 진행할 수 있다고 설득하는 데 충분한 시간이 되길 바랐다. 새로운 시스템으로 완전히 전환하는 건 시간문제일 뿐이었다.

캐롤이 입을 열었다. "알고 계시듯 미셸과 그녀의 팀이 원하는 대로 규제 당국이 제시한 프로젝트 완료 기간에 모든 프로젝트를 새로운 자동화 거버넌스 시스템에 온보딩하려고 노력하고 있습니다. 최근 이들은 완전히 해결하지 않으면 목표 달성에 방해가 되는 요소를 발견했습니다."

"맞습니다. 아시다시피, 우리는 자동화된 온보딩을 통해 애플리케이션 '체크아웃' 단계에서 훌륭한 성과를 거뒀습니다. 하지만 그 후로는 진척이 없습니다. 우리는 몇몇 애플리케이션이 표준 빌드 파일이 아닌 다른 것을 사용하고 있음을 발견하기 전까지는 그 이유를 알 수 없었습니다…" 미셸은 말을 멈췄다. 제니퍼의 인내심이 한계에 다다른듯 보였다.

"어쨌든 핵심은 고객 부문 중 한 곳에서 IUI의 다른 부문에서 사용하는 것과 완전히 다른 파이프라인인 AppRails를 사용하고 있다는 점입니다. 마감 기한 전에 이것을 터보 유레카로 이동시키는 건 불가능합니다. 적어도 몇 달은 걸릴 것으로 예상합니다."

"잠깐만요." 제니퍼가 말을 끊었다. "그냥 전환하라고 요구하면 되는 거 아닌가요? 지금은 착한 척할 때가 아닙니다. 그냥 온보딩하세요."

"제니퍼, 그렇게 간단한 일이 아닙니다." 캐롤이 말했다.

"그럼 설명해 보시죠."

"음, AppRails 파이프라인을 기업 파이프라인으로 마이그레이션하려면 많은 비용과 시간이 필요합니다. 우선 지금 상황에선 시간적 여유가 없습니다. 시간이 있대도 많은 지원이 수반돼야 할 겁니다."

"마이그레이션할 수 없다면 두 파이프라인을 결합하세요. 서로 호환되도록 합치거나 호환할 수 있는 작업이라면 뭐든지 해야 합니다."

"그렇게 단순한 문제가 아니라고요. 제니퍼, 이건 마치 잘못된 플러그를 가진 것과 같습니다." 미셸이 끼어들었다. "스마트폰의 USB-C 케이블을 노트북에 연결하려는데, 노트북에는 USB-A 포트만 있는 경우처럼 말입니다. 현실 세계와 달리 변환기가 존재하지 않습니다. 두 시스템을 합칠 수는 없어요."

"그렇다면 변환기를 발명해서 빨리 해결하십시오. 다음 주 화요일에 수장과 다른 임원들에게 최종 상태 보고서를 제출해야 합니다. 중요한 애플리케이션이 온보딩 범위를 벗어나는 상태로는 외부 감사와 규제 당국을 통과할 수 없어요. 그리고…." 제니퍼는 말을 멈추고 깊이 숨을 들이쉬고는 심각한 표정으로 말했다. "통과하지 못하면 우리가 모두 길거리에 나앉게 된다는 건 굳이 강조하지 않겠습니다. 이번 실패로 인해 우리가 겪을 미래에 행운을 빕니다."

제니퍼는 자리에 앉아 회의가 끝났음을 알렸다. 캐롤과 미셸은 방에서 나와 문을 닫았다.

"젠장…." 목소리를 낮춰 중얼거렸다. 이번 회의는 어떤 도움도 되지 않았다.

그날, 미셸은 사무실을 나오며 패배감에 휩싸였다. 다가오는 마감 기한에 대한 스트레스가 모두를 낭떠러지로 내몰고 있었다. 이처럼 심각한 상황을 맞닥뜨린 건 처음이었다. 캐롤 역시 이번만큼은 아무런 영향력이 없는 듯 했다. 다른 데서 지원을 끌어와야 하는데, 어디서 찾을 수 있을까?

미셸과 그녀의 팀은 해결책을 찾으려고 몇 주에 걸쳐 머리를 쥐어짰다. 그러는 동안에도 할 수 있는 한 많은 TLC를 온보딩하는 작업을 놓치지 않았다.

'큰 회의'라고 불리는 회의를 앞둔 금요일, 미셸은 이전에 느껴보지 못했던 두려움을 안고 집으로 돌아갔다. 다음 주 화요일에 그들은 MRIA에 대한 최종 답변을 경영진에게 제출해야 했다. 터보 유레카가 MRIA와 그 이전에 발행된 MRA에서 제시한 모든 우려를 어떻게 해소하고 해결했는지 보여주는 게 목적이다. 그 후에는 CEO, 이사회, 규제 당국에 제출할 것이다. 규제 당국이 IUI가 MRA와 MRIA의 우려 사항을 완화했다고 인정하지 않으면 미셸과 그녀의 팀을 비롯한 IUI의 모든 직원은 큰 문제에 직면할 수밖에 없다.

미셸은 비참함마저 느꼈다. 지난 일 년 동안 MRIA의 결과를 충족하기 위해 충분한 성과를 이뤄냈다고 모두를 설득할 수 있을까? 새로운 시스템을 100% 도입하는 게 비현실적인 데다 불가능하다는 걸 설득할 수 있을까?

저녁 식사 시간 내내 좀비가 된 듯한 기분이었다. 침대에 누워 아내의 부드러운 숨소리를 들으며 천장을 바라봤다. 미셸은 늘 머리를 베개에 대자마자 곯아떨어졌지만, 오늘 밤은 그렇지 않았다. 다른 방에 잠들어 있는 두 아이가 뒤척이는 소리까지 들려 왔다. 머릿속 근심이 끊이지 않고 이어졌다. 그녀가 생각하지 못한 어떤 대답이 있을 거라 믿었다. 모든 것을 깔끔하게 해결해주는 마법 같은 해결책이나 특별한 기회가 잊지 않을까? 미셸은 새벽이 다 돼서야 잠들었다. 창문 너머로 아침 햇살이 들어올 때 잠에서 깨어났다. 그녀의 머릿속도 잠시의 휴식을 참지 못하고 또 혼란스러워지기 시작했다. 쌍둥이가 소란을 피우며 안아달라고 달려들 때까지 귀에서 윙윙대는 소리가 들렸다.

주말 내내 미셸은 일에서 벗어나 가족에게 집중하려 애썼다. 하지만 실패하고 말았다. 자기 자신도 모르게 아이들을 향해 퉁명스러운 말을 쏟아냈다. 그녀의 아내가 조촐한 소풍과 영화 시청 마라톤을 준비해 준 뒤에야 긴장이 풀렸다.

그들은 슈퍼 히어로물 영화를 연이어 감상했다. 미셸은 아이들이 영화 속 캐릭터들처럼 빠르게 움직이며 위험에 빠진 인형을 구하는 척하는 모습을 보고 웃음을 터뜨렸다. 쌍둥이가 함께 뭔가를 하는 건 이례적인 일이었다. 두 아이는 물과 기름처럼 부딪히는 게 일상이었다.

그 느낌은 마치 감사 부문과 함께 일하는 것과 비슷했다. 관점의 차이가 너무 커서 서로 어우러지는 건 기대할 수 없다. 하지만 때로는 빌, 배리, 안드레아와 함께 일한 성공과 같이 예상치 못한 조합이 형성되고 불가능했던 일이 가능해지는 것을 보게 된다. 갑자기 미셸의 머리에 한 가지 생각이 떠올랐다. '그래, 바로 그거야!' 미셸은 즐거움을 느끼며 생각했다.

2월 6일 월요일

월요일 아침, 미셸은 사무실에 들어서자마자 안드레아의 책상으로 빠르게 직진했다. 자리에 아무도 없는 것을 보고는 안드레아의 의자에 앉아 조급함에 다리를 떨며 그녀를 기다렸다. 책상 위 액자에 담긴 사진에는 안드레아가 있었다. 뒷모습이긴 했지만, 빨간 머리카락이 등 뒤로 흐르는 걸 보니 영락없이 안드레아다. 산 정상에 서서 은하수를 올려다보는 안드레아 옆으로 웅크리고 앉은 황금색 개가 보인다. 액자 옆에는 사우스 파크South Park 맥주잔이 있고, 그 옆에는 귀여운 분홍색과 흰 줄무늬 사탕병이 미셸의 시선을 끌었다. 미셸은 참지 못하고 사탕병의 뚜껑을 열어 손가락을 넣었다. 그때 누군가 다가오는 소리가 들렸다.

"편히 드세요."

"아이고, 죄송합니다!" 미셸이 몸을 돌렸다. 민망함에 어쩔 줄 몰라 하며 사탕 뚜껑을 세게 돌려 닫았다. 안드레아가 웃었다. "미안합니다. 음, 좋은 아침이에요. 부탁이 하나 있습니다. 아니, 감사 부문에 말씀드릴 게 있습니다." 미셸은 자리에서 일어나 안드레아에게 의자를 내어줬다.

"좋아요. 감사 부문에 요청할 게 있나요? 말씀해 주십시오." 안드레아는 의자에 앉아 미셸을 보며 호기심 가득한 표정으로 말했다.

미셸은 제니퍼에게 했던 설명과 같은 내용을 전달했다. 안드레아가 열심히 듣는 것을 보며 가능한 한 간결하게 유지하려 노력했다. "그러니까, 저희는 감사 부문의 지원을 받고자 합니다. 감사 부문이 저희를 지원해주고, 우리가 성의껏 노력했으며 TLC의 나머지 부분을 온보딩할 계획이 있다는 걸 보여주면, 우리는 직장을 유지하면서 '큰 회의'를 잘 넘길 수 있을 겁니다."

"AppRails를 사용하는 팀을 통합하지 못하는 이유는 뭔가요?" 안드레아가 물었다.

"통합할 수 없는 건 아닙니다. 지금 우리에게 있는 시간보다 훨씬 더 많은 시간이 필요하단 게 문제죠." 미셸이 설명해 보려 했다.

"좋아요, 이제 주요 내용을 되짚어보죠." 안드레아가 말했다. "AppRails는 마감일까지 마이그레이션할 수 없습니다. 하지만 100% 온보딩 마감일은 팀이 정한 기일이었죠? 내일 회의는 규제 당국에 우리가 약속한 부분을 이행했단 걸 보여주는 게 목적입니다. 우리의 응답이 MRIA에서 지적된 문제를 명확하게 다뤄 준수하는가, 그것만 확인하면 됩니다. 그래서 MRIA의 정확한 내용은 무엇입니까?"

"맞아요! 잠깐만요, 확인해 보겠습니다." 미셸은 출근하자마자 안드레아에게 와본 게 다행이라는 생각이 들었다. "여기 있습니다. MRIA에는 '일관성 없는 프로세스는 보안과 컴플라이언스를 준수하는 데 역부족이며, 결과적으로 심각한 결함이 있는 인가되지 않고 취약한 소프트웨어가 프로덕션에 릴리스됐다'라고 언급돼 있습니다."

안드레아는 해당 행을 여러 차례 읽었다. 미셸은 그녀를 바라봤다. 다소 참기 어려웠지만 안드레아에게 솔루션을 찾는 데 필요한 시간을 주려고 노력했다.

"커피가 당기네요." 안드레아가 말했다. 미셸은 놀라서 그녀를 바라봤다. 안드레아는 몇 분 후에 차가운 커피를 손에 들고 돌아왔다. 그녀는 다시 앉아 MRIA의 내용을 살펴봤다.

"그래서…." 미셸이 말했다.

"쉿!" 안드레아가 말을 막았다.

미셸은 안드레아의 사무실 벽에 등을 기대고 바닥에 주저앉았다. 잠이 쏟아져 눈꺼풀이 바닥으로 내려앉기 직전에 안드레아가 침묵을 깼다.

"아하!" 안드레아가 희열에 가든 찬 목소리로 소리쳤다. "미안해요, 그런데 이거 정말 완벽합니다. 아주 간단해요. 당신이 답을 갖고 있었네요."

"제게 답이 있다고요? 하지만 우린 모든 TLC를 자동화된 거버넌스에 온보딩하지 못했고, 마감일 전에 완료할 수 없을 거예요. 팀은 100%가 필요하다고 단호하게 말하고 있어요."

"친애하는 왓슨 씨, 말해봐요." 안드레아가 얼굴에 희미한 미소를 띠며 말했다. "MRIA 어느 부분에 '자동화된'이라는 단어가 있는 거죠?"

미셸은 잠시 생각에 잠겼다. "맞아, 그래요. 그런 단어는 없어요."

"정확합니다. MRIA의 언어에 기반하면 우리는 요구 사항을 만족하는 것 같아요. 다만 IUI의 모든 TLC가 우리가 설립한 동일한 규칙을 따르는 게 전제 조건이죠. 규칙은 다음과 같아요."

- 프로덕션 환경에 푸시된 코드에 대한 동료 리뷰를 강제한다.
- 최소한의 품질 기준을 식별하고 강제한다.
- 모든 사람에 대한 모든 프로덕션 환경의 상승된 접근 권한을 제거한다.

"MRIA에는 이러한 규칙을 어떻게 따를지에 대한 구체적인 요강이 없어요. 터보 유레카는 대다수의 TLC에 대해 기업 표준을 사용하고 있으므로 문제 대부분을 해결했죠. AppRails 파이프라인 사용자는 이를 제출해야 하는데, 이제부터 매 프로덕션 릴리스에 대한 증거를 제공해야 합니다." 안드레아가 설명했다.

"그러니까 현재 AppRails 배포는 여러 승인 단계를 거치는 수동 프로세스를 포함하고 있네요." 미셸이 말했다. "하지만 이 추가적인 수동 작업을 하는 게 쉽지 않을 수 있고, 그 증거들을 저장할 시스템이 없을 수도 있습니다."

"음, AppRails과 다른 팀들은 CMDB 시스템에 직접 증거를 업로드해야할 겁니다. 그들은 CAB와 함께 리뷰를 진행하고 승인을 받아야만 릴리스할 수 있어요." 안드레아는 자동화된 거버넌스에 참여하지 않으려는 팀들을 불편하게 만들고 싶어 하는 듯한 뉘앙스로 말했다.

"그리고 우리는 자주 감사를 진행해 그들이 자동화된 버전에서 제시된 모든 정책을 따르고 있는지 확인할 계획입니다."

"정말인가요? 제 생각에는 그게 팀과 제니퍼에게 좋게 비치진 않을 것 같은데요."

"그럼 우리가 더 많은 지원을 얻어 봐야죠." 안드레아가 윙크를 했다. "그나저나 우리 둘이라서 하는 얘기지만 이 수동 작업이 AppRails 사용자들에게 추가적인 고통을 줄 수도 있습니다. 실제로 그들이 조기에 기업 표준으로 이주하도록 유도할 수도 있을 거고요."

안드레아는 컴퓨터로 돌아가서 사내 채팅창에 메시지를 입력하기 시작했다. "오늘 업무를 마치기 전에 야다와 시간을 잡을 수 있는지 확인해 보겠습니다. 보통 그녀는 팀의 예기치 않은 요청을 위해 당일 일정에 10분 정도의 여유 시간을 두곤 하거든요."

"정말 그렇게 쉽게 우리가 실제 요구 사항을 충족할 수 있다고 생각하시는 건가요?"

"알잖아요. 감사는 당신들의 삶을 어렵게 만들려는 게 아닙니다. 사실 우린 여기서 도움을 주기 위해 존재합니다." 안드레아가 웃으며 말했다. "그러니까…. 만약 다른 팀들이 자동화된 거버넌스에서 제시한 정책을 수동으로 따르고 있다면, 우리는 목표를 달성한 겁니다. 우리가 말한 대로 하고 있는 거죠."

미셸도 미소를 지었다. 감사 부문이 자신들의 팀과 하나인 것처럼 느껴져 기분이 좋았다. 사실, 이제야 데브옵스가 처음으로 약속한 것을 실제로 이행하고 있다는 느낌을 받았다. 사일로 사이에 벽이 필요하지 않았다. 감사가 적대적인 존재일 필요가 없었고, 서로 다른 역할을 하는 것도 아니었다. 실제로 함께 일할 수 있었다. 그리고 그들이 함께 일할 때의 기분은 형언할 수 없을 만큼 좋았다.

13장

2월 7일 화요일

캐롤과 미셸은 회의실로 들어갔다. 상사들과 그 상사들의 상사들이 있었고, 외부 감사 기관 대표인 로라 페레즈도 있었다. 심지어 제이슨도 참석했다. 팀과 야다는 테이블 앞자리에 마주 보고 앉아 있었다. 팀은 창문을 등지고 있었다. 바깥 날씨는 너무나도 좋았다. 하늘에 구름 한 점 없는 밝고 화창한 날이었다. 하지만 미셸의 눈에 비친 회의장 안은 번개가 휘몰아치기 직전의 긴장감이 가득했다. 이 회의는 원활하게 진행되지 않을 것 같았다.

미셸은 침착하게 보이려 애쓰며 소지품을 테이블에 내려놓았다. 회의석을 주욱 둘러보다가 팀 옆에 있는 제니퍼를 발견했다. 제이슨은 그들이 들어오는 소리를 듣고는 의자를 돌렸다.

"자, 쇼의 주인공들이 오셨습니다!" 제이슨이 기쁜 표정으로 박수를 치며 말했다.

박수가 끝나자 야다가 자리에서 일어났다.

"특별히 상기시킬 필요는 없을 듯하지만, 오늘 여러분이 여기에 있는 이유부터 말하겠습니다. 약 1년 전 우리는 규제 당국으로부터 MRIA를 받았습니다. 내용은 이렇습니다." 야다는 앞에 있는 종이를 들어 읽기 시작했다. "일관성 없는 프로세스는 보안과 컴플라이언스를 준수하는 데 역부족이며, 결과적으로 심각한 결함이 있는 인가되지 않고 취약한 소프트웨어가 프로덕션에 릴리스됐다."

"MRIA에게 처음으로 타격 입은 이후, 지난 10개월 이상의 시간과 변화를 통해 우리는 많은 발전을 이뤘습니다. 실수도 잦았죠. 하지만 오늘 이 시간, IUI는 우리가 내부적으로 작성하는 소프트웨어에 관심 있는 모든 사람을 포함하는 방식으로 소프트웨어를 제공하기 위한 새로운 길을 달리고 있습니다."

제이슨이 다시 박수를 쳤다. 미셸은 그를 바라봤다. 그에게선 스트레스가 느껴지지 않았다. 미셸이 모르는 뭔가를 제이슨은 알고 있는 걸까?

"앞으로 살펴볼 것은 이런 발견을 해결하고, 유사한 미래를 발견할 가능성을 예방하려는 우리 전략의 핵심입니다. 그럼, 이제 빌에게 발표를 넘기겠습니다. 빌은 엔지니어, 보안, 감사 부문과 협력해 IUI의 답변과 미래 거버넌스를 다듬는 데 참여했습니다."

빌이 일어났다. 미셸은 마른 침을 꿀꺽 삼켰다. 그녀와 오마르 그리고 팀 전체가 이 프로젝트에 오랫동안 참여했기에, 자녀가 박사 학위 논문을 발표하는 걸 지켜보는 부모의 심정으로 빌을 바라봤다. 잔뜩 긴장한 탓에 울렁이는 속을 진정시키느라 진땀이 날 지경이었다.

"오늘 우리가 여기에 있는 이유는 감사에서 실패했거나 MRIA로 인해 타격을 받았기 때문이 아닙니다. 소프트웨어를 어떻게 구축해야 할지에 대해 더 크고 더 나은 방식으로 생각하지 못했기 때문입니다." 빌이 말했다. "회고를 통해 우리는 데브옵스 방식으로 전환하는 과정에서 많은 것을 제대로 했지만, 모든 것을 완벽하게 해내지는 못했습니다. 그렇기에 소프트웨어 엔지니어링 프로세스가 우리를 실패하게 만든 것입니다. 우리는 개발과 운영만 고려했고, 보안, 컴플라이언스, 리스크 등은 고려하지 않았습니다. 이것이 우리의 가장 큰 실패였습니다."

제이슨이 동의한다는 표시로 머리를 끄덕이며 박수를 쳤다.

"우리의 문제는 소프트웨어 개발 프로세스에서 적절한 통제를 갖추지 못했다는 겁니다. 따라서 모든 MRA가 MRIA로 이어진 거죠. 왜 우리는 발견하지 못했을까요? 소프트웨어 엔지니어 부문이 적절한 통제를 포함한 소프트웨어 제공 워크플로우를 구축하기 위해 리스크 팀과 협업했다면 이러한 발견을 예방할 수 있었을 겁니다. 왜 우리는 이렇게 하지 않았을까요? 간단히 말해서 우리가 데브옵스에 대해 생각하는 방식이 아니었기 때문입니다. 우리는 전달 속도가 가장 중요하다고 생각했습니다. 보안과 리스크를 제품 특성에 포함하지 않았습니다. 이러한 조기 포함과 지속적인 협력의 부족으로 주요한 문제에 직면하게 된 것입니다."

"개인적으로 이 주요한 문제는 소프트웨어 개발 및 전달 프로세스의 요구 사항 평가에서의 잘못에서 기인했다고 확신합니다." 빌이 설명했다.

야다가 말했다. "우리가 모두 조금 잘못된 시각을 갖고 있었다고 생각합니다. 우리는 엔지니어링 팀과의 협력을 더 요구해왔지만, 그것을 어떻게 실현할 수 있을지는 잘 알지 못했습니다. 소프트웨어 개발 프로세스의 설계에 명시적으로 파트너이자 기여자로 참여하는 것은 훌륭한 접근 방식입니다."

제이슨이 다시 작게 박수를 쳤다.

"네, 잘 설명해줬습니다." 제이슨이 덧붙였다. "이것은 데브옵스의 세 가지 원칙인 흐름, 피드백, 지속적 개선의 예시입니다. 팀 사이의 이러한 협업은 흐름을 확립하며, 흐름은 결함이 최종 사용자에게 전달되지 않도록 보장합니다. 우리는 리스크와 컴플라이언스를 소프트웨어 제공 프로세스나 소프트웨어 자체에 대한 품질 검증으로 볼 수 있습니다. 이는 일반적으로 말하자면 IUI '시스템'이 작동하는 방법에 관한 깊은 이해입니다."

회의 테이블에 있는 사람들의 얼굴에 미소가 떠올랐다.

미셸은 웃음을 지었다. '와! 우리가 실제로 함께 배우고 성장하고 있는 걸까? 이번 회의는 조금 기대해도 되겠어.'

"좋습니다. 우리의 지침 정책에 관해 이야기하겠습니다." 빌이 말을 시작했다. "이들을 가드레일이라고 생각해보십시오. 지침 정책은 당신이 행해야 할 행동을 구체적으로 알려주지는 않습니다. 대신 문제를 해결하기 위해 고려해야 할 행동을 선택할 수 있도록 적절한 정보를 제공합니다. 명시적으로 어떤 일을 해야 하는지를 명시하지 않으면서도 특정한 방향으로 행동을 유도하는 거죠. 첫 번째 지침 정책은, 나머지 정책을 따르면 IUI의 수동 변경 승인 프로세스를 우회해 곧바로 프로덕션 환경으로 이동할 수 있다는 것입니다."

이 말은 레코드판을 긁는 소리처럼 거슬렸다. 야다와 팀의 표정이 흥분된 상태에서 걱정스러운 표정으로 바뀌었다. 과거 그들에게 이 제안이 주어졌지만, 아무도 손대고 싶지 않아 했다. 이미 개발자들에게서 들었던 것을 이제 제품 관리 부서에서 듣고 있다. 하지만 IUI 팀 구성원 중 한 명 이상이 그 작업의 초점을 수동 변경 승인 프로세스에 맞추고 있었다. CAB는 운영 환경으로 진입하는 모든 변경 사항의 중심에 있었다. 사람들은 CAB 앞에 가서 변경 요청 양식을 제출하기를 꺼렸다. IUI 변경 승인 프로세스를 우회하는 개념은 매우 혼란스러웠다.

"야다, 팀. 여러분의 표정이 모든 걸 말해주네요. 하지만 TSA 사전 확인과 같다고 생각해보십시오. 위험이 적은 승객들은 프로세스를 더 빠르게 진행할 수 있습니다. 빠르게 마무리하고 나서 여러분이 걱정하는 부분에 관해 말해보겠습니다. 다른 세 가지 정책으로 여러분의 걱정이 해결되리라 확신합니다."

야다와 팀은 서로를 바라본 뒤 빌에게 계속 진행해도 좋다는 신호를 보냈다.

빌은 슬라이드를 보면서 말을 이었다. "두 번째 지침 정책은 소프트웨어 및 그 배포 프로세스에 대한 품질, 리스크 완화, 컴플라이언스에 관한 증거를 포착하기 위한 자동화가 구현돼야 한다는 것입니다. 소프트웨어 설계 및 개발 중에는 꼭 필요한 동료 검토만 수동 프로세스로 남아 있습니다."

"세 번째 지침 정책은 보안과 컴플라이언스 요구 사항의 중요성과 기능 요구 사항의 중요성이 동등하며, 모든 소프트웨어 제품 팀은 보안, 리스크, 컴플라이언스, 감사 팀과 함께 이러한 요구 사항을 최초부터 식별해야 한다는 것입니다."

"네 번째 지침 정책은 소프트웨어 예산입니다. 금융 예산과 유사한 예산 시스템을 구축해 품질, 리스크, 컴플라이언스, 감사의 적자를 추적합니다. 예산이 고갈되면 팀은 새로운 기능을 작업할 수 없으며 빚을 완전히 갚아야 합니다. 이 예산은 회사 내 누구든 언제든지 열람할 수 있습니다." 빌이 말을 마친 뒤 호흡을 가다듬었다. 설명을 시작한 후 처음으로 숨을 쉴 것 같았다.

"잠깐만요, 모든 팀이 항상 100% 준수를 하지 않는 이유는 뭐죠? 왜 우리가 항상 100% 이하를 허용해야 합니까?" 팀이 계속 물었다. "우리가 여기 있는 이유를 이미 모두 알지 않습니까?"

캐롤이 대답했다. "조직에서 수립한 규칙을 100% 준수하길 원하지만, 현실적으로 그것은 대부분 불가능합니다. 규칙을 수립할 때, 그것을 달성하기 어려운 정도에 대한 피드백 과정이 없습니다. 조직은 단순히 '이것이 규칙'이기에 이행될 거라고 가정합니다."

"실제로는 그 반대입니다. 대부분은 기대에 부응하려고 노력할 것입니다. 심지어 마찰이 발생해서 그들을 다른 방향으로 이끌더라도, 많은 사람이 자신의 작업을 '충분히 좋'고 합리화할 것입니다. 어떤 것이 규칙에 부합하고, 그렇지 않은지 명확하게 추적할 수 없다는 얘기죠."

"이 새로운 접근 방식은 리스크를 인식하고, 완화 프레임워크를 제공함으로써 이를 경험적으로 해결하게 합니다. 제품 팀은 트레이드오프 결정 권한을 위임받을 것입니다. 이들이 맥락을 가장 잘 알고 있기 때문이죠. 여러분과 같은 리더십은 구체적인 예산 한도를 설정할 수 있습니다. 이제 품질, 리스크, 컴플라이언스, 보안 및 감사는 제품 팀의 책임이 됩니다."

"그러니까, 우리는 알려진 치명적인 취약점이 있는 소프트웨어의 새 버전을 출시할 수도 있다는 겁니까? 그리고 제품 팀이 그 결정을 내리도록 허용한다는 건가요?" 팀이 물었다.

제이슨은 작은 소리로 환성을 내지르며 재빨리 끼어들었다. "보안은 엔지니어링 팀의 책임이다! 의사 결정은 가장 맥락이 있는 사람에게 가까워져야 한다! 축하해요, 캐롤! 당신은 섀넌 리츠$^{Shannon Lietz}$와 같은 말을 하고 있습니다. 섀넌은 DevSecOps라는 용어를 만들어낸 사람 중 하나죠. 그녀의 기본 아이디어는 보안을 실제로 소프트웨어를 구축하는 사람들의 책임으로 만드는 것이었고, 소프트웨어와 비즈니스 문제에 대한 지식이 적은 다른 사람들이 아닌 실제로 소프트웨어를 구축하는 사람들에게 권한을 가져오는 것입니다. 이는 권한과 정보의 거리를 줄이는 것의 극치입니다. 다른 방식으로는 할 수 없죠."

말할 기회를 계속 보고 있던 미셸이 입을 열었다. "몇 가지 예를 들겠습니다. 컴플라이언스 정책의 두 가지 예를 살펴보겠습니다. 정책 번호 1을 '알려진 치명적인 취약점이 있는 소프트웨어는 출시되지 않는다', 정책 번호 2를 '새로운 코드의 단위 테스트 코드 커버리지는 출시할 때 최소 60% 이상이어야 한다'라고 해보겠습니다. 저는 자신 있게 어느 누구도 치명적 취약점이 있는 코드를 프로덕션에 릴리스하지 않을 거라고 말할 수 있습니다. 하지만 팀은 코드 커버리지가 55%인 코드는 릴리스를 진행할 수 있고, 커버리지는 다음 릴리스에서 보강할 수 있습니다. 팀이 어떤 일을 하든, 어떤 일을 했는지에 대한 증거를 갖게 될 것입니다. 바로 이점이 이전에 우리에게 부족했다고 생각합니다."

"그래, 이건 흥미로운 아이디어입니다. 제가 이 아이디어에 익숙해지려면 시간이 좀 더 필요하겠지만, 어떤 내용인지는 대략 알 것 같습니다." 팀이 말했다.

제이슨이 팀을 바라봤다. "크라켄 팀이 제안하는 것은 SRE[1]의 기본 개념과 유사한 것입니다. SRE는 신뢰성과 최종 사용자를 위해 소프트웨어나 소프트웨어 개발 프로세스를 향상시키는 데 초점을 둔 반면, 네 번째 정책은 컴플라이언스와 보안을 위해 소프트웨어와 개발 프로세스를 향상시킵니다. 제대로 실행한다면 우리도 구글이 SRE 책을 출판한 것처럼 '컴플라이언스와 보안 엔지니어링' 책을 쓸 수도 있을 것 같네요!" 제이슨은 정말 기뻐하는 표정이었다. 미셸은 제이슨의 이 끊임없는 긍정성이 어디에서 발산되는지 여전히 궁금했다.

"그러면 CSE 책이 되겠군요!" 팀이 능청스럽게 말했다.

마우스 클릭 소리와 함께 마지막에서 두 번째 슬라이드 '다음 단계'가 표시됐다.

빌은 미셸, 캐롤, 배리, 안드레아를 쳐다봤다.

"여기부터 저희가 맡겠습니다." 미셸이 말했다. "다음은 우리가 사용할 대시보드입니다."

화면에는 '이것을 원하지 않을 이유가 있을까요?'라는 문구가 표시됐다. 이어서 풀 리퀘스트 승인, 유닛 테스트 코드 커버리지, 정적 코드 품질 등이 분석된 대시보드가 나타났다.

"잠시만요, 더 있습니다." 미셸이 계속 말했다. "이제 우리는 시스템을 구성 요소 수준까지 볼 수 있습니다." 그녀는 다음 슬라이드로 넘겼다.

"제가 원한 게 이거예요." 제니퍼가 말했다.

잠시 후, 외부 감사인인 로라 페레즈가 말했다. "와우! 저도요. 이렇게 훌륭한 걸 본 적이 없는 것 같습니다. 사실, 이를 다른 조직들이 이루기 위해 어떻게 활용할 수 있는지에 대해 팀과 함께 더 자세히 이야기하고 싶습니다.

---

1 SRE(Site Reliability Engineering)는 소프트웨어 엔지니어링 원리와 관행을 기반으로 인프라와 운영 문제에 적용하는 방법이다. 주요 목표는 신뢰성이 높고 확장 가능한 소프트웨어 시스템을 만드는 것이다. 웹 사이트(https://sre.google/)를 참조하라.

콘퍼런스 같은 곳에서 공동 경험 보고서를 발표할 수도 있을 것 같습니다."

미셸이 활짝 웃었다. 지금 이 상황을 오마르와 크라켄 팀의 나머지 구성원들에게 알리고 싶어 어쩔 줄 몰랐다.

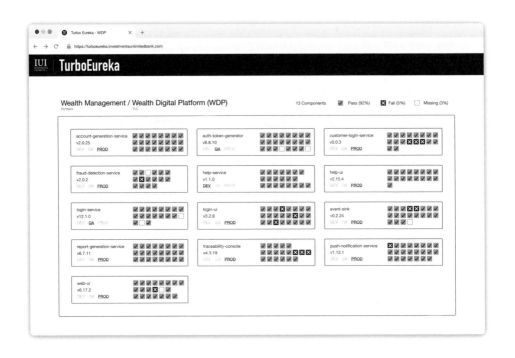

모든 시선이 야다에게 향했다. 그녀는 아직 깊은 생각에 잠겨 있었다. 5초의 침묵이 마치 5분처럼 길게 느껴졌다. 야다가 감탄하는 듯한 표정을 짓기 시작했다.

"저도 이걸 원합니다! 어제와 마찬가지예요. 솔직히 말해서 우리는 오랫동안 데브옵스에서의 리스크를 줄이기 위한 계획이 있다고 스스로 말해왔습니다. 하지만 최선의 경우에도…. 최선일 때도 우리는 세 가지 다른 계획이 있었습니다. 엔지니어링 팀, 사이버 리스크 팀, 내부 감사의 계획이었습니다. 비로소 처음으로 자동화된 거버넌스가 이 세 가지 기능을 동일한 비전으로 향하게 해줄 것입니다. 소프트웨어를 개발하는 동안 리스크를 줄인다는 의미에서의 비전입니다."

팀은 고개를 끄덕였다. "네, 이건 제가 봤던 마지막 데모보다 더 좋아 보이는군요. 여러분의 팀이 만든 것은 IUI는 물론 크게는 커뮤니티를 위한 게임 체인저라고 할 수 있을 것 같습니다. 하지만 온보딩에 관해 이야기해봅시다. 지금 IUI에서 몇 개 팀이 이것을 사용하고 있습니까?"

장이 꼬이는 것 같은 불편함이 미셸을 덮쳤다. 가장 두려워했던 순간이다. 그녀는 다른 화면을 띄웠다. IUI의 TLC들을 단계별 사다리로 나타낸 이미지가 나타났다.

미셸은 지금까지의 온보딩 프로세스를 설명했다. 파이프라인의 '체크아웃' 단계를 사용해서 자동으로 온보딩을 진행한 방법과 도입에서의 어려움, AppRails 플랫폼에 관한 내용도 포함했다.

미셸은 다시 한번 마음을 굳게 다잡았다. "이 레거시 플랫폼을 발견함으로써 사실상 도입이 막혔습니다." 팀의 시선을 피하며 말을 이어갔다. "우리는 다음 분기에 적어도 그들을 온보딩하기 위해 필요한 시간과 예산을 할애할 것을 제안합니다. 또한 마이그레이션 비용이 너무 큰 레거시 애플리케이션도 있습니다. 이런 애플리케이션에 대해서는 수동 프로세스를 유지할 것을 제안합니다."

미셸의 말이 물결치듯 회의실에 퍼졌고, 청중 사이로 중얼거리는 소리와 의견을 밝히는 말들이 속속 새어 나왔다.

"조직의 절반 이상이 새로운 자동화 시스템을 따르지 않는다면 무슨 의미가 있습니까?" 팀이 말했다.

"이것은 규정을 따르지 못하는 것과 같습니다. 한 번 더 말하지만, 우리는 보안의 부담을 충족시키지 못하고 있습니다." 배리가 말했다.

"동의합니다. 수장과 이사회도 이를 좋아하지 않을 것입니다." 제니퍼가 말했다.

회의가 또다시 원망과 비난으로 가득 차려고 할 때 야다가 자리에서 벌

떡 일어났다.

"모두 진정하십시오. 지금까지 미셸과 팀은 지난 1년 동안 놀라운 성과를 거뒀습니다. 조금 전 그녀가 새로운 대시보드를 보여줬을 때 여러분이 목격한 열정을 잊지 마십시오."

"맞습니다, 대시보드는 훌륭했습니다. 하지만 사용되지 않는다면 소용이 없습니다." 팀이 좌절한 듯 말했다. 그는 야다에게 이야기했다. "100% 온보딩하지 않는 상태로 진행할 수 있는지 생각해 볼 만한 가치가 있습니까? 저는 잘 모르겠습니다."

미셸은 두 뺨이 달아오르는 걸 느꼈다. 부끄러움과 좌절감이 동시에 느껴졌다. 이런 일이 가능하다는 걸 전에는 알지 못했다.

"현실적으로 100% 온보딩은 불가능합니다." 미셸이 대답했다. "어떨 때는 무책임하기까지 합니다. 일부 레거시 애플리케이션은 둥근 구멍에 네모난 막대를 끼워 맞추는 것처럼 더 많은 시간과 비용을 들일 것입니다. 그들의 현재 방식을 유지하면서 수동으로 컴플라이언스를 달성하는 것이 더 좋습니다. 그들을 폐기할 때까지 편안하게 수동으로 컴플라이언스를 달성하면서 시간이 지나도록 하는 게 더 낫습니다."

"하지만 그렇게 하면 IUI는 더 많은 감사와 다른 MRIA의 위험에 처하게 되는 것 아닙니까?"

"사실, 그렇게 생각하지 않습니다." 야다가 대답했다. "미셸과 그녀의 팀은 온보딩에 관한 우려를 세부 회계 감사 팀에 전달해 문제를 함께 해결하도록 했습니다." 야다는 돌아서서 미셸과 안드레아에게 미소를 보냈다. "그리고 그게 맞습니다. 우리는 문제를 파헤치면서 MRIA에서 원래 지적했던 것과 자체 내부 감사 결과를 재검토했습니다."

"다들 기억하실 것 같습니다만, MRIA는 IUI가 '일관성 없는 프로세스는 보안과 컴플라이언스를 준수하는 데 역부족이며, 결과적으로 심각한 결함이 있는 인가되지 않고 취약한 소프트웨어가 프로덕션에 릴리스 됐다'라고 말합니다. 이 보고서에서 규제 당국은 우리가 바로잡는 **방법**에 관해서는 언급하지 않았습니다. 모든 IUI 구성원이 말하고 있는 대로 행동하고, 그에 대한 증거가 있으면 우리는 컴플라이언스를 만족하는 것입니다."

"자동화된 거버넌스는 우리가 선택한 것이었고, 이는 아마도 데브옵스 여정을 계속하기 위한 유일한 방법일 것입니다." 미셸이 덧붙였다.

"이전 MRAs에서 언급된 초기 TLC들은 어떻게 됩니까?" 로라가 끼어들었다. "이 새로운 자동화된 시스템에 포함돼 있습니까?"

"대부분 포함돼 있습니다." 미셸이 대답했다. "AppRails 플랫폼의 TLC는 제외입니다. 하지만 그들 역시 우리가 회의 초반에 언급한 수동 정책을 따르고 있습니다."

침묵이 흘렀다. 외부 감사인이 있는 상태에서 이런 토론을 진행하는 것이 조금 불안하기도 했다. 미셸은 그들이 얼마나 멀리 왔는지를 두고 환성을 지를 건지, 아니면 한 해 동안의 노력과 그에 대해 보여줄 수 있는 게 적다고 생각해 좌절할 것인지 헷갈렸다.

모두가 외부 감사인 로라를 보고 있었다. 어차피 이 문제에 대해 의사결정을 내릴 가장 가능성이 큰 사람은 그녀와 그녀의 회사다.

"흐음…." 로라는 머리를 끄덕이며 대답했다. "제가 보기엔 야다의 생각이 맞습니다. MRIA는 우려 사항에 대해 IUI가 **어떻게** 대응해야 하는지 요구하지 않습니다. 단지 우려 사항이 효과적으로 해결돼야 한다는 것뿐입니다. 조직의 일부 부문이 수동으로 컴플라이언스를 만족하거나, 자동화 시스템을 통해 컴플라이언스를 만족하더라도 거기에 차이를 두지 않을 것입니다. 지금 구축한 것과 미래에 이런 통제들을 마이그레이션하거나 해결하기 위한 명확한 계획을 제시한다면, 규제 당국을 설득하고 이 프로젝트를 마무리할 수 있을 것입니다. 기억하십시오. 규제 당국이 가장 관심을 두는 것은 여러분이 위험을 줄이려고 적극적으로 나서고 있다는 사실을 보여주는 겁니다."

미셸은 숨을 죽이고 방 안을 둘러봤다. 팀은 의자에 기대어 앉아 로라를 응시했다. 제니퍼는 생각에 잠긴 듯 고개를 약간 기울이고 있었다. 영원처럼 느껴지는 정적이 흘렀다.

그때 박수 소리가 갑자기 터져 나왔다. 미셸은 놀랐다. 제이슨이 일어나서 크게 박수를 치고 있었다. 방 안의 사람들은 그를 향해 몸을 돌리며 궁금한 표정으로 제이슨을 바라봤다.

"축하드립니다! 성공하셨군요." 제이슨이 선언했다.

"성공했다고요?" 팀이 물었다.

"네! 저는 확신합니다. 로라도 그렇게 생각하고 있고요." 제이슨은 로라를 향해 몸을 돌렸고, 그녀는 동의의 뜻으로 고개를 끄덕였다. 제이슨이 차분한 목소리로 말을 이었다. "보십시오, 약 1년 전에 IUI는 마비되기 직전이었고, 그 존재의 미래 자체가 의문이었습니다. 수잔에게 선택지는 두 가지뿐이었습니다. 포기하거나 팀을 믿는 것. 그녀는 후자를 선택했죠. 상황 자체는 참으로 안타까웠습니다. 그런 식으로 진행될 필요가 없었습니다!"

모두가 제이슨의 얼굴을 바라보고 있었다. 팀은 무엇을 기대해야 할지 확신하지 못했다.

"다른 모든 회사와 마찬가지로, 우리는 지난 몇 년 동안 데브옵스 여정에 나섰습니다. 또한 우리는 팀 전체에 걸쳐 데브옵스의 좋은 점을 받아들이기 시작했습니다. 리더십은 진행되고 있는 일에 자랑스러워했습니다. 그때 MRIA가 우리 세계를 뒤흔들었습니다."

"우리는 올바른 위치에 올바른 사람들과 함께 있었습니다. 그저 함께 모여서 마법을 만들기만 하면 되는 거였죠. 그건 간단해야 했습니다. 그렇지 않나요? 하지만 간단하지 않았죠. 팀들은 함께하지 않았습니다. 결국 우리는 우리 존재와 생존 능력조차 의심하는 상황에 이르러야 했습니다."

"지난 1년 동안 이 조직의 모든 사람은 고통을 느꼈지만 그 이상을 달성했습니다. 우리 엔지니어링 팀들을 아낌없이 칭찬합니다. 그들은 상상력을 발휘해 새로운 솔루션을 실험하고 테스트하며, 여러 차례 실패에도 포기하지 않았습니다!" 제이슨은 제니퍼, 캐롤, 미셸을 바라보며 한 번 더 박수를 보냈다. "심지어 그 과정에서 최악의 공급망 취약점에 직면했지만, 이 팀은 그것도 처리해냈습니다!"

"리스크와 감사 파트너들에게도 감사함을 전합니다! 정말 고맙습니다!" 제이슨은 야다와 그녀의 팀이 원인 규명을 위해 협조한 데 진심으로 감사를 표했다. "이 모든 일에 도움을 준 팀과 그의 팀에게도 감사합니다."

"저는 며칠 동안 이에 관해 생각했습니다. 우리는 소프트웨어 개발 보안, 감사 그리고 리스크 관리에 있어서 지금 훨씬 더 나은 상황에 있는 게 아닐까 생각합니다." 제이슨은 잠시 멈췄다가 주변을 둘러보며 말을 이었다. "이제 저는 확신합니다. 우리가 데브옵스 원칙을 사용해서 지속적인 통합과 배포를 포용하지 않았다면 규정을 준수할 수 없을 것입니다."

제이슨은 말을 멈추고 환하게 웃으며 방을 둘러봤다. "나는 이 팀의 일원이라는 게 자랑스럽습니다. 여러분도 자랑스러워해야 합니다! 우리는 IUI에 지울 수 없는 터닝 포인트를 만들었다고 믿습니다. 그리고 여러분과 여러분의 팀이 이것을 가능하게 했습니다! 야다, 어떻게 생각하십니까?"

"공감합니다! 제이슨, 말씀 감사드려요." 야다가 대답했다. "정말로 잘 말씀하셨습니다. 이 팀은 정말 훌륭한 일을 해냈습니다!"

제이슨이 다시 박수를 치자, 모두가 함께 박수를 치기 시작했다. 미셸도 활짝 웃으며 전율을 느꼈다. 캐롤, 빌, 팀, 야다를 비롯해 방 안에 있는 사람들을 살펴봤다. 모두가 미소를 짓고 있었다. 심지어 배리조차 박수를 치며 웃고 있었다. '정말 놀라워!' 미셸이 생각했다. '우린 정말로 해냈어!'

박수 소리가 잦아들자 야다가 마무리를 했다. "지금 다른 우려 사항이 없다면 회의를 종료하겠습니다." 야다는 잠시 멈추고 방 안을 둘러봤다.

로라가 머리를 가로저었다. "이견 없습니다."

"훌륭합니다." 팀이 말했다. "이제 우린 새로운 과정과 절차를 이사회에 발표할 준비를 마쳤습니다. 캐롤, 미셸, 여러분과 여러분의 팀은 계속해서 TLC를 온보딩하는 작업을 진행해야 합니다. 우리는 장애물을 제거하고 미래를 위한 도로를 마련했지만, 그 도로는 지속적으로 유지 보수를 해야 합니다. 다음 단계는 IUI가 다시 이러한 상황에 부닥치지 않도록 하는 겁니다."

"자, 여러분, 들어보십시오." 제이슨이 말했다. "여러분이 괜찮다고 하신다면 수장에게 모두가 해낸 훌륭한 일에 대해 알릴 생각입니다."

제이슨이 방을 나가자 다른 임원들이 소지품을 챙기기 시작했다. 미셸역시 소지품을 챙겼다. 그녀는 성공했다는 게 아직도 믿기지 않았다.

"고마워요, 제이슨." 수장이 크게 웃으며 말했다.

제이슨은 수장에게 진척 상황을 전달했다. 리더십 팀의 여러 사람이 회의에 참여했다.

"팀이 이룬 성과는 믿을 수 없을 만큼 자랑스럽네요." 수장이 말을 이었다. "그리고 미셸에게는 계속 투자해야 할 것 같아요."

"동의합니다!" 제이슨이 외치며 덧붙였다. "제니퍼의 팀도 훌륭한 일을했지만, 미셸은 험난한 산을 넘도록 우리를 안내한 셰르파였습니다."

"전적으로 공감합니다. 그녀는 반드시 승진시켜야 할 리더예요." 제니퍼가 덧붙였다.

"미셸은 저에게도 감동을 줬습니다." 야다가 말했다. "그건 정말 어려운일이죠."

제이슨이 껄껄 웃으며 말했다. "미셸이 받아야 할 인정을 받을 수 있도록 해야겠어요. 정말로 팀 전체가 인정받아야 합니다! 야다와 팀이 가라오케 파티를 열면 어떨까요? 둘이 숨은 스타라고 들었는데요!"

야다의 입이 떡 벌어졌다. "그걸 어떻게 알았어요?"

"걱정하지 마세요, 증인들은 데려오지 않을 테니까." 제이슨이 말했다.

모두가 박장대소했다.

에필로그

3월 4일 화요일

수잔은 책상에 앉아서 제이슨이 준 최신 책을 읽고 있었다. 그때 휴대폰 진동이 울렸다. 버나드였다.

"수잔!" 버나드의 목소리가 휴대폰 밖으로 새어 나왔다. "감사하게도 평가 기관에서 좋은 소식을 들었어요. 당신의 팀이 성공한 것 같네요."

"정말 기쁜 소식이군요, 버나드!"

"실로 대단한 일을 해냈습니다. 이사회 전체가 자신감을 느끼고 있어요."

"감사합니다. 이 좋은 소식을 팀 전체에 전달하겠습니다. 즐거운 주말 보내세요."

"수잔도요."

버나드가 전화를 끊었다. 수잔은 책상에 휴대폰을 놓았다. 노트북과 제이슨이 준 책, 다양한 논문, 아티클을 챙겼다. 모든 것이 기술 비즈니스의 미래에 관한 것이었다.

수잔은 IUI의 정문을 빠져나왔다. '봄의 보스턴은 정말 사랑스럽구나!' 그녀는 감탄하며 거대한 건물 사이를 지났다. 시원하고 상쾌한 공기를 마시면서 찰스강 산책로의 경치를 바라봤다. 곧 나무들이 싹 트고 윤기 나는 초록빛으로 강을 빛낼 거란 생각에 미소가 절로 나왔다. 이런 환경적 여건이 이 지역으로 집을 옮긴 첫 번째 이유였다.

근처 건물 앞에 공사가 진행 중이었다. 큰 수도관과 전력 도관, 철근이다 드러나 있었다. 수잔은 얼마 지나지 않아 이 모든 게 사라지고 멋진 경관과 건물 외관이 나타날 것으로 생각했다. IUI에서 일어난 모든 일을 돌아보니, 기술과 보안은 그런 숨겨진 요소와 같다는 걸 깨달았다. 잘 구축됐다면 외부는 물론이고 고객이나 회사도 볼 수가 없다. 하지만 비즈니스 전략과 실행에 포함되지 않으면 비즈니스는 핵심적인 흐름, 동력, 구조를 잃어버릴 것이다. 표면적으로 상황이 좋아 보여도 실상은 문제가 있는 상태다.

수잔은 깊이 숨을 들이쉬었다. 책, 아티클, 신문으로 가득 찬 가방의 무게가 느껴졌다. 20년 전에 누군가 그녀에게 CEO는 기술과 보안 전문가가 돼야 한다고 말했다면 아마 비웃었을 것이다. 분명히 기술과 보안은 중요하지만 비즈니스를 위한 서비스에서의 비용 요소와 유틸리티 같은 것으로 생각했다. 지하에 있는 똑똑한 너드와 우울한 사람들에게 맡기는 게 옳다고 여겼다.

이제는 그 생각이 얼마나 잘못된 것이었는지를 깨달았다. 제이슨이 상기시켜준 대로, 기술은 비즈니스의 생명이자 모든 것을 가속하고 증폭하는 열쇠다. 적당한 거리를 유지하면서, 그들은 기술과의 연결을 잃어버렸다. 보안, 감사, 프로세스의 틈새가 생기고, 그 틈새는 커져만 갔다. 그들의 반짝이는 비즈니스가 외부에서는 얼마나 아름답게 보일지 모르지만, 균열이 생겼고, 그들은 갑자기 재앙을 향해 전력 질주하고 있음을 발견한 것이다.

길모퉁이를 도는 순간, 시원한 바람이 수잔을 맞았다. 고개를 들어 하늘을 보니 어두운 구름이 모여들기 시작했다. 도시의 소음이 공기를 가득 채웠고, 집을 향해 가는 직장인들이 빠져나온 사무실 건물 사이로 퍼져 나갔다. '이곳의 공기에는 항상 활기와 에너지가 있어.' 수잔은 자신과 IUI가 방금 겪은 도전을 앞으로 얼마나 많은 동료가 겪게 될지, IUI의 미래에 얼마나 많은 도전이 기다리고 있을지 궁금해졌다.

거리 양쪽에는 사무실 건물이 주욱 늘어서 있었다. 모든 건물이 다른 건물보다 높아지려고 끙끙대는 모습이었다. 경쟁이 치열한 이곳에서 비즈니스를 잡아내려면 혁신, 속도, 관련성, 보안이 필요했다. 기술의 각 계층은 수장이 보는 건물의 각 층과 같았다. 각 계층은 다음 계층과 그다음 계층을 위한 토대를 준비하며 미래까지 이어졌다. IUI는 물론이고 어떤 비즈니스라도 생존하고 번영하기 위해서는 비즈니스와 기술 사이에 분리가 허용돼서는 안 된다는 점을 깨달았다. 모든 비즈니스는 진정한 의미에서 기술 비즈니스이고, 모든 비즈니스 리더는 기술 리더라고 할 수 있다.

제이슨과 그날 일찍 대화를 나눈 후, 수장의 머릿속은 IUI가 시도해볼 새로운 아이디어로 가득 찼다. 이 모든 아이디어는 새로운 디지털 기술을 바탕으로 한 것이었다. 그 가능성을 그려보며 들뜬 감정이 마구 솟아올랐다. 불안이 그녀의 어깨를 가볍게 두드렸지만 이내 그것을 떨쳐냈다. 수장에게는 세상에서 가장 훌륭한 팀이 있었다. 실수도 할 수 있겠지만, 경험한 것처럼 함께 노력한다면 어떤 어려움도 해결할 수 있다고 확신했다.

'하늘은 한계야!' 그녀는 속으로 생각하며 눈앞 거대한 빌딩을 바라봤다. '아니지, 생각해보니 한계가 없어. 그저 그것을 추구할 용기만 있으면 충분해. 우리의 미래는 무궁무진하다!'

수장은 웃음을 터뜨렸다. 그녀는 세상을 변화시킬 준비가 돼 있었다. 하지만 오늘 밤은 아니었다. 음, 오늘은 피자 나이트를 즐기는 날이다. 그녀는 얼른 집에 돌아가 리치와 루카스와 함께 피자를 만들 생각에 잔뜩 흥이 올랐다.

부록 1

MRA와 MRIA

MRA는 중요하고 합리적인 기간 안에 대응해야 하는 결함이며, 즉각적인 대응이 필요하지는 않다. 우려의 심각성과 관계없이 모든 우려 사항이 기관의 이사회에 통보된다.

MRA는 다음과 같은 프랙티스를 설명한다.

1. 건전한 거버넌스, 내부 통제 또는 리스크 관리 원칙에서 벗어나는 것으로 대응하지 않으면 금융 성과 혹은 리스크 프로파일을 포함해 은행의 상황에 불이익을 초래할 수 있다.
2. 법률 또는 규정, 집행 조치 또는 은행의 어떤 신청이나 기타 요청의 승인과 관련해 서면으로 요구되는 조건에 대한 실질적 불복합성을 초래한다.

통화감독관 사무국The Office of the Comptroller of the Currency, OCC은 이러한 프랙티스를 결함 있는 프랙티스로 지칭한다. 일반적으로 불안전하거나 부적절하며, 신중한 운영으로 인정되는 표준에 반하는 행동 또는 행동의 부족으로, 계속될 경우 비정상적인 리스크나 손실을 기관, 그 이해관계자 또는 예금보험 기금에 끼칠 수 있다.

MRIA는 검사, 조사 또는 기타 감독 활동에서 발생하는 중요하고 긴급한 사항으로, 연방준비제도Federal Reserve가 은행 조직에 즉각 대응하도록 요구하는 사항을 포함한다.

1. 은행 조직의 안전성과 건전성에 중대한 리스크를 가질 수 있는 사항
2. 적용 가능한 법률이나 규정에 대한 중대한 컴플라이언스 미준수를 나타내는 사항
3. 은행 조직의 부적절한 주의나 비행동으로 중요성이 높아진 반복적인 비판 사항
4. 소비자 컴플라이언스 검사의 경우, 중대한 소비자 피해를 초래할 수 있는 사항. MRIA는 감사관들이 은행 조직의 수정 조치를 확인할 때까지 미결 사안으로 남는다.
5. 더 자세한 내용은 다음 자료를 참조하라.

   https://www.federalreserve.gov/supervisionreg/srletters/sr1313a1.pdf

   https://www.federalregister.gov/documents/2017/08/09/2017-16735/proposed-guidance-on-supervisory-expectation-for-boards-of-directors

   https://www.occ.gov/publications-and-resources/publications/comptrollers-handbook/files/bank-supervision-process/pub-ch-bank-supervision-process.pdf (pg 51)

부록 2
통제 톨게이트를 포함한 파이프라인 설계

조직은 '통제 및 톨게이트^{controls and tollgates}' 개념을 활용해 파이프라인을 설계할 수 있다. 이 아이디어는 파이프라인 내 특정 유형의 게이트를 사용해 소프트웨어 전달 프로세스로부터 경고를 보내거나 프로세스를 중단할 수 있다는 것이다. 다음은 이와 관련된 16개의 통제/톨게이트 예시다.

- 소스 코드 버전 관리
- 최적의 브랜치 전략
- 정적 분석
- 코드 커버리지 80% 초과
- 취약점 검사
- 오픈 소스 검사
- 아티팩트 버전 관리
- 자동화된 프로비저닝
- 변경 불가능한 서버
- 통합 테스트
- 성능 테스트
- 커밋마다 자동 빌드 및 배포 테스트
- 자동화된 롤백
- 자동화된 변경 주문
- 다운타임 없는 릴리스
- 피처 토글

빌드 파이프라인 안의 통제

빌드 파이프라인의 많은 이벤트는 조작 방지 형식으로 수집되고 저장될 수 있다. 이렇게 할 수 있다면 다음과 같은 역할이 가능하다.

- 빌드 차단 결정을 위한 정보를 제공한다.
- 보안 운영 팀이 모니터링하는 경보를 발생시킨다.
- 배포 이전에 제어가 수행됐음을 증명하는 역할을 한다.

소프트웨어 개발 수명 주기 전반에 걸친 다양한 제어가 구현되고, 이벤트가 안전하게 한 곳에 수집될수록, 운영 중인 위험한 소프트웨어의 가능성이 감소한다. 또한 IT 리더와 규제 기관은 신뢰를 불러일으키는 향상된 가시성을 갖게 되며, 조직은 임무를 수행할 수 있는 안전한 소프트웨어를 이용할 수 있게 된다.

다음 표는 독자들이 자체 빌드 파이프라인에 구현을 고려해볼 수 있는 몇 가지 옵션을 제공한다. 더 자세한 내용은 IT Revolution 백서 「DevOps Automated Governance Reference Architecture」 34페이지에서 제공하는 30개 이상의 통제 목록을 참조하라.

통제 #	통제	IUI 스토리 포함 여부	빌드 블록 트리거로 사용 가능 여부
1	동료 리뷰	네	그렇다. 동료 리뷰 누락은 빌드를 블록할 수 있다.
2	정적 애플리케이션 보안 테스팅	네	그렇다. 심각하고 (선택적으로) 높은 발견 사항은 빌드를 블록할 수 있다.
3	소프트웨어 구성 분석	네	그렇다. 심각하고 (선택적으로) 높은 발견 사항은 빌드를 블록할 수 있다.
4	코드 품질	네	아마 그렇지 않을 것이다.
5	단위 테스팅	네	아마 그렇지 않을 것이다.
6	코드 서명	네	그렇다. 서명 누락은 빌드를 블록할 수 있다.
7	라이선스 확인	아니오	아마 그렇지 않을 것이다.
8	신뢰할 수 있는 의존성 스토어	아니오	그렇다. 신뢰할 수 있는 스토어 이외의 출처로부터의 의존성 사용은 빌드를 블록할 수 있다.
9	컨테이너 취약성 스캔	아니오	그렇다. 심각하고 (선택적으로) 높은 발견 사항은 빌드를 블록할 수 있다.
10	시크릿 스캐닝	아니오	그렇다. 소스 코드에 민감한 토큰, 키, 비밀번호 등이 포함되면 빌드를 블록할 수 있다.

부록 3

DevSecOps 선언문

보안을 코드로 적용함으로써, 우리와 같은 보안 전문가들이 더 적은 저항과 함께 가치를 창출하고 운영할 수 있는 더 나은 방법이 있다는 것을 알게됐고 앞으로도 학습을 지속할 것이다. 우리는 우리 방식을 신속히 적응하고 혁신을 촉진해 데이터 보안과 개인 정보 보호 문제가 변화에 뒤처지지않도록 해야 함을 알고 있다.

보안을 코드로 개발함으로써, 우리는 멋진 제품과 서비스를 만들기 위해 노력할 것이며, 개발자에게 직접적인 통찰력을 제공하며, 배포 이전에항상 최상의 해결책을 찾으려는 대신 반복과 개선에 중점을 둘 것이다. 우리는 개발자처럼 운영함으로써 보안과 컴플라이언스를 서비스로 제공할것이다. 우리는 다른 사람들이 자신의 아이디어가 현실이 되는 새로운 길을 열고 방해하지 않도록 도울 것이다.

우리는 코드 개선을 위해 스캐너와 보고서에만 의존하지 않을 것이다. 우리는 외부인의 시각으로 제품과 서비스를 공격함으로써 여러분이 만든것을 방어하도록 도울 것이다. 우리는 허점을 찾고 취약성을 탐색하며, 단지 문제의 목록을 제시하는 것이 아니라 해결 조치를 제공하기 위해 여러분과 함께 작업할 것이다.

우리는 조직이 실수와 공격자로부터의 피해자가 되기를 기다리지 않을것이다. 이미 알려진 것을 찾는 데 만족하지 않고, 감지되지 않은 이상 현상을 찾을 것이다. 우리는 여러분이 가치를 두는 것을 가치 있게 생각해 더 나은 협력자가 되기 위해 노력할 것이다.

- 항상 '아니오'라고 말하기보다 학습에 참여를
- 공포, 불확실성, 의혹보다는 데이터와 보안 과학을
- 보안에만 국한된 요구 사항보다 개방적인 기여와 협력을
- 의무적인 보안 통제와 서류보다 API를 통한 이용 가능한 보안 서비스를
- 고무 도장식 보안보다 비즈니스 주도의 보안 점수를
- 스캔과 이론적 취약점에 의존하기보다 레드 팀과 블루 팀의 착취 테스트를
- 사고 발생 이후 반응보다 24/7 예방 보안 모니터링을
- 자체 정보 유지보다 위협 정보의 공유를
- 클립보드와 체크리스트보다 컴플라이언스 운영을

DevSecOps 선언문 전문은 다음 링크(https://www.devsecops.org/)에서 확인할 수 있다.

부록 4
시프트 레프트

데브옵스 및 DevSecOps와 관련된 대부분과 마찬가지로 '시프트 레프트 shift left'라는 용어는 토요타 생산 시스템과 자동화 및 안돈 코드의 사용과 연결될 수 있다. 제품을 전달할 때 결함을 초기에 발견할수록 비용 측면에서 더 효과적이라는 것이 주요 아이디어다. 이는 높은 품질의 산출물로 이어진다. '시프트 레프트'라는 용어를 처음 사용한 것은 소프트웨어 개발 생명주기Software Development Life Cycle, SDLC의 소프트웨어 테스팅까지 거슬러 올라간다.

시프트 레프트 테스팅은 다음과 같은 지연된 테스팅으로 인한 피해를 방지하기 때문에 중요하다.

- 테스터들은 초기 계획에 덜 관여하게 돼 테스팅에 할당된 자원이 종종 부족하게 된다.
- 요구 사항, 아키텍처 및 설계 결함은 발견되지 않은 채 중요한 노력이 소멸되는 경우가 있다.
- 소프트웨어가 더 많이 생성되고 통합됨에 따라 디버깅(결함 식별, 지역화, 수정 및 리그레션 테스트)이 더 어려워진다.
- 캡슐화로 인해 화이트박스 테스트에 제약이 생겨 테스트 중 코드 커버리지가 줄어든다.
- 테스트에서 발견된 결함을 수정하기에 충분한 시간이 없어, 그 결함이 나중에 나오는 증분이나 버전으로 미뤄질 가능성이 커진다. 이는

기술 부채의 '파장'을 생성하며 그 크기가 커지면 최악의 경우 프로젝트를 파탄으로 이끌 수 있다.[1]

애자일 운동은 시프트 레프트 개념으로 테스트 주도 개발Test-Driven Development, TDD을 홍보했다. 그러나 시프트 레프트 개념이 일반적인 용어로 형식화된 것은 사실 데브옵스 운동이었다. 진 킴과 다른 저자들은 시프트 레프트 개념을 더욱 탐구해 이를 『데브옵스 핸드북』이라는 책에서 다뤘다. 책에서는 두 번째 방법Second Way을 통해 피드백 루프를 강화하는 과정으로 시프트 레프트를 설명한다.

중복된 피드백 루프

앤드류 스톰Andrew Storms은 2014년 '데브옵스 세계에서 보안을 좌측으로 이동시키기Moving Security to the Left in a DevOps World'라는 DevOps.com의 아티클에서 시프트 레프트 개념을 보안과 연결시켰다.

시프트 레프트란 간단히 말해 SDLC에서 발견되는 결함을 감지한 뒤 그에 반응하는 것이 아니라, 결함을 방지하는 제어, 행동 및 기능을 의도적으로 우선시하는 것이다.

---

1 위키피디아, 'Shift-Left Testing', 2021년 11월 8일(수정일). https://en.wikipedia.org/wiki/Shift-left_testing#:~:text=Defects%20in%20requirements%2C%20architecture%2C%20and,software%20is%20produced%20and%20integrated.

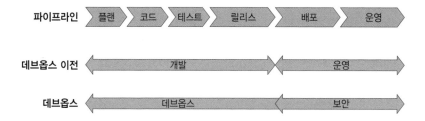

부록 5

소프트웨어 구성 분석

소프트웨어 구성 분석^{Software Composition Analysis, SCA}은 주어진 소프트웨어의 구성 요소를 식별하는 과정이다. 이 구성 요소는 높은 수준(예: '클라우드 다이어그램'의 항목에 해당), 중간 수준(예: 구분된 클래스, 모듈 또는 파일), 낮은 수준(예: 파일이나 클래스를 구성하는 함수 또는 메서드)까지 다양한 수준에서 식별될 수 있다.

검사 대상 소프트웨어는 일반적으로 단일한 모놀리식^{monolithic}으로 인식될 수 있다(SCA는 그 구성 요소를 드러내기 위해 사용된다). 또는 현대 운영 체제와 같이 이미 구성 요소의 컬렉션으로 인식될 수도 있다(SCA는 더 세부적인 수준에서 구성 요소를 식별하거나 이미 알려진 구성 요소 간 상호 관계를 식별할 수 있다).

SCA라는 용어는 또 단일 구성 요소의 분석을 가리킬 수 있다. 예를 들어 해당 구성 요소의 입력, 출력 및 부가 작용을 보여줄 수도 있다.

업계에서는 SCA를 종종 소프트웨어 제품 안에서 사용된 오픈 소스의 식별에 국한된 것으로 본다. 예를 들어 일반적인 정의는 다음과 같다. 'SCA는 오픈 소스 소프트웨어^{Open Source Software, OSS}의 사용을 위한 위험 관리, 보안 및 라이선스 준수를 자동화해 가시성을 제공하는 과정이다.' 하지만 SCA는 오픈 소스에 국한되지 않으며, 사유 서드파티 또는 기업 내부 구성 요소의 식별을 포함할 수도 있다. 오픈 소스의 소스 코드가 없기에 소프트웨어 구성 요소를 보기 어렵다는 공통적인 제한이 있을 수 있다. 그러나 정적 검사

(해체 및 디컴파일 등)와 동적 검사(패킷 스니핑 등)를 포함한 상용 제품에 대한 소프트웨어 역엔지니어링을 통해 소스 코드가 없더라도 소프트웨어의 구성을 종종 결정할 수 있다.

SCA의 목적에는 보안 감사(특히 제품이 특정 버전의 구성 요소를 사용하고 알려진 보안 취약점 저장소와 비교할 수 있는 경우), 라이선스 준수(오픈 소스 및 사유 구성 요소 모두) 및 지적 재산 침해가 포함된다.

SCA 프로세스는 유효한 소프트웨어 구성 목록Software Bill of Materials, SBOM 또는 '소프트웨어 분해software teardown'를 생성해야 한다. 업계에서는 SBOM 에 대한 표준 형식으로 CycloneDX 및 SPDX를 사용한다.

부록 6

국내 사이버 보안 개선을 위한 US 행정 명령

2021년 5월 12일 조 바이든 대통령은 국가 사이버 보안을 개선하고 연방 정부 네트워크를 보호하기 위한 대통령 행정 명령에 서명했다. 이 행정 명령은 SolarWinds, Microsoft Exchange, Colonial Pipeline과 같은 최근의 사이버 보안 사건과 직접적으로 관련돼 있다.

"사이버 사건의 예방, 탐지, 평가 및 해결은 우리 정부의 최우선 사항이며 국가 및 경제적 보안에 필수적입니다. 연방 정부는 모범을 보여야 합니다. 모든 연방 정보 시스템은 이 명령에 근거해 제시된 사이버 보안 기준 및 요구 사항을 충족하거나 초과해야 합니다."[1]

요약하면, 이 행정 명령은 다음을 요구한다.[2]

- 정부와 민간 부문 간 위협 정보 공유 장벽 제거
- 연방 정부에서 강화된 사이버 보안 기준의 현대화 및 시행
- 소프트웨어 공급망 보안 개선
- 사이버 보안 안전 검토 위원회 설립
- 사이버 사건 대응을 위한 표준 플레이북 작성
- 연방 정부 네트워크에서의 사이버 보안 사건 탐지 개선
- 조사 및 개선 능력 향상

---

1 https://www.whitehouse.gov/briefing-room/presidential-actions/2021/05/12/executive-order-on-improving-the-nations-cybersecurity/

2 https://www.whitehouse.gov/briefing-room/presidential-actions/2021/05/12/executive-order-on-improving-the-nations-cybersecurity/

부록 7

FAQ

이 섹션은 자동화된 거버넌스 노력을 시작하는 데 있어 일반적인 지침을 제공하고, 독자들이 시작하는 데 방해가 되는 오해를 해소하기 위해 준비했다.

1. **이 이야기는 거버넌스 현대화에 대한 기술적 접근에 주로 초점을 맞추고 있다. 그렇다면 기술 이외의 측면도 존재하는가?** 그렇다. '사람, 프로세스, 기술'이라는 고전적 삼각형을 생각해 볼 수 있다. 이러한 변화의 요소를 생각하는 데 도움이 되는 간단한 방법이다. 이야기의 효율성을 위해 기술에 초점을 맞췄지만, 사람과 프로세스 측면을 간과하면 위험할 수 있다.

2. **이 모든 것을 적용하기 위해 클라우드 네이티브 조직일 필요가 있는가?** 그렇지 않다. 클라우드 도입의 성숙도와 고성과 IT 조직의 연관성은 관찰할 수 있다. 자동화된 거버넌스는 현대적인 개발 프랙티스와 마찬가지로 컴퓨팅 기능이 제공하는 속도와 민첩성을 활용한다.

3. **이 모든 것을 적용하기 위해 조직이 대부분 서드파티 개발자가 아닌 내부 개발자(큰 기술 기업과 같이)로 구성돼 있어야 하는가?** 그렇지 않다. 보고된 바에 의하면, 이러한 변화는 고려할 요소가 적을 수록(예: 여러 아웃소싱 소프트웨어 개발 파트너) 덜 도전적이라는 증거가 있다. 이러한 파트너들은 내부 개발자만큼 능동적으로 미션을 수행하지 않거나, 필요한 권한이 부족할 수 있다. 심지어 서드파티 개발 팀 중 일부는 새로

운 기능에 대한 열정이나 의욕이 앞서 보안 수정을 소홀히 하기도 한다. 이는 서드파티 개발 팀과의 계약이 합의된 날짜에 새로운 기능을 제공하는 것에 초점을 맞추고 있어서 발생하는 것으로 추측할 수 있다. 결과적으로 보안 및 컴플라이언스와 같은 자동화된 거버넌스 노력은 뒷전에 놓일 수 있다.

4. **내 애플리케이션 포트폴리오가 특정 프로그래밍 언어나 프레임워크로 주로 구성돼 있다면 이런 것을 적용하기가 쉬워지는가?** 조직에서 사용하는 구체적 언어나 프레임워크보다 조직이 공식적으로 지원하는 언어나 프레임워크의 수가 더 중요하다. 이와 같은 지원을 명확히 하고 언어나 프레임워크의 수를 제한하는 것은 조직 내 무질서를 줄이고 자동화된 거버넌스와 같은 작업을 함께 수행하기 쉽게 만들 수 있다.

5. **자동화된 거버넌스를 고려하려면 우리 조직이 이미 중간 혹은 높은 수준의 데브옵스 조직이어야 하는가?** 그렇지 않다. 진정한 고성과 데브옵스 조직은 손에 꼽을 정도로 많지 않다. 데브옵스 관점에서는 많은 조직의 일부가 높은 성과를 거두고 있다. '모든 것을 코드로 표현'하고 개발과 운영 전반에 걸쳐 소프트웨어 개발의 최상의 프랙티스를 종합적으로 적용하는 등 데브옵스 측면의 성숙도는 있지만, 데브옵스가 자동화된 거버넌스의 선행 조건은 아니다. 사실, 자동화된 거버넌스는 데브옵스 여정의 연속선상에서 그 진척을 촉진하고 가속할 수 있다.

6. **이 모든 것을 수행하기 위해 이미 조직 안의 다양한 빌드 파이프라인을 통합하거나 동질화해야 하는가?** 에드워드 데밍Edwards W. Deming은 "통제되지 않은 변동은 품질의 적이다"라고 말했다. 이와 같은 정신에서 소프트웨어 개발 인프라와 워크플로우를 표준화하는 것은 명확한 이점이 있다. 조직 내 빌드 파이프라인의 수와 구성을 통합하면 소프트웨어 전달 관리가 쉬워진다. 왜냐하면 자동화된 거버넌스와 같은 새로운 프랙티스가 도입되면 예외가 발생하거나 관리가 필요한 환경이 적어

지기 때문이다. 조직이 이미 이러한 단계를 진행하지 않았다면 '빌드 파이프라인 확산'을 최소화하기 위한 공식적인 노력을 고려해보라. 이렇게 하면 자동화된 거버넌스와 다른 최적화를 소프트웨어 포트폴리오 전반에 효과적으로 적용할 수 있다.

7. **조직이 자동화된 거버넌스를 추구할 때 위기가 필요한가?** MRIA를 받는 등의 위기 상황은 조직의 주의를 집중시키고 행동을 결집할 수 있지만, 그렇다고 일부러 위기를 기다리는 것은 권장하지 않는다. 대신 예방적인 접근을 권장한다. 몇 개의 애플리케이션을 대상으로 자동화된 거버넌스 노력을 시작해 리더십에 그 가치를 입증함으로써 보다 광범위한 노력을 위한 허가를 받을 수 있다. 이렇게 함으로써 위기의 발생 가능성을 줄일 수 있다.

마치며

우리가 거버넌스에 관한 안내 문서를 만들기 위해 처음 모였을 때, 흥미로운 개요를 마련하는 데 어려움을 겪었다. 전달하고 싶은 몇 가지 훌륭한 아이디어가 있었지만, 그 구성이 어떻든 매우 학문적이고 지루한 내용이 될 것이었다.

그때 한 아이디어가 떠올랐다. 이것을 짧은 이야기로 만들면 어떨까? 그래서 이 이야기가 만들어졌다. 수잔, 팀, 빌, 야다, 미셸, 제이슨 그리고 나머지 모든 인물은 우리가 담고자 하는 내용을 전달하기 위해 태어났다. 기술 안내서가 갑자기 접근 가능하게 됐다. 우리는 결과에 만족했고, 데브옵스 엔터프라이즈 포럼DevOps Enterprise Forum 커뮤니티도 동의해 줬다.

4개월 후, 전화 한 통을 받았다. "진Gene과 IT Revolution 직원들이 당신들의 논문에 대해 논의했습니다! 이것을 책으로 출간하려 합니다!" 리아 브라운Leah Brown의 전화였다. 놀랍고 기뻤다. 리아는 IT Revolution이 이 이야기를 편집하고 확장해서 짧은 소설로 만들 것이라고 설명했다. 우리 모두 그것이 훌륭한 아이디어라는 데 공감했다. 생각할수록 더욱 흥분되고 열정이 솟아났다.

마지막으로 존 윌리스John Willis가 또 다른 아이디어를 제시했다. 우리 모두 시간을 투자해 좋은 아이디어를 훌륭한 아이디어, 그리고 완전한 길이의 소설로 만들 것을 제안했다. 우리는 그의 의견에 동의했고 헬렌 비얼Helen Beal을 작가 팀에 초대했다.

대형 데브옵스 커뮤니티의 놀라운 격려가 없었다면 책을 완성하지 못했을 것이다. 우리는 Scenius[1]의 영감과 지원, 데브옵스 엔터프라이즈 서밋 DevOps Enterprise Summit과 데브옵스 엔터프라이즈 포럼의 리더 커뮤니티에 사랑의 빚을 졌다. 진과 마거릿 킴Margueritte Kim은 데브옵스 운동의 주최자이자 영감을 주는 리더로 감사 목록의 맨 위에 위치한다.

이 책을 통해 제시한 핵심 개념들은 여러 해 동안 커뮤니티를 통해 만들어졌다. 또 커뮤니티 리더와 전문가들이 모이는 연례행사에서 몇 가지 데브옵스 엔터프라이즈 포럼 안내 문서 형태로도 발표됐다.[2] 이러한 문서와 협력자들의 비전과 연구 덕분에 이 책이 존재할 수 있었다. 데브옵스 커뮤니티에 커다란 공헌을 한 핵심 문서와 협력자들은 다음과 같다.

- 「An Unlikely Union: DevOps and Audit」(2015) by James DeLucia, Paul Duvall, Chairman, Mustafa Kapadia, Gene Kim, Dave Mangot, Tapabrata "Topo" Pal, James Wickett, Julie Yoo.
- 「Dear Auditor」(2018) by Ben Grinnell, James Wickett, Jennifer Brady, the late Rob Stroud (may he rest in peace), Sam Guckenheimer, Scott Nasello, Tapabrata "Topo" Pal.
- 「DevOps Automated Governance」(2019) by Michael Nygard, Tapabrata "Topo" Pal, Stephen Magill, Sam Guckenheimer, John Willis, John Rzeszotarski, Dwayne Holmes, Courtney Kissler, Dan Beauregard, Collette Tauscher.

---

1 혁신은 일반적으로 현장에서 나타나는데, 이는 예외적으로 생산적인 실천 커뮤니티로부터 도출된 독창적인 지식적 규범을 개발한다. 이 용어를 처음 만든 브라이언 이노는 "중요한 혁신은 천재성이 필요할 수 있지만, 천재성은 특정한 현장에서 창조된다"라고 말했다(https://itrevolution.com/love-letter-to-conferences#why-i-think-virtual-forum-worked-so-well).

2 데브옵스 엔터프라이즈 포럼은 IT Revolution이 주최해 매년 개최되는 행사다. 산업 리더와 전문가들이 커뮤니티가 직면한 가장 중요한 도전에 대해 논의한다. 이 행사에서는 일련의 가이던스 문서가 작성된다. 전체 가이던스 문서 모음은 다음 링크(https://itrevolution.com/resources)에서 확인할 수 있다.

9명의 저자가 한 권의 책을 어떻게 썼는가? 목적지에 도달하기 위해 고양이를 몰아가는 것이 중요했다. 우리는 리아 브라운에게 감사한다. 그녀는 저자들의 패널과 함께 통찰력이 풍부하고, 지원하는 세션을 진행하면서 협업을 통한 편집 과정을 이끌어줬다. 그녀가 없었다면 이 책은 완성되지 못했을 것이다.

주제 전문가들은 우리의 메시지가 관련성 있고 정확하게 유지되도록 하는 데 핵심 역할을 했다. 이 작품은 허구이지만, 우리는 현실적인 상황을 대표하는 수필로서 학습 내용을 전달하는 것을 목표로 삼았다. 규정과 관련된 통찰력을 제공해 준 크리스 팔럼보Chris Palumbo 그리고 MRIA와 규제 당국의 기대에 관한 강력한 교훈을 제공해 준 브랜든 윌리엄스Branden William와 젠 수터Jen Suiters에게 감사를 전한다.

동료 리뷰어인 진 킴, 코트니 키슬러Courtney Kissler, 에밀리 폭스Emily Fox, 제프 갈리모어Jeff Gallimore, 제니퍼 헨슨Jennifer Hansen, 카메론 하이트Cameron Haight, 마야 세넨Maya Senen에게는 탁월한 통찰력과 비판적이고 솔직한 피드백에 대해 감사를 전한다. 그들의 훌륭한 통찰력과 피드백은 이 이야기가 좋은 것에서 훌륭한 것이 되도록 이끌었다.

또한 브라이언 쉑Brian Scheck, 케이스 실베스트리Keith Silvestri, 마이크 온더스Mike Onders에게도 감사를 전한다. 이들의 비전과 헌신은 이 책에 담긴 많은 이야기, 학습 내용, 결과물의 기반이 됐다.

9명의 저자는 상당한 시간을 투자했다. 우리 가족들과 사랑하는 이들에게도 감사의 마음을 전하고 싶다. 그들은 우리에게 글을 쓸 공간을 제공했고, 밤늦은 회의에도 우리를 격려했으며, 집필에 몰두해 있을 때 우리를 지원하고 이해해줬다.

빌 벤싱 Bill Bensing

"어머니, 아버지, 가족, 그리고 켄드라Kendra의 지속적인 지원에 감사를 전한다. 넬슨 가족Nelsons, 탐포 가족Tampows, 틴글스 가족Tingles, 윌리스 가족Willis 덕분에 이런 기회를 얻을 수 있었다. 그들을 포함해 많은 사람이 우정, 멘토십, 최선을 다할 기회를 줬다. 모두에게 감사하다. 모든 사람이 자신의 경력과 삶에서 이러한 유형의 사람을 찾길 바란다."

제이슨 콕스 Jason Cox

"아내 제인Jane과 네 명의 자녀, 조나단Jonathan, 줄리아Julia, 제시카Jessica, 제나Jenna에게 감사를 전한다. 또한 놀라운 SRE 팀과 기술 및 비즈니스 리더들에게도 감사를 전한다. 그들은 매일 마법을 창조하며 우리가 모두 불가능을 가능으로 전환할 수 있음을 증명하고 있다."

마이클 에덴존 Michael Edenzon

"가족인 캐시Kathy, 마크Marc, AJ, 자크Zach, 어윈Irwin, 프랭키Frankie에게 감사의 말씀을 전한다."

타파브라타 팔 Tapabrata Pal

"아내 치루Chiru와 두 자녀, 셰일리Shaily와 아유시Ayushi에게 감사를 전한다."

케일럽 큐어른 Caleb Queern

"아내 마리안Marian과 아들 요셉Joseph에게 감사를 전한다."

존 레쇼타르스키 John Rzeszotarski

"가족인 마를라Marla, 소피아Sophia, 세바스찬Sebastian, 소여Sawyer, 사이먼Simon에게 감사를 전한다."

안드레스 베가^{Andres Vega}

"올가^{Olga}, 빅토리아^{Victoria}, 마테오^{Mateo}에게 깊은 감사를 전한다. 그들은 내게 목표를 갖게 하고 남편이자 아빠로써 무한히 번영할 수 있도록 도전하게 만드는 존재다. 이들은 내 인생의 기쁨과 행복이다."

모두에게 감사하다! 우리는 모든 분에게 빚을 졌다. 비즈니스와 기술 리더들로 이뤄진 큰 커뮤니티에 감사한다. 여러분에겐 듣고, 배우고, 실험하며 가르쳐주는 의지가 있다. 우리는 진심으로 미래가 무한하다고 믿는다. 여러분의 도움으로 우리는 모두 비즈니스의 새로운 잠재력을 발견하고, 더 나은 일하는 방식을 받아들이며, 지구상의 인간적 경험을 높일 수 있었다. 이제 세상을 바꿔보자!

찾아보기

인베스트먼트 언리미티드

가상의 금융 기업을 통해 이해하는 DevSecOps와 IT 거버넌스

발　행 ｜ 2024년 3월 28일

지은이 ｜ 헬렌 비얼 · 빌 벤싱 · 제이슨 콕스 · 마이클 에덴존 · 타파브라타 팔 · 캘럽 퀴어른 · 존 레쇼타르스키 · 안드레스 베가 · 존 윌리스
옮긴이 ｜ 김 모 세

펴낸이 ｜ 권 성 준
편집장 ｜ 황 영 주
편　집 ｜ 김 진 아
　　　　임 지 원
디자인 ｜ 윤 서 빈

에이콘출판주식회사
서울특별시 양천구 국회대로 287 (목동)
전화 02-2653-7600, 팩스 02-2653-0433
www.acornpub.co.kr / editor@acornpub.co.kr

한국어판 ⓒ 에이콘출판주식회사, 2024, Printed in Korea.
ISBN 979-11-6175-831-2
http://www.acornpub.co.kr/book/investments-unlimited

책값은 뒤표지에 있습니다.